Claudia Eberan

Javisst!

Der Schwedischkurs

Arbeitsbuch

Hueber Verlag

Didaktische Beratung:
Dr. Ingrid Oddsen Gürtler, Nürnberg

Für die tatkräftige Unterstützung danken wir:
fil.dr. Barbro Eberan (Hamburg) und
fil.mag. Inger Kull (Stockholm)

4. 3. 2. | Die letzten Ziffern
2012 11 10 09 08 | bezeichnen Zahl und Jahr des Druckes.
Alle Drucke dieser Auflage können, da unverändert,
nebeneinander benutzt werden.
1. Auflage

Verlagsredaktion: Ingo Heyse, Hueber Verlag, Ismaning
Illustrationen: Bettina Kumpe, Braunschweig
Layout und Satz: Marlene Kern Grafik Design, München
Druck und Bindung: Firmengruppe APPL, aprinta druck, Wemding
Printed in Germany
ISBN 978-3-19-015405-0

Vorwort

Dieses Arbeitsbuch ist als Ergänzung zu Ihrem Kursbuch angelegt und besteht aus 20 Lektionen. Sie können damit die Kenntnisse aus Ihrem Sprachkurs weiter festigen und vertiefen, aber auch überprüfen: Nach jeder vierten Lektion finden Sie einen wiederholenden Selbsttest, mit dem Sie überprüfen können, wo Ihre Stärken und vielleicht auch noch ein paar Schwächen liegen. Das Arbeitsbuch enthält eine integrierte Audio-CD mit Hörtexten zu den gekennzeichneten Aufgaben. Den Lösungsschlüssel und eine alphabetische Wortliste finden Sie am Ende des Buches.

Wie sind die Lektionen aufgebaut?

- Die Lektionen 1 – 16 beginnen mit einem Lerntipp. Hier finden Sie wichtige Hinweise und Anregungen, wie Sie Ihren Lernprozess abwechslungsreicher oder effizienter gestalten können.

Aufgrund des klaren Verweissystems können Sie sich genau die Aufgaben im Arbeitsbuch heraussuchen, die zu dem Lernstoff passen, den Sie sich im Unterricht erarbeitet haben. Die Bezeichnung *ab KB 3* impliziert, dass Sie die Übung 3 im Kursbuch abgeschlossen haben sollten, bevor Sie diese Aufgabe bearbeiten können.

- Die Aufgaben sind sehr abwechslungsreich gestaltet, sodass unterschiedliche Aspekte der schwedischen Sprache geübt werden können: Wortschatz, Grammatik, Redewendungen, Hörverstehen, Leseverstehen, Landeskunde, Aussprache und Schreiben. Bei manchen Aufgaben kann eine Recherche im Internet sinnvoll sein. Beachten Sie bitte, dass die angegebenen Links nur Beispiele für den Start einer Internetsuche darstellen.

- Die vorletzte Seite jeder Lektion enthält wichtige Elemente zur Unterstützung des Lernprozesses. Unterstützend können Sie hier auch das Europäische Sprachenportfolio für Erwachsene (Hueber Verlag) verwenden.
  - Eine Dossieraufgabe, in der es darum geht, einen Text auf Schwedisch zu schreiben. Wenn Sie möchten, können Sie Ihre Texte mit anderen Lernenden im Kurs austauschen oder diese auch mit der Kursleiterin / dem Kursleiter besprechen.
  - Einen zusätzlichen Lerntipp (Lektionen 1 – 16), der in der Regel weitergehende Anregungen für effizientes Lernen enthält.
  - Das Lerntagebuch (*Studiedagbok*), das Sie gemäß den Richtlinien des Europäischen Referenzrahmens für Sprachen zu einer Reflexion des Lernprozesses anregt.

- Auf der letzten Lektionsseite (*Kort och gott* – „Kurz und gut") finden Sie eine Zusammenfassung der wichtigsten kommunikativen Ausdrücke aus der Lektion (*Nyttiga uttryck* – „Nützliche Ausdrücke"). Prägen Sie sich diese Ausdrücke gut ein, denn sie lassen sich im Kontakt mit Schweden gut einsetzen. Als Abschluss können Sie unter der Überschrift *Bra att veta* – „Gut zu wissen" noch interessante landeskundliche Informationen über Schweden nachlesen.

Wir wünschen Ihnen viel Freude am Lernen!

Autorin und Verlag

Inhaltsverzeichnis

Zu Hause Schwedisch lernen 5

1 **Hej!** 8
2 **Hur mår du?** 14
3 **Frukost** 20
4 **Fritid** 26

Wiederholung und Test 1-4 33

5 **Yrken** 35
6 **Mat** 41
7 **Vardag** 48
8 **Resa** 55

Wiederholung und Test 5-8 62

9 **Klädesplagg** 64
10 **Bostäder** 71
11 **Restaurangbesök** 78
12 **Egenskaper** 87

Repetition och test 9-12 96

13 **Semester** 99
14 **Stockholm** 108
15 **Konsert, teater och evenemang** 117
16 **Bli vän med din kropp!** 126

Repetition och test 13-16 134

17 **Att jobba för att leva eller att leva för att jobba?** 137
18 **På resande fot genom Sverige** 147
19 **Förr och nu** 155
20 **Sverige idag** 162

Repetition och test 17-20 169

Lösungsschlüssel 171
Alphabetische Wortliste 194
Niveaubeschreibungen des Referenzrahmens 222
Quellenverzeichnis 223

Zu Hause Schwedisch lernen

Jeder Mensch ist unterschiedlich – daher gibt es auch kein Standardmodell, wie man am besten Sprachen lernt. Es ist vielmehr wichtig, dass Sie verschiedene Strategien ausprobieren, um zu erkennen, welche Methode für Sie persönlich am besten geeignet ist.

Das Arbeitsbuch als Hilfsmittel

In diesem Arbeitsbuch finden Sie in den Lektionen 1 – 16 Lerntipps. Lassen Sie sich davon inspirieren und erproben Sie, ob Ihnen diese Vorschläge beim Lernen helfen. Es ist sehr wichtig, dass Sie sich von Anfang an auch Gedanken zu Ihren Lernstrategien machen. Diese können Sie im Lerntagebuch (*studiedagbok*) festhalten. Tauschen Sie sich mit den anderen Lernenden im Kurs aus und fragen Sie auch die Kursleiterin / den Kursleiter nach Tipps.

Wie oft sollte man lernen?

Die Lernforschung hat gezeigt, dass es für die meisten Menschen effizienter ist, sich mehrmals die Woche mit neuem Stoff zu befassen als nur einmal. Probieren Sie aus, ob auch für Sie der Grundsatz gilt: Lieber mehrmals und kürzer als nur einmal und dafür länger. Besonders Menschen, die schon längere Zeit keine neue Sprache gelernt haben, sollten anfangs genügend Zeit für mehrmaliges Wiederholen einplanen.

Nach der Unterrichtsstunde

Möglichst kurz nach der Unterrichtsstunde sollten Sie im Kopf noch einmal durchgehen, was im Unterricht durchgenommen wurde. Was war aus Ihrer Sicht das Wichtigste? Konzentrieren Sie sich zunächst darauf, diese Aspekte des neuen Stoffes zu festigen. Es ist für das Gehirn leichter, neue Dinge zu behalten, wenn sie nach einer kurzen Zeitspanne rekapituliert werden.

Gibt es andererseits etwas, was Sie nicht ganz verstanden haben? Schreiben Sie dies gleich auf, sodass Sie in der nächsten Stunde noch einmal nachfragen können. Diese kognitive Auseinandersetzung mit dem neuen Stoff trainiert Ihr Gedächtnis.

Was sollte man zuerst lernen?

Hier kommt es natürlich auf Ihre Zielsetzung an. Ist es für Sie am wichtigsten, schwedische Texte lesen zu können? Oder möchten Sie vor allem Schwedisch sprechen lernen? In jedem Fall sollten Sie sich überlegen, wo Sie Ihre Schwerpunkte setzen wollen. Spielt das Lesen für Sie eine zentrale Rolle, dann können Sie z. B. die Aufgaben zum Leseverstehen besonders intensiv bearbeiten. Ist dagegen das Sprechen für Sie wichtiger, können Sie sich auf die letzte Seite jeder Lektion im Arbeitsbuch konzentrieren: Dort finden Sie eine Übersicht über die wichtigsten kommunikativen Ausdrücke der Lektion.

Sich neue Wörter einprägen

Wählen Sie zunächst die Wörter aus, die für Sie besonders wichtig sind. Ein Fokus sollte immer darauf liegen, dass Sie von sich selbst erzählen können. Wenn Sie zum Beispiel nicht gerne schwimmen, ist diese Vokabel für Sie weniger wichtig als der Ausdruck „spazieren gehen“, wenn dies etwas ist, das Sie gerne tun.
Wörter kann man sich besser merken, wenn man sie in einen Kontext stellt. Daher kann es sinnvoll sein, sich gleich Beispielsätze zu merken. Vielleicht können Sie mehrere Vokabeln sogar in eine kleine Fantasiegeschichte einbauen.
Eine gute Methode ist auch, Wörter zu Wortgruppen zu kombinieren (z. B. „Speisen, die ich gerne esse“ und „Speisen, die ich nicht gerne esse“). Hier können Sie die Technik der sogenannten „Mindmaps“ verwenden (siehe Lektion 5).
Hilfreich ist zudem, sich auch die zu den Wörtern gehörenden Formen einzuprägen. Das müssen Sie aber in den ersten Lektionen noch nicht berücksichtigen.

Grammatik lernen

Javisst! ist zwar ein kommunikativ orientiertes Lehrwerk, aber natürlich werden auch die wichtigsten grammatischen Strukturen vermittelt. Dies geschieht „portionsweise“ – Lektion für Lektion: Bei manchen Übungen finden sich *Obs!-Kästen*. *Obs!* steht für das schwedische *observera!* (Aufgepasst!). Eine zusammenfassende Darstellung der Lektionsgrammatik finden Sie jeweils auf der letzten Lektionsseite im Kursbuch (*Kort och gott*). Ab Seite 188 im Kursbuch gibt es auch eine übersichtliche Darstellung der im Kursbuch behandelten Grammatikformen.

Hören üben

Wer kennt nicht das typische Problem: Bei der Kommunikation mit Muttersprachlern versteht man zunächst meistens nicht sehr viel. Das Gegenüber nimmt selten darauf Rücksicht, dass einem viele Wörter unbekannt sind. Muttersprachler sprechen außerdem oft schnell und undeutlich. Das zeigt: Hören muss man trainieren. Auch bei den Hörtexten im Arbeitsbuch (und hier besonders in den „höheren“ Lektionen) kommen immer wieder unbekannte Wörter vor. Lassen Sie sich davon nicht abschrecken, sondern konzentrieren Sie sich auf das, was Sie verstehen. Aus dem Kontext lässt sich oft vieles erschließen. Außerdem sollten Sie möglichst oft in die schwedische Sprache eintauchen, also sozusagen ein „Bad in der Sprache“ nehmen. Am Anfang werden Sie sicherlich nicht viel verstehen, wenn Sie z. B. schwedisches Radio hören. Das Gehirn beginnt aber dennoch, neue Verknüpfungen zu schaffen.

Flüssig lesen

Genauso wie das Hören muss man auch das Lesen trainieren. In unserer Muttersprache sind wir in der Lage, einen Text zu überfliegen, ohne dass wir jedes Wort und jeden inhaltlichen Aspekt erfassen. Daher sollten Sie sich auch bei schwedischen Texten das Ziel setzen, zunächst den Sinnzusammenhang zu verstehen. Bei den Leseaufgaben in diesem Arbeitsbuch können Sie sich danach auf die Fragen zum Text konzentrieren. Erst wenn Sie meinen, dass bestimmte Wörter, die Ihnen nicht bekannt sind, für Sie besonders wichtig sein könnten, sollten Sie ein Wörterbuch benutzen.
Natürlich ist besonders am Anfang der Wortschatz begrenzt und man muss sich zunächst auf einfache Texte stützen. Ein Tipp dazu: In Schweden gibt es – vor allem bei staatlichen Institutionen – viele Texte auch in einer *Lätt-läst*-Variante, die in einfacherem Schwedisch geschrieben ist. Einige davon finden Sie im Internet, sodass Sie schon bald das Lesen üben können.

Sprechen trainieren

Sprechen Sie so oft und so viel wie möglich Schwedisch. Es ist schon hilfreich, neue Ausdrücke laut vor sich herzusagen. Besser ist es aber natürlich, mit anderen zu kommunizieren. Treffen Sie sich mit anderen Kursteilnehmern außerhalb des Kurses. Sie können damit beginnen, die Dialoge aus dem Kursbuch nachzusprechen, können diese dann variieren und sich schließlich selbst neue Dialoge ausdenken. Wenn Sie schon ein paar Semester Schwedisch gelernt haben, wäre ein sogenanntes *Tandem* sinnvoll. Dabei treffen Sie sich für etwa eine Stunde mit einer Person, die Schwedisch als Muttersprache hat. Die erste halbe Stunde sprechen beide Deutsch, die andere halbe Stunde Schwedisch. So profitieren beide Seiten.

Schreiben

Neben kleinen Schreibaufgaben, die Sie im Unterricht durchführen, gibt es im Arbeitsbuch auch einige Übungen, bei denen Sie ganz selbständig schreiben können. Hier ist besonders die *Dossieraufgabe* gegen Ende jeder Lektion zu erwähnen. Zudem kann es sinnvoll sein, dass Sie versuchen, ein kleines Tagebuch auf Schwedisch zu führen. Oder Sie schreiben Mails / Briefe an die anderen Kursteilnehmer. Wenn Sie fortgeschritten sind, kann auch eine Brieffreundschaft mit einer Person in Schweden sehr nützlich sein. Für die meisten Schreibaufgaben gilt: Es macht mehr Spaß, wenn der eigene Text auch von jemandem gelesen und beantwortet oder kommentiert wird. Daher ist auch für die *Dossieraufgaben* zu empfehlen, sich im Kurs darüber auszutauschen.
Ein Hinweis zur Rechtschreibung: In Schweden werden alle Substantive klein geschrieben. Groß schreibt man nur noch Eigennamen sowie das Wort am Satzanfang.

1 Hej!

Heute drei, morgen drei

Es ist leichter, sich neue Dinge zu merken, wenn man in kleinen Schritten, dafür aber regelmäßig lernt. Sie machen größere Fortschritte, wenn Sie sich jeden Tag ein paar Minuten mit der schwedischen Sprache beschäftigen, als nur einen Tag in der Woche für einen längeren Zeitraum. Nehmen Sie sich anfangs z. B. für jeden Tag drei Ausdrücke vor, die Sie dann am folgenden Tag wiederholen, bevor Sie versuchen, sich die nächsten drei zu merken. Dabei ist es sinnvoll, Wörter nicht isoliert zu lernen, sondern in ganzen Ausdrücken oder Redewendungen wie z. B. *Jag heter Maria*.

ab KB 2

1 **Setzen Sie je eine Begrüßung und eine zur Antwort passende Frage ein.**

Ja heter Kalle, Vad heter du?

Hej Kalle, jag heter Annika

Hej san ja heter Pia

Hej Lisa, jag heter Pia

Ja heter Axel, och vad heter du?

Tjänare! Daniel

God morgon Vad heter du?

Hej, jag heter Emma

2 **Welche Wörter sind hier versteckt?**

I	H	O	R	E	M	U
A	E	V	A	D	O	H
T	J	Ä	N	A	R	E
S	V	I	S	K	G	T
U	G	O	D	I	O	E
O	C	H	U	L	N	R

Waagrecht:	Senkrecht:
och	morgon
God	heter
vad	hej
tjänare	

ab KB 4

1

3 **Hören Sie zu – Ihnen werden die Namen von zwei Bergen und einem Wasserfall in Schweden buchstabiert! Welche? Schreiben Sie mit.**

....

ab KB 5

4 **a** **Setzen Sie das passende Verb ein: *heter* oder *kommer*?**

1 Jag heter Henrik Johansson och kommer från Stockholm.
2 Jag heter Emma och kommer från Lund.
3 Jag kommer från Luleå och heter Sven.

b **Bringen Sie die Wörter in die richtige Reihenfolge.**

Kalmar heter Tjänare jag Ulla från och kommer
Tjänare jag heter Ulla och kommer från Kalmar

Kalmar heter jag också Gun God och från morgon kommer
God morgon jag heter Gun och kommer också från Kalmar

ab KB 7

5 **Stellen Sie folgende Personen vor.**

a Andrea / Graz — *Det här är Andrea. Hon* kommer från Graz
b Henrik / Stockholm — Det här är Herrik Han kommer från Stockholm
c Gustav / Danmark — Det här är Gustav. Han kommer från Danmark
d Emma / Lund — Det här är Emma Hon kommer från Lund

|2

6 **Hören Sie zu. Sie sind auf einem Fest. Die Gastgeberin stellt Ihnen die anderen Gäste vor. Ergänzen Sie die Übersicht.**

Name	Stadt

att stava - buchstabieren

ab KB 8

7 **Was passt zusammen? Verbinden Sie.**

a Hur — du svenska?
b Jag — stavar man det?
c Vad — heter Gun.
d Han — kommer från Stockholm.
e Varifrån — heter du?
f Talar — kommer du?

Hur stavar man det
Jag heter Gun
Vad heter du?
Han kommer från Stockholm
Varifrån kommer du?
Talar du svenska?

8 **Welches Verb passt? Setzen Sie ein.**

heter ● talar ● kommer

- **a** Jag heter Ida. Jag kommer från Sverige och talar svenska och engelska.
- **b** Jag kommer från Tyskland. Jag heter Stefan.
- **c** Talar du svenska och tyska?
- **d** Han kommer från England. Han heter John.
- **e** Hon heter Elsa. Hon kommer från Danmark.

ab KB 10

9 **Setzen Sie ein: *och* (und) oder *också* (auch)?**

- **a** Hon heter Runa och han heter Pelle.
- **b** Talar du ochså svenska?
- **c** Kommer du ochså från Tyskland?
- **d** Gunilla och Peter kommer från Schweiz.
- **e** Och du, varifrån kommer du?
- **f** Han kommer från Spanien och hon kommer från Italien.
- **g** Lisa kommer ochså från Sverige.

10 **Wie lautet die Frage?**

- **a** Vad heter han? Jag heter Kurt Wallander.
- **b** Varifrån kommer han? Han kommer från Ystad.
- **c** Vad taler han for språk? Jag talar svenska och engelska.
- **d** Varifrån kommer hon? Hon kommer från Tyskland.
- **e** Hur stavar man det? Det stavar man t - punkt - e - x - punkt.
- **f** Vad heter hon? Hon heter Agneta.

11 **Welches Wort passt nicht in die Reihe?**

- **a** jag – han – hon – heter
- **b** Hej – Vad – Hejsan – God morgon
- **c** Danmark – Frankrike – Sverige – Berlin
- **d** heter – från – kommer – talar
- **e** stavar – norska – danska – svenska

ab KB

12 **Lösen Sie das Kreuzworträtsel. Gesucht sind die schwedischen Entsprechungen der Ländernamen. Umlaute (Ä, Ö) werden in ein Feld geschrieben!**

Waagrecht:	Senkrecht:
4 Niederlande	**1** Finnland
5 Polen	**2** Frankreich
7 Italien	**3** Spanien
8 Deutschland	**6** Dänemark
9 Schweden	

13 **Welche Sprachen sprechen folgende Personen?**

a Det här är Anja från Tyskland. ➜ tyska .

b Det här är Julio. Han kommer från Spanien. ➜ spanska .

c Hej, jag heter Maria och kommer från Sverige. ➜ svenska .

d John kommer från England. ➜ engelska .

e God morgon, jag heter Isabelle och jag kommer från Frankrike. ➜ franska .

|3

14 **Auf einem Fest. Hören Sie zu und kreuzen Sie die richtigen Antworten an.**

a Hon heter
- [x] Lisa.
- [ ] Linda.
- [ ] Lisbet.

b Hon kommer från
- [x] Finland.
- [ ] Frankrike.
- [ ] Sverige.

c Hon talar
- [x] finska.
- [ ] franska.
- [x] svenska.

d Han heter
- [ ] Mark.
- [ ] Manfred.
- [x] Mats.

e Han kommer från
- [x] Stockholm.
- [ ] Skara.
- [ ] Helsingfors.

f Han talar
- [x] finska.
- [ ] spanska.
- [x] svenska.

15 **Dossier**

Legen Sie sich ein extra Heft oder einen Ordner an, in dem Sie z. B. die Texte sammeln, die Sie schreiben – also ein sogenanntes „Dossier". Auf diese Weise können Sie dokumentieren, welche Texte Sie im Laufe des Sprachlernprozesses geschrieben haben.
Es wird auch für Sie selbst später interessant sein zu beobachten, wie sich Ihre sprachlichen Fertigkeiten entwickelt haben. In dem Dossier können Sie auch andere Materialien sammeln, die mit der schwedischen Sprache / Kultur oder dem Land zu tun haben.

Schreiben Sie zunächst auf Schwedisch ein paar Sätze über sich: Wie Sie heißen, woher Sie kommen, welche Sprache oder Sprachen Sie sprechen und was Sie sonst noch auf Schwedisch schon über sich sagen können! Legen Sie diesen Text in Ihrem Dossier ab. Wenn Sie möchten, können Sie Ihren Text mit Ihrer Kursleiterin / Ihrem Kursleiter besprechen.

In jeder Lektion lernen Sie viele neue Wörter und Strukturen kennen. Daher sollten Sie sich von Anfang an daran gewöhnen, das Neue nach Wichtigkeit zu ordnen. Überlegen Sie, was der zentrale Stoff einer Lektion ist und lernen Sie diesen zuerst. In Lektion 1 sind zum Beispiel die Personalpronomen *jag, du, han* und *hon* sehr wichtig – sie kommen in allen Kontexten immer wieder vor. Daher sollten Sie sich diese als Erstes einprägen, am besten in ganzen Redewendungen.

Studiedagbok
Lerntagebuch

Schreiben Sie kontinuierlich an Ihrer eigenen Sprachlernbiographie. Besorgen Sie sich dazu ein „Lerntagebuch", also ein Heft oder einen Ordner. Dort können Sie sich regelmäßig Notizen über das Schwedischlernen machen – zuerst auf Deutsch, später dann sogar auf Schwedisch. Beginnen Sie zuerst mit einer Bestandsaufnahme:

- Was ist Ihre Muttersprache? Werden in Ihrer Familie andere Sprachen (oder auch Dialekte) gesprochen?
- Welche Sprachen haben Sie bisher schon in der Schule, an der Universität oder in Sprachkursen gelernt? Wie lange haben Sie diese Sprachen in etwa gelernt bzw. welches Niveau haben Sie erreicht? Warum haben Sie gerade diese Sprachen gelernt?
- In welchen Sprachen haben Sie geringe oder sogar umfassende Kenntnisse? Wie haben Sie sich diese Kenntnisse angeeignet: Indem Sie im Urlaub waren, Leute aus anderen Ländern getroffen haben oder Ähnliches?

Nyttiga uttryck
Nützliche Ausdrücke

Sich begrüßen, sich vorstellen, nach dem Namen fragen

□ Hej! Vad heter du?
○ Hej, jag heter Pia!
□ Jag heter Nils.

Den Namen einer dritten Person erfragen

□ Vad heter hon?
○ (Hon heter) Lisa.

Nach der Bedeutung eines Wortes fragen

□ Vad heter *stava* på tyska?
○ Det heter *buchstabieren*.
□ Tack!

Nach Sprachkenntnissen fragen und darauf antworten

□ Vad talar han för språk?
○ Han talar tyska, engelska och också lite svenska.

Sich verabschieden

□ Hej då!

Wichtige Ländernamen

□ Sverige, Tyskland, Österrike, Schweiz

Jemanden vorstellen, buchstabieren und nach der Herkunft fragen

□ Hej Markus, det här är Christer.
○ Tjänare, äh, Christ ... – hur stavar man det?
△ Det stavar man C - H - R - I - S - T - E - R.
○ Jaså, nu förstår jag! Hej Christer! Varifrån kommer du?
△ Jag kommer från Malmö.

Bra att veta
Gut zu wissen

Die Begrüßungsformeln *God kväll* (oder auch *God afton* - beides bedeutet *Guten Abend*), *God middag* und *God dag* (*Guten Tag*) gelten als sehr förmlich. Man benutzt bzw. hört sie heute fast nur noch im Service- und Medienbereich.
Grundsätzlich geht es in Schweden immer weniger förmlich zu als in den deutschsprachigen Ländern. Im Privatbereich wird das Siezen ganz vermieden. Im Servicebereich hingegen wird zwar gesiezt, aber auch dort bemüht man sich, in Passivformen wie z. B. *Vad önskas*? („Was wird gewünscht?") auszuweichen. Im Berufsalltag ist es vollkommen normal, sich von Anfang an zu duzen. Dies gilt auch für Personen mit akademischen Titeln (Doktoren, Professoren) – die übrigens auch nicht mit diesen angesprochen werden. Man kann also sagen, dass das schwedische *du* heute die gebräuchlichste Anredeform im privaten wie im öffentlichen Leben ist. Man sollte es ganz nüchtern als eine neutrale Anrede betrachten, die keine Aussage über Vertrautheit oder Nähe beinhaltet.

2 Hur mår du?

Wörter „am Kühlschrank"

Schwierige Wörter oder solche, die Sie sich gern einprägen möchten, schreiben Sie am besten immer gleich auf einen kleinen Zettel. Diese Zettel können Sie sich an „gut besuchten Orten" in der Wohnung aufhängen wie z. B. in der Küche (Kühlschrank). Memorieren Sie die Wörter, immer wenn Sie daran vorbeigehen.

ab KB 1

1

a Tragen Sie vier verschiedene Fragen in die Sprechblasen ein.

Tack, bra.

Tack, inte så bra.

Ja, så där.

Allt under kontroll.

b Was passt zusammen?

1 Hej!	**a** Hej då!
2 Vad heter du?	**b** Engelska och franska.
3 Varifrån kommer du?	**c** Allt under kontroll.
4 Det här är Emma.	**d** Hej!
5 Vad talar du för språk?	**e** Emma. Och du är …?
6 Hej då!	**f** Lund.
7 Hur mår du?	**g** Jaha, hej Emma.

ab KB 2

2

Was ist die eigentliche Bedeutung des Wortes *tjänare*? Schlagen Sie in einem Wörterbuch nach oder recherchieren Sie im Internet. Geben Sie auch die Quelle an, die Sie benutzt haben.

Tjänare = ……………………………………………………………

Quelle: ……………………………………………………………

ab KB 3

4

3

a Hören Sie zu und unterstreichen Sie: Welche Wörter haben ein längeres, tieferes *a*? Sprechen Sie dann die Wörter nach.

Ja • tack • kan • allt • vad • mamma • land • var • franska • danska • har • han • bara • spanska • jag • bra • man

b Welche drei Wörter folgen nicht der Regel?

Das *a* in den Wörtern …………………………… wird immer kurz ausgesprochen, obwohl nur ein Konsonant folgt.

ab KB 5

5

4 **Hören Sie zu: Welche Nummern haben die Personen?**

a Lena 57843
b Greta 07058277481
c Vanja 544381
d 070553394 2
e 0305337 74

5 **Lesen Sie den folgenden Dialog und tragen Sie die fehlenden Wörter ein. Welches Wort bleibt übrig?**

kommer • mår • här • bara • vad • har • är • har • Hej då • heter • själv

- Hej, det är (a) Sara Vallberg.
- Ja, hej Sara, Pia här. Hur mår (b) du?
- Hej Pia! Tack bara (c) bra. själv (d) då?
- Ja, tack, bara bra här (e) också. Du, jag har (f) en fråga: vad (g) heter Malins mamma?
- Malins mamma? Hon heter (h) Britt Lövgren!
- Lövgren! Visst ja, har (i) du Britts telefonnummer?
- Ja – det är 080-68 5422.
- Tack du! Vi hörs! Hej då (j)!
- Hej då!

ab KB 6

6 **Tragen Sie die richtige Präposition ein: *på* oder *i*?**

a Karin bor i München på Mittelweg.
b Stefan bor på Strandvägen i Köpenhamn.
c Lisa bor på Hamngatan.
d Sten bor på Valhallavägen i Stockholm.
e Jakob bor i Wien.

7 **Setzen Sie ein: *Han* oder *Hon*?**

a Det är Lisa. hon kommer från Sverige.
b Var bor Peter? Han bor på Strandvägen.
c Varifrån kommer Gun? Han kommer från Kalmar.
d John kommer från England. Han talar inte svenska.
e Marie talar tre språk. Hon talar engelska, tyska och svenska.

ab KB 7

8 **Tragen Sie ein, was Ihnen so einfällt und bilden Sie dann mündlich Sätze.**

	heter	kommer från	bor på	talar
Han	Peter	Österrike	Sachergasse 2	tyska, engelska
Hon				
Jag				

9 **Wer spricht mit wem?**

ab KB 9

10 **Übersetzen Sie die folgenden Wörter ins Schwedische und tragen Sie sie in das Kreuzworträtsel ein. Achtung: Umlaute (ä, ö) werden in ein Feld geschrieben!**

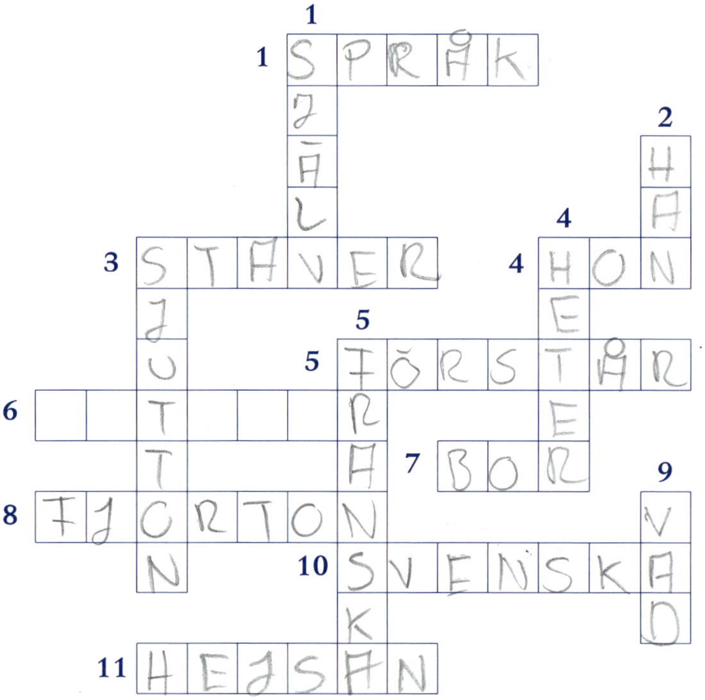

Waagrecht:
1 Sprache
3 (ich) buchstabiere
4 sie
5 (ich) verstehe
6 (das) bedeutet
7 (ich) wohne
8 14
10 Schwedisch
11 Hallo

Senkrecht:
1 selbst
2 er
3 17
4 (ich) heiße
5 Französisch
9 was (Fragewort)

11 **Ronja, eine Schwedin, hält sich derzeit in Deutschland auf und schreibt eine E-Mail an ihre Freundin Karin. Ergänzen Sie die Lücken.**

Hej Karin,
hur ...är... (a) läget i Stockholm? Här i Tyskland är ...allt... (b) under kontroll! Jag har redan[1] en kompis - .... (c) heter Elisabeth och talar .... (d) svenska! Hon kommer ...från... (e) Freiburg, men nu bor hon också här .... (f) Hamburg. Vi bor .... (g) samma[2] gata! Jag .... (h) en fråga - har .... (i) Stefans telefonnummer? Tack för det! Hej .... (j) – vi hörs!
Hälsningar[3] Ronja

[1] redan = bereits, schon [2] samma = hier: derselben [3] Hälsningar = Grüße

ab KB

12 **Schreiben Sie das Ergebnis in Worten auf. Rechnen Sie laut auf Schwedisch:**
fyra plus sju är …!

a 4 + 7 elva
b 7 + 10 sjutton
c 20 - 4 sexton
d 37 - 10 tjugosju
e 32 - 6 tjugosex
f 378 - 9 trehundrasextionio
g 82 - 4 sjuttioåtta

13 **Welche Wörter aus den ersten beiden Lektionen sind hier versteckt?**

D	Å	K	O	M	P	I	S	J	Ä	L	V	E
E	S	Y	B	V	I	L	P	U	L	A	H	A
F	V	A	R	I	F	R	Å	N	H	S	U	L
L	E	X	U	H	O	A	Z	P	E	K	R	Å
B	R	A	L	A	R	T	O	N	T	T	A	T
N	I	Z	H	A	N	L	I	T	E	A	H	T
O	G	S	P	R	Å	K	J	O	R	C	O	I
D	E	T	A	U	T	T	A	L	O	K	N	O

Waagrecht:
Bra
Han
från

Senkrecht:
Sverige
Hur
tio

14 **Bilden Sie Sätze. Achten Sie auf die richtige Wortstellung.**

a plus, nittio, tio, hundra, är nittio plus tio är hundra
b hundra, plus, också, sextio, är, fyrtio
c minus, är, inte, tjugo, åtta, tjugotvå
d minus, hundra, nittionio, är, … hundra minus nittionio är ett

●|6

15 **Falsch verbunden! Hören Sie zu und tragen Sie ein. (*förlåt = Entschuldigung)***

(a) Der Anrufer wollte ☐ Markus ☐ Magnus ☐ Marko sprechen.

Er wollte die Telefonnummer .... **(b)** wählen, hat aber aus Versehen die Telefonnummer .... **(c)** gewählt.

16 Dossier

Schreiben Sie auf Schwedisch ein paar Sätze über sich: Berichten Sie z. B., wie es Ihnen heute geht, in welchem Land, in welcher Stadt und in welcher Straße Sie wohnen.
Notieren Sie auch, was Sie jetzt sonst schon auf Schwedisch über sich sagen können.
Legen Sie diesen Text in Ihrem Dossier ab (siehe Arbeitsbuch Lektion 01, Aufgabe 15).

Um schnell Lernerfolge in der schwedischen Sprache zu erzielen, sollten Sie das Gelernte möglichst auch im Alltag anwenden. Überlegen Sie zum Beispiel jedes Mal, wenn Sie im Alltag mit Zahlen zu tun haben, wie diese Zahlen auf Schwedisch heißen.

Studiedagbok
Lerntagebuch

Machen Sie sich auf Deutsch ein paar Notizen in Ihr Lerntagebuch (siehe Lektion 1). Versuchen Sie zu definieren, welche Ziele Sie beim Erlernen der schwedischen Sprache erreichen wollen:

- Mit welcher übergeordneten Zielsetzung lernen Sie Schwedisch?
(z. B. Geschäftskontakte, berufliche Gründe, Reisen, Urlaub, Praktikum, Studienaufenthalt, Freunde, Verwandte, familiärer Hintergrund ...)
- Welche der vier Fertigkeiten Sprechen / Schreiben / Hören / Lesen ist Ihnen persönlich besonders wichtig?
- Beschreiben Sie, was Sie in einem Jahr gern können möchten und überlegen Sie auch, was Sie aus Ihrer heutigen Sicht realistischerweise in einem Jahr können werden (z. B. eine Geburtstagskarte schreiben, im Café etwas bestellen, eine Ansage am Bahnhof verstehen, eine Hotelanzeige im Internet lesen können ...).

Nyttiga uttryck
Nützliche Ausdrücke

Nach dem Befinden fragen und darauf antworten

□ Hur mår du?
○ Jag mår bra. Själv då?
□ Tack, bara bra. Och hur mår Magnus och Malin?
○ Han mår också bra, men hon mår inte bra.

Fragen, wo man wohnt und darauf antworten

△ Var bor du?
□ Jag bor i Lund på Hamngatan.

Nach der Herkunft fragen und darauf antworten

□ Varifrån kommer ni?
○ Vi kommer från Basel.

Jemanden bitten, langsamer zu sprechen

Förlåt - kan du tala lite långsammare?

Nach der Telefonnummer fragen

□ Vad är Pelles telefonnummer?
○ Pelles telefonnummer är …

Eine Frage einleiten

Du, jag har en fråga: ...

Sich verabschieden

Hej då, vi ses!

Sich am Telefon verabschieden

Tack för det! Vi hörs!

Bra att veta
Gut zu wissen

Die Schweden sind ein freundliches Volk. Sich nach dem Befinden zu erkundigen gehört einfach zum guten Ton. Dies gilt aber natürlich nur, wenn man sich schon ein wenig kennt. Auf die Frage muss man aber nicht unbedingt ehrlich antworten. Wird allerdings signalisiert, dass es einem nicht so gut geht, muss man mit der Frage rechnen, wo das „Problem" liegt. Im öffentlichen Leben (Post, Bank, Supermarkt) ist die Frage nach dem Befinden natürlich nicht angebracht. Fremde, denen man zum ersten Mal begegnet und / oder Personen, denen man vorgestellt wird, reicht man – je nach der Situation, also ähnlich wie in deutschsprachigen Ländern – einfach nur die Hand und sagt *Hej!*, was der am häufigsten benutzte Gruß ist. Beim Abschied sagt man üblicherweise *Hej då*!

Bunte Welt der Artikel

Schreiben Sie sich einige Wörter mit bestimmten und unbestimmten Artikel auf und lernen Sie diese. Beschäftigen Sie sich vorerst nur mit den Wörtern, die für Sie persönlich nützlich sind. Unterstreichen Sie sich den unbestimmten Artikel von dem Wort und den angehängten bestimmten Artikel am Ende eines Wortes jeweils mit der gleichen Farbe (z. B. *en*-Wörter mit grün und *ett*-Wörter mit blau). Auf diese Weise können Sie das Prinzip schnell wiedererkennen.

ab KB 1

1

a **Lösen Sie das Kreuzworträtsel. Übersetzen Sie die Wörter und tragen Sie sie ein.**

Waagrecht:

3 ~~Brot~~ bröd
4 ~~Milch~~ mjölk
5 ~~Löffel~~ en sked
7 Ei ett ägg
9 ~~Schinken~~ skinka
11 ~~Packung, Paket~~ ett paket
14 ~~Käse~~ en ost
15 ~~Teller~~ en tallrik

Senkrecht:

1 ~~Butterbrot~~
2 ~~Glas~~
3 Tisch bord
6 Messer
8 ~~Gabel~~
9 Serviette
10 ~~Tasse~~
12 ~~Stuhl~~
13 ~~Schale~~

b **Schreiben Sie die *en*-Wörter aus Übung 1a in die linke Spalte und die *ett*-Wörter in die rechte Spalte.**

en-Wörter		*ett*-Wörter
en sked		ett bord (Tisch)
en ost		ett bröd (Brot)
		ett ägg
		ett paket

● |7

2

Lisa und Kalle räumen ihren Speicher auf. Lisa findet einen Karton mit Dingen, die sie damals für die Küche ihrer ersten Wohnung angeschafft hat. Was alles? Schreiben Sie auf, was Sie hören – und auch den unbestimmten Artikel dazu.

Vad betyder det?

3 **Wie sagt man auf Schwedisch, wenn man ...**

a um eine Tasse Kaffee bittet? Kan jag få en kopp kaffe, tack?

b fragt, was „skål" auf Deutsch heißt? Vad heter "skål" på tyska?

c jemandem einen Freund vorstellt? Det här är min kompis

d jemanden fragt, wie es geht? ~~Hur är det~~ 2 Hur mår du?

e jemandem antwortet, dass es nicht so gut geht? inte så bra Jag mår inte så bra.

ab KB 2

4 **Was essen bzw. trinken die Personen zum Frühstück? Bilden Sie Sätze.**

		alltid	ibland	aldrig
a	Sten	müsli, juice	ostsmörgås, ägg	skinksmörgås
b	Camilla	ostsmörgås, kaffe, skinksmörgås	juice	müsli, mjölk
c	Lena	kaffe		ostsmörgås, ägg

ab KB 3

|8

5 **Sehen Sie sich die Wörter zunächst an ohne die Tonaufnahme zu hören. Unterstreichen Sie alle Wörter, bei denen sich der Anfangsbuchstabe im Vergleich zum Deutschen bei der Aussprache verändert. Kontrollieren Sie danach mit der Tonaufnahme, ob Ihre Antworten richtig waren.**

a kopp - köttbulle - kultur - kaffe - källare - Kina

b gärna - gata - gurka - gaffel - gymnasium - gott

c skinka - skola - skål - skulptur - skandal - sked

ab KB 5

6 **Welches Wort passt nicht in die Reihe? Streichen Sie es durch.**

a bulle – bröd – bakelse – wienerbröd

b mjölk – ägg – ost – skinka

c kaffe – juice – läsk – räksmörgås

d glas – tallrik – skål – bord

e kaffe – mineralvatten – läsk – juice

7 **Recherchieren Sie im Internet den aktuellen Wechselkurs für die schwedische Krone.**

Quelle: ....

Wechselkurs am ....: ....

ab KB 7

8 **Fahren Sie fort wie im Beispiel.**

a en liter mjölk (7:50): *Vad kostar mjölken? Den kostar*

b en bulle (12:-): *Vad kostar bullen? Den*

c en ost (42:50): ....

d ett paket smör (23:50): ....

e ett bröd (12:50): ....

9 Schreiben Sie den Dialog in einem Café.

♣ begrüßt den Kunden:

Hej! Ja tack?

✚ erwidert die Begrüßung und bestellt einen Apfelsaft und ein Eis:

Hej, en appeljuice och en glass

♣ bedauert und sagt, dass er keinen Apfelsaft* hat:

Nej, tyvärr ein appeljuice

*Apfelsaft = äppeljuice

✚ bestellt stattdessen ein Erfrischungsgetränk:

....

♣ fragt, ob das alles war:

....

✚ bejaht die Frage:

....

♣ sagt den Preis:

....

✚ gibt das Geld und sagt „bitte“:

....

♣ bedankt sich:

....

ab KB 9

● |9

10 Hören Sie und kreuzen Sie an.

a	Var är de?	☐ På en restaurang.	☒ På ett kafé.			
b	Hon tar:	☐ wienerbröd.	☐ ostsmörgås	☐ läsk	☐ bulle	☐ kaffe
c	Han tar:	☒ skinksmörgås	☐ dagens rätt*	☐ bulle	☐ ostsmörgås	☐ kaffe.
d	Det blir	☐ 140:-	☐ 170:-	☒ 130:-		

* Tagesgericht

11 Ergänzen Sie die richtigen Fragewörter.

a Vad heter du?

b Hur mår du?

c Varifrån kommer du?

d Var bor du?

e Vad är det på tyska?

f Vad äter du till frukost?

g Vad tar du?

h Vad kostar det?

i Vad blir det? Vad

j ~~Vad~~ Var äter du frukost?

12 **Unbestimmte Form mit oder ohne Artikel? Oder bestimmte Form? Setzen Sie ein.**

a I Finland dricker man mycket kaffe, men jag tycker inte om ...Kaffe... . (kaffe)

b Vad kostar ...mineralvattnet... ? (mineralvatten)

c Han dricker alltid ...en kopp kaffe... till frukost. (kopp kaffe)

d Är ...Kaffet... med påtår? (kaffe) påtår – Nachfülle

e Var är ...mjölken... ? (mjölk)

ab KB

|10

13 **Welche Uhrzeiten werden genannt? Hören Sie sich die folgenden Dialoge an und tragen Sie die genannte Uhrzeit in die Uhren ein.**

a

c

b

d

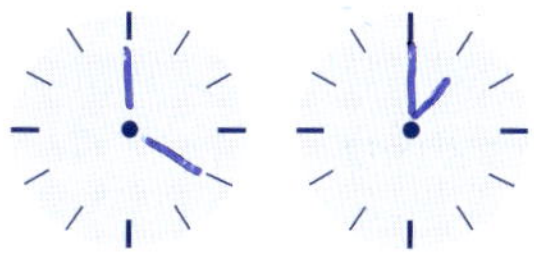

14 **Bilden Sie Sätze. Achten Sie auf die Wortstellung!**

jag 7.30 alltid frukost äter klockan

Jag äter alltid frukost klockan 7.30.

a fikar – klockan – han – ibland (Manchmal) – 15.00

Han ibland fikar klockan 15.00

b 11.00 – du – aldrig – klockan – kommer

Du kommer aldrig klockan 11.00

c hon – lunch – aldrig – äter – klockan – 17.30

Hon äter lunch aldrig klockan 17.30

d middag – vi – äter – 18.15 – alltid – klockan

Vi äter middag alltid klockan 18.15

e dricker – kaffe – klockan – 15.00 – alltid – hon

Hon alltid dricker kaffe klockan 15.00

f kommer – klockan – 12.45 – jag – alltid

Jag alltid kommer klockan 12.45

g lunch – jag – äter – aldrig – klockan – 12.00

Jag äter aldrig lunch klockan 12.00

h klockan .... – har – svenska – alltid – vi

....

15 Dossier

Schreiben Sie ein paar Sätze über Ihre Frühstücksgewohnheiten auf: Was essen Sie immer, was nie und was manchmal? Um welche Uhrzeit frühstücken Sie? Welche Getränke und Speisen wählen Sie aus, wenn Sie in einem Café ein Frühstück bestellen? Wie viel Kaffee / Tee trinken Sie am Tag? Legen Sie den Text in Ihrem Dossier ab (siehe Arbeitsbuch Lektion 01, Aufgabe 15).

Leider kann man einem Wort nicht ansehen, ob es ein *en*-Wort oder ein *ett*-Wort ist, es sei denn, es steht in der bestimmten Form. Daher sollte man sich jedes neue Wort auch gleich zusammen mit dem unbestimmten Artikel einprägen – schreiben Sie sich ein Substantiv daher am besten immer mit dem unbestimmten Artikel auf. Hilfreich ist, dass es eine Gruppe von Wörtern gibt, die fast immer *en*-Wörter sind. Es handelt sich dabei um Wörter, die sich auf Personen oder Berufsbezeichnungen beziehen (z. B. *Mann*, *Frau*, *Tochter*, *Polizist*, *Lehrer* oder *Hausfrau*).
Wichtigste Ausnahme hier: *ett barn* (*ein Kind*). Auch die meisten Tiere sind *en*-Wörter. Wichtigste Ausnahme hier: *ett djur* (*ein Tier*).
Wenn Sie unsicher sind, welcher Artikel bei einem Substantiv stehen muss, benutzen Sie lieber den Artikel *en*. Etwa 80 % aller schwedischen Substantive sind *en*-Wörter und nur zirka 20 % *ett*-Wörter!

Studiedagbok
Lerntagebuch

Machen Sie sich in Ihrem Lerntagebuch (siehe Lektion 1) auf Deutsch Notizen über Ihre Art zu lernen, z. B.:

- Können Sie bei sich Präferenzen feststellen, welche Arten von Übungen Sie generell gerne beziehungsweise nicht so gerne bearbeiten? Was gefällt Ihnen daran besonders bzw. was gefällt Ihnen daran nicht?
- Welche Arten von Übungen finden Sie einfach, welche schwierig? (z. B. Wortschatzübungen, Grammatikübungen, Einzel- / Partner- / Gruppenübungen, Hör- / Schreib- / Lese- / Sprechübungen ...).

nyttig – nützlich

Nyttiga uttryck → nützliche Ausdrücke

Nach der Bezeichnung für etwas fragen

□ Vad är det på svenska?
△ Det är en kopp.
Det är ett glas.

Um etwas bitten

□ Kan jag få ett glas mjölk, tack?
○ Ja (Javisst)! /
Nej, tyvärr!

Erzählen, was man zum Frühstück isst

Jag äter alltid / aldrig müsli.
Jag dricker ibland / inte juice.

Im Café etwas auswählen

□ Jag tar en bulle. Vad tar du?
○ Jag tar hellre en bakelse!
lieber / eher

Nach dem Preis fragen, sich bedanken

□ Vad kostar det?
○ Det kostar / blir 45:50 (tillsammans).
□ Varsågod.
○ Tack så mycket!

Nach der Uhrzeit fragen und darauf antworten

□ Vad är klockan?
○ Klockan / hon / den är strax tio.
genau direkt

Bra att veta

Kaffe med påtår ist ein schöner Brauch in Schweden und es kann sich durchaus lohnen, sich im Café oder Restaurant nach einer weiteren Tasse Kaffee zu erkundigen. Die Frage *Är kaffet med påtår*? oder einfach nur *Ingår påtår*? (*påtår*: „Zusatzträne" bzw. „Zusatztropfen") im Sinne von „Gibt es noch eine zweite Tasse Kaffee gratis?" beschert einem in der Regel noch eine zweite Tasse Kaffe – ganz umsonst! Manchmal weisen die Cafés auch schon direkt mit einem Schild vor der Tür darauf hin, dass es bei Ihnen *Kaffe med påtår* gibt. Lernen Sie die Frage am besten auswendig. Manchmal verlangen Cafés dann doch ein paar extra Kronen für die zweite Tasse, aber immer weit weniger als für die erste.

Gezeichnete Verben

Jeder lernt neue Dinge auf seine eigene Art. Probieren Sie aus, was für Sie am besten funktioniert. Es kann zum Beispiel hilfreich sein, wenn sie sich bei bestimmten Wörtern Bilder vorstellen. Machen Sie sich kleine Karteikärtchen, zeichnen Sie auf die eine Seite z. B. ein Verb („trinken“: Eine Person, die trinkt) und schreiben Sie auf die andere Seite die schwedische Bedeutung. So können Sie Ihr Gedächtnis beim Lernen der Vokabeln unterstützen.

ab KB 2

1 **Lösen Sie das Kreuzworträtsel. Wie lauten die schwedischen Entsprechungen?**

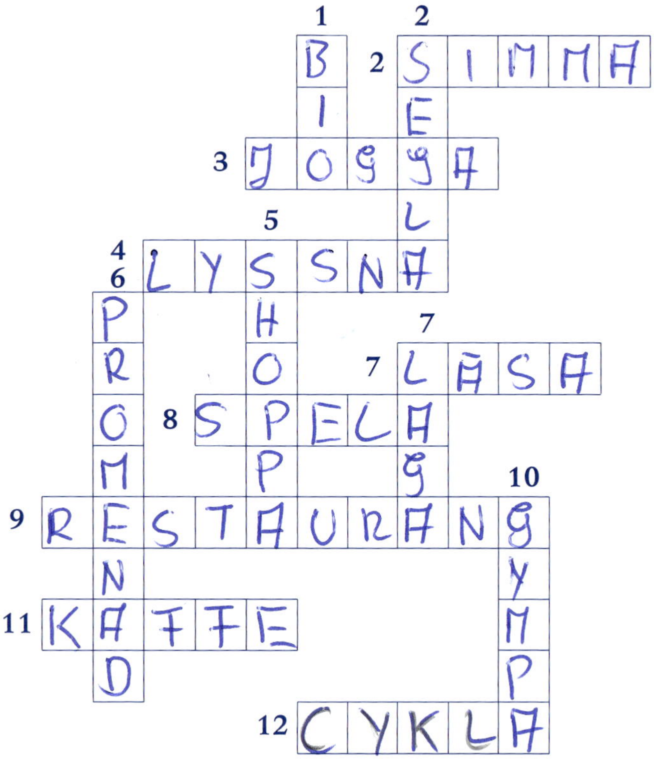

Waagrecht:
2 schwimmen
3 joggen
4 hören
7 lesen
8 spielen
9 Restaurant
11 Kaffee
12 Rad fahren

Senkrecht:
1 Kino
2 segeln
5 „shoppen“
6 Spaziergang
7 kochen: … mat
10 macht man im Fitnessstudio

2 **Schreiben Sie auf, was die abgebildeten Personen machen. Achten Sie auf das richtige Personalpronomen.**

A

De dricker kaffe

B

De går på bio.

C

De cyklar.

D

Hon joggar.

E

Han lagar mat.

F

Hon lyssnar på musik.

G

Han simmar.

H

De tar en promenad.

3 **Was tun die Personen gern bzw. nicht so gern?**

Hon tycker om att träffa vänner.

c Han tycker inte om att jogga.

a Hon tycker inte om att gå på gympa.

d Hon tycker om att läsa en bok.

b De tycker om att gå på restaurang.

e De tycker om att ta en promenad.

ab KB 3

4 **Antworten Sie mit Kurzantworten.**

Tycker hon om att segla? Ja, det gör hon. / Nej, det gör hon inte.

a Tycker ni om att laga mat? Nej, det gör vi inte. / Ja, det gör vi.

b Tycker de om att jogga? Ja, det gör de. / Nej, det gör de inte.

c Tycker han om att läsa? Ja, det gör han.

d Tycker hon om att simma? Nej, det gör hon inte.

e Tycker de om att gå på bio? Ja, det gör de.

f Tycker du om att ha svenska? Ja, det gör jag!

5 **Bilden Sie die unbestimmte Form der Wörter und sortieren Sie sie in die Tabelle.**

kaféet • restaurangen • bion* • fritiden • personen • maten • boken • tidningen • programmet • cykeln • djungeln • numret

* en bio = eigentlich "en biograf"; bion = biografen.

en-Wörter		*ett*-Wörter
en restaurang	en bok	ett kafé
en bio	en tidning	ett program
en fritid	en cykel	ett nummer
en person	en djungel	
en mat		

ab KB 4

6 **Finden Sie noch mindestens je ein Beispielwort, das mit *dj, gj, hj* bzw. *lj* anfängt und tragen Sie diese Wörter in die Tabelle ein. Nehmen Sie die Wörterliste im Anhang oder ein Wörterbuch zu Hilfe. Sprechen Sie sich die Wörter dann laut vor.**

dj → [j]	gj → [j]	hj → [j]	lj → [j]
djur	gjorde	hjälp	ljus
....	....	....	....
....	....	....	....

7 **a** **Im Folgenden sind zwei Sätze durcheinander geraten. Wie müssen sie richtig heißen?**

1 har dag en Jag bra: ....

2 äter Pappa kall* glass inte: ....

* kall = kalt

b **Üben Sie noch einmal den langen und kurzen Vokal *a*. In welchem Satz aus 7a ist der Vokal *a* lang und in welchem kurz? Markieren Sie das *a* mit einem Strich für lang und mit einem Punkt für kurz. Sprechen Sie die Sätze ein paar Mal hintereinander.**

ab KB 5

|11

8 **Tragen Sie die fehlenden Verben ein: *läsa* oder *läser*? Hören Sie sich dann den folgenden Dialog der beiden Personen an und kontrollieren Sie Ihre Antworten.**

▲ Vad gör du?

✚ Jag .... (a) en bok.

▲ Vad .... (b) du för bok?

✚ En deckare*.

▲ En deckare?

✚ Ja!

▲ Tycker du om att .... (c) deckare?

✚ Ja, det gör jag.

▲ .... (d) du också andra böcker?

✚ Nej, det gör jag inte.

▲ .... (e) du aldrig en tidning?

✚ Nej, det gör jag inte.

▲ Varför inte?

✚ Jag har inte tid.

▲ Men du har tid att .... (f) en deckare?

✚ Ja, det har jag.

▲ Varför har du inte tid att ....(g) en tidning då?

✚ Jag har tid att .... (h) en tidning.

▲ Varför gör du inte det?

✚ Lyssna! Jag gör vad jag vill på min fritid och jag .... (i) vad jag vill på min fritid!

▲ Jaha, okej, jag .... (j) också nu – men jag .... (k) en tidning.

✚ Ja, bra idé – Tack!

* en deckare = Krimi

ab KB 7

● | 12

9 **Hören Sie sich den Dialog an, ohne etwas aufzuschreiben. Fredrik und Lennart treffen sich auf der Straße. Welches Problem tritt dabei auf? Hören Sie sich die Aufnahme dann erneut an und tragen Sie ein, was Fredrik und Lennart diese Woche so alles vorhaben.**

	Fredrik	Lennart
måndag	hockey	....
tisdag	....	....
onsdag	....	....
torsdag	....	....
fredag	....	....
lördag	....	....
söndag	....	....

10 **Was ist hier bloß durcheinandergeraten?**

dgmåan — gtodras — dgafre — dagosn — rölagd — anösdg — tasgdi — legh

....

11 (a) **Tragen Sie die fehlenden Fragewörter ein.**

hur ● när ● hur dags ● var ● vad ● varifrån

a ♣ .... är klockan?
✖ Hon är fem i fem.

b ✚ .... stavar man Göran?
✖ Det stavar man G-ö-r-a-n.

c ♣ .... kommer bordet?
✖ Det kommer från IKEA.

d ✖ .... går du?
♣ Jag går klockan sex.

e ♣ .... fikar de?
♣ De fikar på eftermiddagen.

f ✖ .... är klockan?
✚ Den är på bordet.

● | 13 (b) **Tragen Sie die Uhrzeit, die Sie im Folgenden hören, bei der richtigen Tageszeit ein. In manchen Fällen gibt es mehrere Möglichkeiten.**

förmiddag*: ....

eftermiddag**: .... kväll: ....

* Vormittag ** Nachmittag

ab KB 8

12 **Aus *jätte** + *bra* wird …**

a ....bra **b** ....gärna **c** ....kul **d** ....gott

* en jätte = ein Riese

13 **Tauschen Sie mit jemandem im Kurs Ihre E-Mail-Adressen aus. Erzählen Sie in der ersten Mail auf Schwedisch etwas über sich, der andere antwortet. So beginnen Sie eine Konversation via Internet, die Sie nach eigenem Interesse ausbauen können. Wenn Sie Lust haben, können Sie Ihre Konversation vielleicht auch einmal im Kurs vortragen.**

ab KB 9

14 **Welches Wort wird gesucht? Schreiben Sie jeweils die unbestimmte und bestimmte Form Singular auf.**

skog • sommar • människa • älg • vinter

a Det är en varm årstid: ……………

b Det finns mycket av det i Sverige: ……………

c Det är en kall årstid: ……………

d Det är ett mycket stort djur som du kan träffa i Sveriges natur: ……………

e Du är en person. Du är ……………

ab KB 10

15 **Geben Sie je mindestens zwei Beispiele.**

a en hälsning*: ……………

b ett land: ……………

c ett språk: ……………

d en hobby: ……………

e en helgdag : ……………

f en årstid: ……………

* hälsning = hier: Begrüßung

16 **Hoppla! Hier ist wohl etwas durcheinander geraten. Schreiben Sie die Sätze richtig auf.**

En skinksmörgås är en smörgås med ost. *En skinksmörgås är en smörgås med skinka.*

a Johan joggar varje* natt. ……………

b Frukost äter jag klockan 18.00. ……………

c På ett kafé simmar man. ……………

d Müsli äter man med en kniv. ……………

e Jag äter på bio. ……………

f Vill du ha en kopp juice? ……………

g En bulle är en dryck. ……………

h Jag tycker om att lyssna på gympa. ……………

i Sverige är en stad. ……………

* varje = jede

17 **Bringen Sie die Wörter in die richtige Reihenfolge, so dass sich Sätze ergeben.**

a tycker om, göra, vad, du, att ……………

b tycker om, cykla, att, inte, jag ……………

c tycker om, bio, gå, jag, på, att ……………

d att, bio, också, jag, tycker om, på, gå ……………

e en, kaffe, tar, jag, kopp ……………

f kaffe, jag, en, tar, kopp, också ……………

18 Dossier

Schreiben Sie einen kurzen Text, in dem Sie beschreiben, was Sie an bestimmten Tagen in der Woche in Ihrer Freizeit machen. Geben Sie dabei auch an, was Sie gerne und was Sie nicht so gerne tun. Legen Sie den Text in Ihrem Dossier ab. Vergleichen Sie Ihre Texte mit denen von anderen Leuten im Kurs.

Schwedisch und Deutsch gehören zu den germanischen Sprachen. Sie werden schon festgestellt haben, dass es viele Ähnlichkeiten im Wortschatz gibt. Dies ist ein Vorteil, den man sich beim Sprachenlernen zu Nutze machen sollte. Achten Sie einmal darauf, wenn Sie ein neues schwedisches Wort lesen oder hören, inwieweit es Ähnlichkeiten mit dem Deutschen gibt (z. B. *simma* – *schwimmen*, *spela* – *spielen*). Hier ist es besonders wichtig, sich die richtige Aussprache und Schreibweise im Schwedischen einzuprägen. Auf der anderen Seite gibt es aber auch Wörter, die in beiden Sprachen sehr unterschiedlich sind und die Sie daher passiv und aktiv beherrschen müssen (z. B. *han* - *er*, *hon* - *sie*).

Studiedagbok
Lerntagebuch

Machen Sie sich auf Deutsch in Ihrem Lerntagebuch ein paar Notizen darüber, wie Sie Schwedisch lernen und besprechen Sie dieses Thema auch mit anderen Kursteilnehmern.

- Was lernen Sie zuerst: Neue Wörter, neue Redewendungen oder z. B. die neuen grammatischen Strukturen? Was davon finden Sie am wichtigsten zu lernen?
- Wie lernen Sie? Lesen Sie sich die Dialoge aus dem Kursbuch zu Hause durch? Lesen Sie sie laut vor? Schreiben Sie Ausdrücke auf (Karteikarten, Vokabelheft ...), damit diese im Gedächtnis haften bleiben? Bearbeiten Sie die Übungen im Arbeitsbuch? Konzentrieren Sie sich auf die Seiten „Kort och gott“ oder sehen Sie sich die ganze Lektion durch?

att tro – glauben
tro / tror / trodde

Nyttiga uttryck

Nach Freizeitinteressen fragen und darauf antworten

△ Vad tycker ni om att göra på fritiden?
Jag tycker om att simma.
Jag tycker också om att simma.
○ Jag tycker inte om att simma.

Einen Vorschlag machen und annehmen bzw. ablehnen

△ Har du lust att spela tennis med mig?
□ Ja, det har jag.
Nej, tyvärr. Jag kan inte spela tennis.

Sich verabreden

□ Har ni tid på tisdag kväll?
○ Nej tyvärr, det har vi inte. /
Javisst, det har vi. När? → Wann?
□ Ska vi säga klockan åtta?
○ Bra.

Eine Vermutung äußern

□ Tycker han om att spela tennis?
○ Ja, det tror jag.
Nej, det tror jag inte.

Kurzantworten

○ Tycker du om att simma?
□ Ja, det gör jag.
Nej, det gör jag inte.

Sich für etwas bedanken

Tack för inbjudan!
Tack för mejlet!

Grüße im Schriftverkehr

Många hälsningar!

Wochentage

(en) vardag: (en) måndag • (en) tisdag • (en) onsdag • (en) torsdag • (en) fredag
(en) helg: (en) lördag • (en) söndag

Bra att veta

In Schweden geht man gern in Cafés oder Konditoreien, um dort einen leichten „Snack" zu sich zu nehmen. Besonders im Sommer erfreuen sich die Cafés großer Beliebtheit. Hier trinkt man einen Kaffee und isst *en bakelse* (kleiner Kuchen) oder *en glass* (Eis) und genießt es einfach, draußen zu sitzen. In den meisten Cafés bestellt man gleich an der Theke und trägt sich seine kleine Mahlzeit auf einem Tablett selbst an einen Tisch. Wasser (*vatten*) gibt es in der Regel immer umsonst – meist in Karaffen zur Selbstbedienung an der Theke. Es handelt sich hier um Wasser aus der Leitung, das Sie bedenkenlos trinken können. Nach dem Essen trägt man sein Tablett in die oft hierfür vorgesehene Vorrichtung zurück und hinterlässt seinen Platz möglichst sauber. Auch Kinder sind immer gern gesehene Gäste. Hunde dagegen sind in öffentlichen Lokalen prinzipiell nicht gestattet.

Wiederholung und Test

1 Kenntnisstand definieren

Sehen Sie sich noch einmal an, was Sie unter der Rubrik „Nu kan jag ..." auf der Seite „Karamell" im Kursbuch angekreuzt haben (Seiten 14, 22, 30 und 38). Wiederholen Sie gegebenenfalls Teile des Lernstoffes aus den Lektionen 1–4.

2 Sprachliche Interaktion

Formulieren Sie zu den folgenden Sätzen Fragen. Jede richtige Frage ergibt einen Punkt.

a .... ¿ Hon heter Karin.

b .... ¿ Jag kommer från Stockholm.

c .... ¿ Nej, de kommer inte från Stockholm.

d .... ¿ Han talar tyska, spanska och engelska.

e .... ¿ Jag mår bra, tack!

f .... ¿ Det heter 'Schweden'.

3 Grammatik

Wählen Sie die richtige Form aus. Jede korrekte Antwort ergibt einen Punkt.

a Tycker du om ...¿
1 att lyssna på musik
2 lyssna på musik
3 lyssnar på musik

b Tack, jag ... bra.
1 att må
2 må
3 mår

c Tar du också en bulle¿
Ja, ...
1 det tar jag.
2 den tar jag.
3 det gör jag.

d Det är ... stol!
1 Gun
2 Guns
3 Gun's

e Jag har ...
1 ett fråga
2 fråga
3 en fråga

f Jag tar ett wienerbröd.
Vad kostar ...¿
1 det
2 den
3 ett

g Mats ... inte.
1 arbeta
2 att arbeta
3 arbetar

h Viktor bor ... Kungsgatan.
1 i
2 på
3 från

i Vilma ...
1 äter klockan åtta middag alltid.
2 äter alltid middag klockan åtta.
3 alltid äter middag klockan åtta.

j Hej Julia, hej Anton, hur mår ...¿
1 du
2 han och hon
3 ni

14

4 Hörverstehen

Kreuzen Sie die richtige Antwort an. Jede korrekte Antwort ergibt einen Punkt.

På ett kafé

		richtig	falsch
a	Lasse känner Linnea.	☐	☐
b	Linnea känner Monika.	☐	☐
c	Linnea mår inte så bra.	☐	☐
d	Monika kommer från Bremen.	☐	☐
e	Lasse bor i Lund.	☐	☐
f	Monika studerar geografi.	☐	☐
g	Lasse tar en kopp kaffe och en bakelse.	☐	☐
h	Linnea tar en kopp kaffe och en bakelse.	☐	☐
i	Monika tar en kopp kaffe och en skinksmörgås.	☐	☐
j	Kaffet är med påtår.	☐	☐

5 **Leseverstehen**
Lesen Sie den Text und kreuzen Sie an. Jede korrekte Antwort ergibt einen Punkt.

Hej Axel!

hur är läget? Här är allt under kontroll. Lisa och jag lyssnar mycket på musik. Hon tycker tyvärr om ABBA - jag gillar dem inte! På lördag ska hon gå på en ABBA-revival-konsert med en kompis. Har du lust att gå på bio tillsammans med mig på lördag kväll? *Borta med vinden* går på Biopalatset - du gillar väl också Hollywoodfilmer? Och så kan vi ta en kopp kaffe efter filmen! Har du tid?

Vi hörs!
Emil

		richtig	falsch	steht nicht im Text
a	Axel tycker om Lisa.	☐	☐	☐
b	Lisa och Emil tycker om att lyssna på musik.	☐	☐	☐
c	Axel lyssnar gärna på ABBA.	☐	☐	☐
d	Emil lyssnar gärna på ABBA.	☐	☐	☐
e	ABBA-revival-konserten är på helgen.	☐	☐	☐
f	Emil tycker om att gå på bio.	☐	☐	☐
g	Emil har tid på lördag kväll.	☐	☐	☐
h	Emil tror att Axel gillar Hollywoodfilmer.	☐	☐	☐
i	De kan ta en kopp te efter filmen.	☐	☐	☐
j	Axel har tid på lördag kväll.	☐	☐	☐

Auswertung:

	Mein Resultat	
Grammatik	....	von 10 Punkten
Hörverstehen	....	von 10 Punkten
Leseverstehen	....	von 10 Punkten
GESAMT	....	von 30 Punkten

Vergleichen Sie: in welchen Bereichen liegen Ihre Stärken, auf welche Bereiche müssen Sie beim Lernen besonderes Gewicht legen? Machen Sie sich dazu bitte Notizen in Ihr Lerntagebuch. Lesen Sie danach noch einmal durch, was Sie vorher in das Lerntagebuch geschrieben haben und schauen Sie nach, welche Ziele Sie sich gesteckt hatten. Waren diese Ziele bisher realistisch? Was haben Sie schon erreicht, was möchten Sie sich noch vornehmen?

6 Dossier

Lesen Sie sich noch einmal alle Texte durch, die Sie bisher in Ihrem Dossier gesammelt haben. Schreiben Sie dann in Absprache mit der Kursleiterin / dem Kursleiter einen Text, in dem Sie „alles" über sich berichten, was Sie auf Schwedisch schon ausdrücken können.

Mind-Map

Um bereits gelernte Wörter „aktiv“ im Gedächtnis zu behalten, sollte man sie immer wieder in neue Kontexte stellen. Dabei können Mind-Maps eine wertvolle Hilfe sein. Zeichnen Sie eine Ellipse auf und schreiben Sie einen Oberbegriff hinein, z. B. *yrken* oder *frukost*. Schreiben Sie dann alle schwedischen Wörter dazu, die sie kennen und die dazu passen. Je mehr Wörter Sie gelernt haben, desto mehr unterschiedliche Oberbegriffe können Sie finden. Auf diese Weise werden die Wörter immer wieder neu sortiert und damit aktiviert.

ab KB 2

1 **Lösen Sie das Kreuzworträtsel. Gesucht werden Berufe und Arbeitsplätze.**

Waagrecht:

1 En kock arbetar på en …
2 Hon är mycket i luften.
3 En sjukskötare arbetar t.ex. på ett …
4 Hon har med patienter att göra.
5 En chef har ibland en …

Senkrecht:

6 Det flyger i luften (transportmedel).
7 Det heter “Verkäufer“ på tyska.
8 Han studerar på …
9 Lärare arbetar på en …
10 Mat är Svens yrke. Han är …

2 **Bilden Sie Sätze ähnlich wie im Beispiel. Benutzen Sie Ihr Heft oder ein Blatt Papier.**

~~lärare~~ • assistent • läkare • ingenjör • journalist • jag

En lärare arbetar inte på ett bygge. Han arbetar på en skola.

ab KB 3
15

3 **Hören Sie sich die Dialoge an und kreuzen Sie an.**

Dialog 1
a Karin är
☐ lärare.
☐ läkare.
b Hon arbetar
☐ mycket.
☐ inte mycket.
c ☐ De ska äta tillsammans.
☐ De ska jogga tillsammans.

Dialog 2
a Olof Larsson är
☐ revisor.
☐ banktjänsteman.
b Han arbetar på
☐ Revision AB.
☐ Radio AB.

Dialog 3
a Vad arbetar Emma som? Hon är
☐ flygvärdinna.
☐ jurist.
☐ kock.
b Han arbetar på
☐ Lidköpingsbanken.
☐ Lidköpings Nya bank.

Dialog 4
a Tar de en kopp kaffe tillsammans?
☐ Ja.
☐ Nej.
b Han jobbar som
☐ jurist.
☐ journalist.
☐ revisor.

ab KB 4

4 **a** **Setzen Sie das richtige Verb ein.**

arbetar • cykla • har • heter • är • jobbar • har • göra • fika • läsa • cyklar

Hej! Jag .... (a) Katharina och .... (b) expedit på ett varuhus. Jag .... (c) på damavdelningen* tillsammans med fem andra kolleger. Vi .... (d) alltid mycket att .... (e) och ibland har vi inte ens** tid att .... (f). Jag .... (g) varje dag från klockan 9.30 till klockan 18.30. Men på lördagar arbetar jag aldrig. På fritiden tycker jag om att .... (h) eller bara att .... (i) en bra bok. Jag har en kompis som jag .... (j) ibland tillsammans med. Men han arbetar som läkare och .... (k) tyvärr inte så mycket tid.

* damavdelningen = Abteilung für Damenmode ** inte ens = nicht einmal

b **Verbinden Sie die Sätze.**

1	Lena är ingenjör.	**a**	Hon jobbar på LIDL.
2	Stina är expedit.	**b**	Hon arbetar på SAS.
3	Aina är kassörska.*	**c**	Hon jobbar på Volvo.
4	Carolina är revisor.	**d**	Hon jobbar på Fårnäs Gymnasium.
5	Kristina är flygvärdinna.	**e**	Hon jobbar på Hennes & Mauritz.
6	Maja är matematiklärare.	**f**	Hon arbetar på Revisions AB.

* kassörska = Kassiererin

ab KB 5

5 **a** **Lesen Sie die folgenden Wörter und versuchen Sie dabei, das *r* etwas zu „verschlucken" bzw. das *rs* wie [ʂ], ähnlich wie das deutsche *sch*, auszusprechen – markieren Sie das *r* mit einem Strich, um die Lautveränderung zu visualisieren.**

journalist • kuvert • hörs • vardag • kort • person • fjärde • universitet • datorn

|16 **b** **Markieren Sie in den folgenden Sätzen durch einen Bogen, welches *r* – wortübergreifend – Sie bei der Aussprache mit dem nächsten Buchstaben zusammenziehen würden. Hören Sie sich dann die Sätze an und kontrollieren Sie Ihre Antwort.**

a Jag tycker Nina arbetar för mycket.
b Roger jobbar gärna.
c Alexander talar svenska.
d Barnet dricker läsk och äter tårta.
e Var har du en gaffel?

ab KB 7

6 **a** **Welche Wörter zum Thema Büromaterial haben sich hier versteckt?**

K	A	F	F	Ä	R	S	B	R	E	V
U	G	B	Ö	S	U	I	L	O	L	I
T	I	O	S	T	O	L	A	R	I	H
Å	K	R	Ö	L	E	A	Y	U	N	Å
S	U	D	D	G	U	M	M	I	N	E
S	V	A	F	B	Y	P	L	U	A	K
Ö	E	P	E	N	N	O	R	E	L	Z
L	R	Å	H	U	Z	R	A	X	E	A
I	T	E	L	E	F	O	N	E	R	A

....
....
....
....
....
....
....

b **Welche Satzteile gehören zusammen?**

1	På datorer	**a**	när du vill skriva.
2	På kontor	**b**	suddar* man bort.
3	Vid ett skrivbord	**c**	sitter man och skriver.
4	En penna behöver du	**d**	kan man skriva brev.
5	Med ett suddgummi	**e**	har man telefoner.
6	Ett affärsbrev, ett kuvert och	**f**	ett frimärke hör ihop**.

* sudda bort = ausradieren
** ihop = zusammen

c **Setzen Sie die Sätze aus 6b in die unbest. Form Plural oder - wenn der Satz schon im Plural steht - in die unbestimmte Form Singular.**

På en dator kan man skriva ett brev.

a ....

b ....

c ....

d ....

e ....

ab KB 9

7 **Wie lautet die unbestimmte Form Singular? Schreiben Sie in Ihr Heft oder auf ein Blatt Papier.**

skådespelerskor • flygvärdinnor • assistenter • läkare • ingenjörer • kockar • expediter • advokater • sjuksköterskor • banktjänstemän • studenter • jurister

ab KB 10

8 **Welche Stellenausschreibungen sind auf der ersten Internetseite der Arbeitsvermittlung http://www.jobbsverige.se/ zu sehen? Kennen Sie noch weitere Links zum Thema Arbeitsvermittlung in Schweden?**

9 **Lösen Sie das Kreuzworträtsel. Gesucht werden Arbeitsplätze und Büromaterial.**

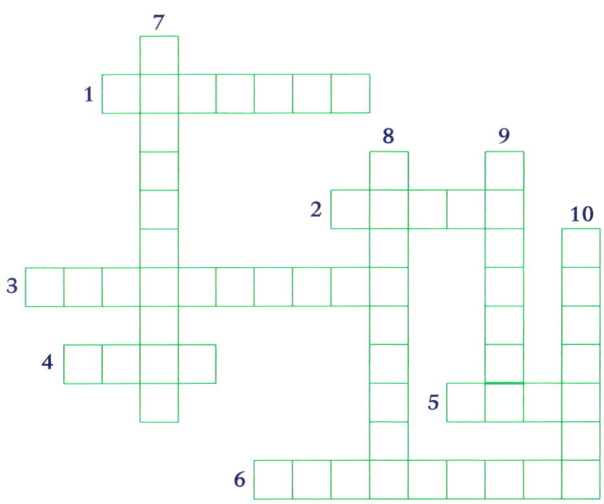

* köpa = kaufen ** en typ av skola = eine Schulart

Waagrecht:

1 Här kan man köpa* allt, bl.a. skrivtillbehör och mat.
2 Ingenjörer arbetar ofta här.
3 Singularform von „tjänstemän".
4 I ett kuvert finns det ett …
5 En banktjänsteman arbetar där.
6 Pluralform av "ett frimärke".

Senkrecht:

7 Här har man alltid många telefoner.
8 En typ av skola**.
9 Det behöver man för att skriva. (Pluralform)
10 Hur mycket är …¿ Den är tjugo över tre.

ab KB 11
◉ | 17

10 **Rätsel: Was machen die Personen beruflich? Hören Sie zu und schreiben Sie die Berufe unter die Bilder.**

a .... b .... c .... d .... e ....

11 ⓐ **Lesen Sie den folgenden Text. Er enthält ein paar unbekannte Wörter – versuchen Sie zunächst auch ohne Wörterbuch, den Inhalt des Textes zu verstehen. Formulieren Sie dann schriftlich mindestens fünf Fragen zum Text und die entsprechenden Antworten.**

Marie är flygvärdinna. Hon arbetar på flygplan. Hon serverar mat och dryck tillsammans med gafflar, knivar, skedar, glas och tallrikar på en bricka. Hon flyger vardagar och helger – ibland till Kina, ibland till New York. Hon tycker om yrket som flygvärdinna därför att hon ser mycket av världen. På fritiden joggar och simmar hon eller läser en bra bok.

ⓑ **Welche Wörter im Text 11a stehen im Plural? Unterstreichen Sie diese.**

ⓒ **Versuchen Sie mit Hilfe des Internets oder eines Wörterbuchs herauszufinden, wie ein männlicher Flugbegleiter auf Schwedisch heißt.**

ab KB
◉ | 18

12 **Hören Sie zu. Eine Gruppe von Deutschlernenden in Schweden stellt eine Geburtstagsliste zusammen. Die Kursleiterin muss noch einige Geburtstage überprüfen. Kreuzen Sie an.**

a Rebecca fyller år den
- ☐ 17 april.
- ☐ 16 april.

b Göran fyller år den
- ☐ 20 mars.
- ☐ 20 april.

c Nils fyller år den
- ☐ 1 december.
- ☐ 1 november.

d Nina fyller år den
- ☐ 6 oktober.
- ☐ 7 oktober.

13 **Welches Datum haben wir heute? Schreiben Sie wie im Beispiel drei verschiedene Möglichkeiten auf.**

Göteborg den 27 december 2007 ....

2007-12-27 ....

Göteborg 27/12 2007 ....

14 **Setzen Sie ein: *mycket* oder *många*?**

a .... personer i kursen har födelsedag i juni.
b Skriver du .... brev på jobbet?
c Hur .... språk talar du?
d Jag tycker .... om att simma.
e Hur .... är trettio plus två?
f Han har .... kompisar!
g Hon dricker .... kaffe.
h Tack så ....!
i Har du .... att göra?

15 Dossier **Schreiben Sie einen kurzen, aber zusammenhängenden Text. Berichten Sie, wann und wo Sie geboren sind, welchen Beruf Sie ausüben und wo Sie arbeiten.**

Präpositionen haben oft mehrere Bedeutungen. Daher kann man sie selten direkt von einer Sprache in die andere übersetzen. Es ist also sinnvoll, die Präpositionen gleich in Beispielsätzen zu lernen. Die schwedische Präposition *på* hat beispielsweise je nach Kontext sehr unterschiedliche Entsprechungen im Deutschen. Lernen Sie also am besten Beispielsätze wie: *Vad heter det på svenska? – Jag arbetar på en bank. – Jag är anställd på Revisions AB.*

Studiedagbok

Machen Sie sich auf Deutsch ein paar Notizen in Ihr Lerntagebuch. Überlegen Sie, welche „Hilfsmittel" Sie beim Erlernen der schwedischen Sprache einsetzen:

- Besitzen Sie ein Wörterbuch? Wie / wann benutzen Sie es?
- Besitzen Sie eine Grammatik der schwedischen Sprache?
- Verwenden Sie ein Vokabelheft / Vokabelkarten oder andere Hefte / Ordner / Mappen?
- Hören / Lesen Sie Schwedisch außerhalb des Unterrichts? (Radio, Zeitung, Internet, Lernpartnerschaft via E-Mail, Freunde, Verwandte, Kollegen ...)

5 Kort och gott

Nyttiga uttryck

Angaben zu Berufen machen

- ☐ Vad gör du? / Vad sysslar du med?
- ○ Jag är lärare. / Jag arbetar som lärare.

Nach der Arbeitsbelastung fragen

- ☐ Har du mycket att göra?
- ○ Ja, det har jag.
  Nej, det har jag inte.

Offizieller Abschlussgruß in Schriftstücken

- ☐ Med vänlig hälsning

Gratulieren

- ☐ Grattis!

Berichten, wo und womit man arbeitet

- ☐ Var arbetar du?
  Jag arbetar på en skola.
- ○ Vad behöver du, när du arbetar?
  Jag behöver pennor och papper.

Eine Person und ihren Beruf vorstellen

- ☐ Får jag presentera? Det här är Marie.
  Hon jobbar som läkare på ...

Den Geburtstag angeben

- ☐ När fyller du år?
- ○ Jag fyller år den 20 oktober.

Bra att veta

Im Schwedischen unterscheidet man bei Berufsbezeichnungen kaum noch zwischen einer männlichen und einer weiblichen Form. So heißt es z. B. *Hon är läkare* („Sie ist Arzt.") und auch *Han är läkare* („Er ist Arzt."). Möchte man allerdings unterstreichen, dass es sich um einen weiblichen Arzt handelt, besteht die Möglichkeit, das Adjektiv „weiblich" einzufügen: *En kvinnlig läkare kommer strax.* („Ein weiblicher Arzt kommt gleich."). Ansonsten zeigen die Endungen *-erska* bzw. *-ska*, dass es sich um eine weibliche Person handelt: *Hon är skådespelerska* („Sie ist Schauspielerin"). Die Endung *-ska* kommt jedoch nicht häufig vor. Die Berufsbezeichnung „Hausfrau" (*hemmafru*) ist in Schweden heute eher ungewöhnlich, weil die meisten Frauen arbeiten. Auch bei Paaren mit Kindern arbeiten meistens beide Elternteile, da ein Gehalt in der Regel nicht ausreicht, um den gewünschten Lebensstandard zu halten.

Eigene Beispielsätze

Es ist natürlich von Vorteil, wenn Sie Grammatikregeln systematisch im Kopf abrufbar haben. Noch wichtiger ist aber, diese Regeln auch praktisch anwenden zu können. Daher ist es empfehlenswert, dass Sie sich zur Seite „Kort och gott“ am Ende jeder Lektion im Kursbuch eigene Beispielsätze aufschreiben, die zum jeweiligen Grammatikthema passen. Achten Sie darauf, Sätze zu formulieren, die für Sie persönlich relevant sind und prägen Sie sich diese dann ein.

ab KB 1

1 **Schreiben Sie die richtigen Bezeichnungen zu den Bildern.**

bär ● korv ● apelsiner ● tårta ● godis ● sallad ● yoghurt ● sill ● mjöl ● tomater ● frallor ● äpplen ● potatis ● kött ● ris

1 
....

4 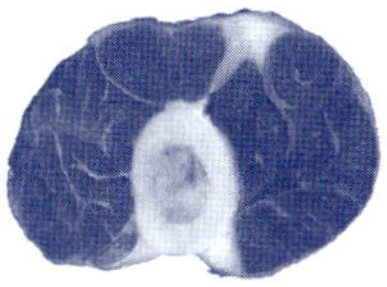
....

7 

....

10 
....

13 
....

2 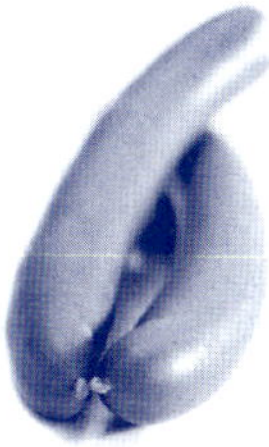
....

5 

....

8 

....

11 
....

14 
....

3 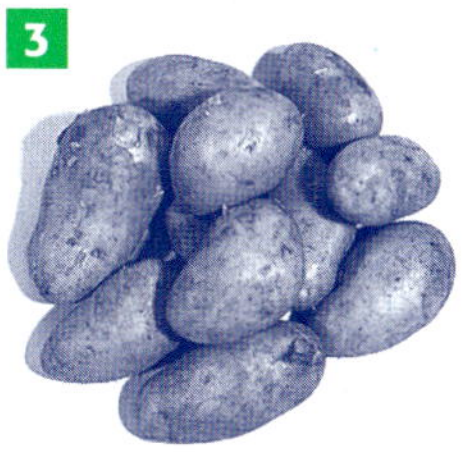
....

6 
....

9 
....

12 
....

15 
....

2 **Bilden Sie die unbestimmte Form Singular bzw. den Plural.**

a	en	korvar	**g**	....	tomater
b	.... potatis	....	**h**	en tårta	....
c	....	yoghurt	**i**	.... fralla	....
d	....	apelsiner	**j**	....	bär
e	....	sillar	**k**	....	äpplen
f	en sallad	....			

3 **Was mögen die folgenden Personen gern und was nicht?**

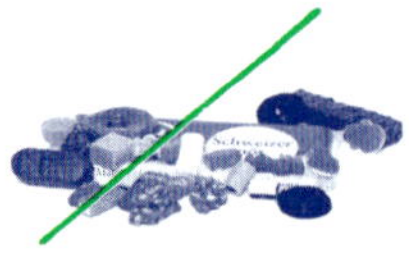

A

Han tycker om apelsiner och yoghurt men inte om godis.

D

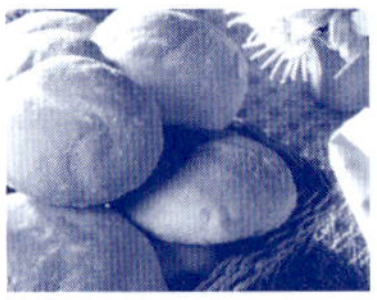

B

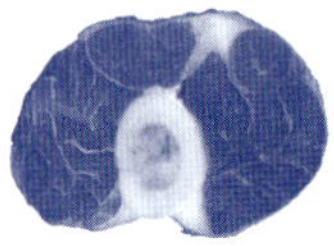

E

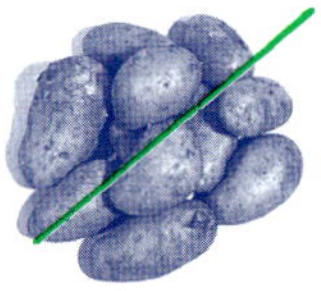

C

ab KB 2

19

4 **Was erzählen die folgenden Personen in einem Interview über ihre Einkaufsgewohnheiten? Kreuzen Sie an.**

a Hon köper* alltid
- ☐ apelsiner.
- ☐ äpplen.
- ☐ fisk.
- ☐ kött.
- ☐ tomater.

b Han köper alltid
- ☐ fil**.
- ☐ sill.
- ☐ korv.
- ☐ mjölk.
- ☐ skinka.
- ☐ smör.
- ☐ yoghurt.
- ☐ kött.

c Hon tar alltid
- ☐ frukt och grönsaker.
- ☐ ost.
- ☐ mjölk.
- ☐ korv.
- ☐ yoghurt.
- ☐ fil.

* köpa = kaufen **fil = schwedische Sauermilch, ähnlich wie Kefir

5 **Schreiben Sie einen Dialog.**

Person A fragt, ob sie heute Abend „Falukorv“ mit Kartoffelmus essen wollen.

Person B zögert, findet, dass sie Pizza essen sollen.

Person A sagt, dass Pizza auch lecker ist. Mit einem Salat dazu.

Person B möchte gerne etwas Süßes als Nachtisch.

Person A findet, dass das eine gute Idee ist.

Person B zählt auf, was sie kaufen müssen: Süßigkeiten, Pizza, Tomaten und Salat.

6 **Lösen Sie das folgende Kreuzworträtsel. Es muss von jedem Wort die unbestimmte Form Plural herausgefunden werden.**

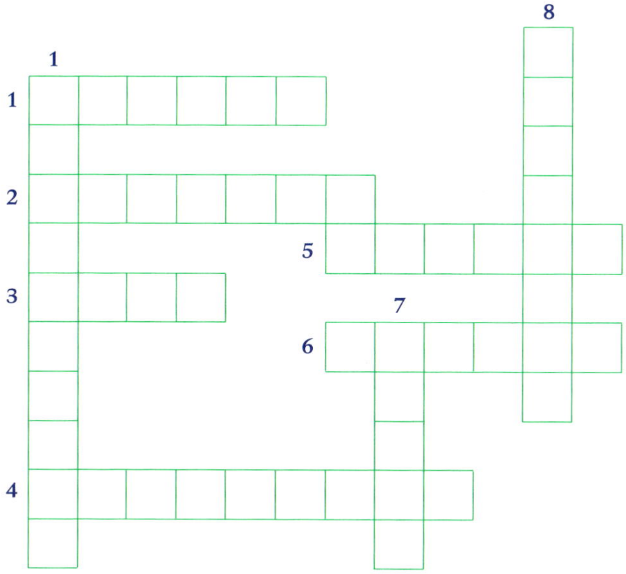

Waagrecht:

1 Würste
2 Tomaten
3 Tische
4 Orangen
5 Stühle
6 Äpfel

Senkrecht:

1 Schwedische Hackfleischbällchen
7 Packungen
8 Salate

ab KB 3
◉ |20

7 **Üben Sie folgende Zungenbrecher – achten Sie auf Ihre Aussprache. Übersetzen Sie ggf. mithilfe eines Wörterbuchs.**

Ähnlich wie das deutsche *sch* – [ɧ]: Chefen shoppar skjortor i Schweiz.
Ähnlich wie das deutsche *ch* – [ç]: Köper tjänaren kjolen?
Ähnlich wie das deutsche *sch* – [ɧ]: Sju sköna sjuksköterskor sköter sju sjuka sjömän.

ab KB 4

8 **Recherchieren Sie: Was ist derzeit bei Systembolaget (www.systembolaget.se) im Angebot? Vergleichen Sie auch Preise und Auswahl mit den Geschäften, in denen Sie einkaufen.**

ab KB 5

9 **Antworten Sie wie in den Beispielen.**

	Ska Lena köpa mjölk?	Ja, *det ska hon.*
	Köper Lena mjölk?	Nej, *det gör hon inte.*
a	Måste Lisa laga mat idag?	Ja, ...
b	Kan Mats och Maja handla mat åt dig?	Javisst, ...
c	Handlar du idag?	Nej, ...
d	Ska Sten handla tomater?	Nej, ...
e	Måste Anna köpa frukt och grönsaker?	Ja, ...
f	Lagar Lena mat?	Ja, ...
g	Kostar en banan mera än* ett äpple?	Nej, ...
h	Behöver du också grönsaker?	Ja, ...

* mera än = mehr als

10 **Schreiben Sie Ihr Lieblingsmenü mit drei Gängen auf. Überlegen Sie dann, welche Zutaten Sie dafür brauchen und schreiben Sie die entsprechenden Dinge auf Schwedisch auf. Benutzen Sie ein Wörterbuch.**

a Förrätt: ....

b Jag behöver: ....

c Huvudrätt: ....

d Jag behöver: ....

e Efterrätt: ....

f Jag behöver: ....

ab KB 7

11 **Was kosten die einzelnen Produkte? Bilden Sie Sätze wie im Beispiel.**

		Stenbergs	Snabbtogott	
	Fanta	14:-	15:-	*En flaska Fanta kostar bara 14:- kronor på Stenbergs. På Snabbtogott kostar den 15:- kronor.*
a	mjöl	4:50	5:-	....
b	feta-ost	12:-	9:-	....
c	mjölk	8:-	7:-	....
d	en back läsk	90:-	95:-	....
e	chips	9:-	7:-	....

ab KB 8

12 **Wie lautet die richtige Frage?**

a .... Vi måste handla potatis, ost och bröd.

b .... Jag skulle gärna vilja ha en back öl, tack.

c .... Ja, tack jag behöver också en bit ost.

d .... Salladen kostar 4:50.

e .... Ja, tack!

b KB 10

13 **a** **Übersetzen Sie.**

a Kannst du mir bitte die Tüte geben?

....

b Kennst du sie?

....

c Sie fragen sie morgen[1].

....

d Wir fragen ihn morgen[1].

....

e Ich mag sie.

....

f Ich fahre[2] mit euch.

....

[1] morgen = i morgen [2] fahre = åker

|21 **b** **In den folgenden Kurzdialogen werden verschiedene Fragen gestellt oder Wünsche geäußert. Schreiben Sie diese auf und unterstreichen Sie danach alle Personalpronomen in der Objektform.**

a
- Hej, ...
- Ja, gärna, hur mycket vill du ha?
- Ca 450 gram tack.

b
- ....
- Brödet? Där borta bredvid pastan!
- Tack för det!

c
- ....
- Visst, här!

d
- ....
- Gärna!

e
- ....
- Javisst.

14 **Welche Begriffe rund um das Thema Einkaufen werden gesucht?**

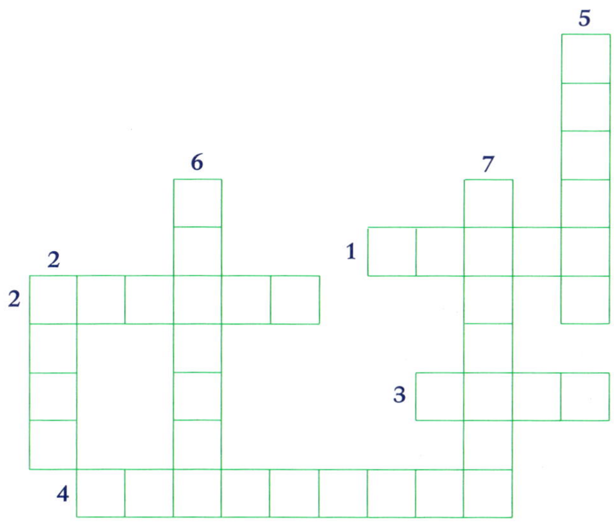

Waagrecht
1 Det finns i tetrapaket.
2 Det behöver man när man ska betala.
3 Man kan köpa det i flaskor.
4 Till exempel en tårta, glass eller också godis.

Senkrecht
2 Det behöver man för att transportera alla livsmedel.
5 Man äter det på bröd.
6 Det är en mejeriprodukt.
7 Det äter man före huvudrätten.

ab KB

15 **Wie sagt man auf Schwedisch, wenn man …**

a fragt, was man zusammen zu Abend essen möchte: ....

b fragt, zu welcher Uhrzeit / wann man essen möchte: ....

c findet, dass man *köttbullar* essen soll: ....

d findet, dass man um 18 Uhr essen sollte: ....

e fragt, wo im Supermarkt *köttbullar* sind: ....

16 Dossier **Schreiben Sie einen kurzen zusammenhängenden Text auf Schwedisch. Was essen Sie besonders gerne als Vor-, Haupt- und Nachspeise? Was benötigen Sie dafür, was müssen Sie noch einkaufen? Benutzen Sie ggf. ein Wörterbuch.**

Rekapitulieren Sie möglichst bald nach dem Unterricht, welche Arten von Übungen Sie gemacht haben und welchen Stoff Sie wiederholt bzw. neu gelernt haben. Das Merken von neuen Ausdrücken und Strukturen fällt Ihnen leichter, wenn Sie kurz nach dem Unterricht alles noch einmal gedanklich durchgehen. Schreiben Sie auf, wenn Sie etwas nicht verstanden haben und fragen Sie in der nächsten Stunde nach.

Studiedagbok

Machen Sie sich auf Deutsch und Schwedisch ein paar Notizen in Ihr Lerntagebuch. Überlegen Sie, unter welchen äußeren und inneren Bedingungen Sie bisher die größten Lernerfolge erzielt haben.

- Lernen Sie besser nachmittags, abends oder am Wochenende?
  Lernen Sie z. B. Vokabeln auf dem Weg zur Arbeit?
- Brauchen Sie zum Lernen Ruhe – und wie verschaffen Sie sich diese Ruhe?
  Oder machen Sie gerne mehrere Dinge gleichzeitig, z. B. bügeln und Vokabeln lernen?
- Gibt es bestimmte äußere bzw. innere Voraussetzungen, die für Sie persönlich das Lernen leichter machen?

Nyttiga uttryck

Ein gemeinsames Essen und den Einkauf planen

- □ Vad ska vi äta ikväll?
- ○ Jag tycker vi ska äta pizza.
- □ Det låter gott. Vad ska vi handla?
- ○ Vi måste handla tomater och ost.
- □ Måste vi köpa något mera?
- ○ Finns det mjöl?
- □ Nej, tyvärr, det finns det inte.
  Ja, det finns det.

Unsicherheit ausdrücken

- □ Jag vet inte.

Im Geschäft (höflich) etwas verlangen

- □ Jag skulle gärna vilja ha en bit ost, tack!
  Jag tar 400 gram, tack!

Sympathie für jemanden ausdrücken

- □ Jag gillar både henne och honom.

Um einen Gefallen / Hilfe bitten

- □ Kan du hjälpa mig (sedan) med ...?

Nach den Öffnungszeiten fragen

- □ När öppnar ICA på måndag?
- ○ När stänger ICA på lördag?

Bra att veta

In Schweden kann man Alkohol (bis auf *lättöl*, Leichtbier, das auch im Supermarkt erhältlich ist) nur in besonderen Spirituosengeschäften kaufen, die *Systembolaget* (staatliche Monopolgesellschaft zum Verkauf von alkoholischen Getränken) heißen. Dies ist erst für Personen ab 20 Jahren erlaubt und besonders bei „jünger" Aussehenden wird daher auch immer nach dem Ausweis gefragt (*Finns det legitimation*?). Das Thema Alkohol wird in der Politik viel diskutiert, unter anderem die Frage, ob man *Systembolaget* nicht privatisieren sollte. Doch noch möchte man diesen Schritt nicht wagen, aus Angst, dass der Alkoholkonsum steigen würde, was besonders die *Nykteristerna* (die Vertreter der schwedischen Anti-Alkoholbewegung) befürchten.

7 Vardag

Mein Dossier

Je mehr Schwedisch Sie können, desto mehr Texte werden Sie selber schreiben. Sammeln Sie diese Texte in Ihrem Dossier. Dort können Sie aber auch noch andere Materialien ablegen, die mit der schwedischen Sprache oder Schweden zu tun haben: Teilnahmebescheinigungen, Texte, die Sie besonders interessieren (Sachtexte, literarische Texte etc.), Titel von Filmen, an die Sie sich erinnern möchten usw.

ab KB 1

1 **Welches Verb versteckt sich hier?**

a Hon .... (rammak sig)

b Herr Berg .... (syrdank sig)

c Flickan .... (ärlk åp sig)

d Anita .... klockan elva. (årg cho ärlegg sig)

ab KB 3

2 **Welche Möglichkeiten gibt es, einen Satz zu beginnen? Formulieren Sie Sätze auf Schwedisch.**

Zuerst • Dann • Danach • Um (*Uhrzeit*) • Manchmal • Oft

Först stiger jag upp. ....

....

....

|22

3 **a** **Hören Sie zu und kreuzen Sie an.**

a När stiger Liv upp?
- ☐ 4.30.
- ☐ 5.30.
- ☐ 6.30.

b Vad gör hon då? Hon
- ☐ rakar sig.
- ☐ tvättar sig.
- ☐ klär på sig.

c Äter hon frukost hemma?
- ☐ Ja.
- ☐ Nej.

d När fikar hon på jobbet? Hon fikar
- ☐ klockan 9.
- ☐ klockan 8.

e Äter hon lunch med chefen?
- ☐ Ja.
- ☐ Nej.

f Vad gör Liv när hon är hemma? Hon
- ☐ lagar mat.
- ☐ tränar.
- ☐ kopplar av.
- ☐ går och lägger sig.

b **Versuchen Sie, Livs Arbeitstag zu beschreiben. Verfassen Sie einen flüssigen Text und verwenden Sie verschiedene Satzanfänge wie in Übung 2. Schreiben Sie in Ihr Heft oder auf ein Blatt Papier.**

stiger upp • tvättar sig • klär på sig • kammar sig • äter frukost • skyndar sig till jobbet • äter lunch • åker hem • äter middag • kopplar av • går och lägger sig

4 **Schreiben Sie Sätze.**

Ein Mann rasiert sich: *Han rakar sig.*

a Ein Mann kämmt sich: ....

b Eine Frau und ihr Mann eilen zum Bus: ....

c Eine Frau legt sich schlafen: ....

d Ich … : ....

ab KB 4

|23

5 **Lesen Sie die Sätze und unterstreichen Sie das *u*, wenn es lang ausgesprochen wird. Starten Sie dann den Hörtext und vergleichen Sie.**

a Ulla och Ulf bor i Umeå.
b Du åker buss till skolan.
c Vad heter Ulrikas hund?
d Hon stiger upp vid lunchtid.
e Fru Lundgren är en bra kund.
f Nu är Emma sjuk.
g Jag äter frukt till lunch.

6 **Untersuchen Sie, ob bzw. wie oft Ihr Nachname in Schweden vorkommt. Gehen Sie dazu z. B. auf die Internetseite des „Statistiska centralbyrån" (http://www.scb.se), klicken Sie auf „Sök" und geben Sie dort folgenden Begriff ein: „namnsökning". Jetzt können Sie Ihren Namen eingeben.**

ab KB 5

7 **Finden Sie die Wörter im folgenden Wortsalat. Ein Wort steht in der bestimmten Form Singular – welches?**

resgmånaderfrdbreventersefftdatorermafesräkningarsatevardagarlifldeckarennanäpplenis

ab KB 6

8 **Nehmen Sie ein separates Blatt und ergänzen Sie jeweils mindestens 5 Verben.**

Infinitiv:
Präsens:
Wortstamm:
Präteritum:

Verben mit Präsensendung *-ar*

att tvätta sig
jag tvättar mig
tvätta
tvättade

Infinitiv:
Präsens:
Wortstamm:
Präteritum:

Verben mit Präsensendung *-er*

att köpa
jag köper
köp
köpte

9 ⓐ **Lesen Sie den Text und kreuzen Sie an.**

Eva Lindlöf kommer från Umeå och har tre barn. Hon arbetar som ekonomiassistent på ett företag i Stockholm. Företaget säljer kontorstillbehör. Varje morgon stiger hon upp klockan sex. Hon duschar, klär på sig och väcker barnen. Hon lagar frukost och går sedan till jobbet. Hon behöver inte ta tunnelbanan* eftersom det bara är tio minuter att gå. När Elsa inte arbetar sköter hon hemmet.** Med tre barn har hon alltid mycket att göra.

* tunnelbana = U-Bahn ** att sköta = sich um etw. kümmern

		rätt	fel	står inte i texten
a	Eva Lindlöf har inga barn.	☐	☐	☐
b	Hon är hemmafru.	☐	☐	☐
c	Hon tar t.ex. hand om kundförfrågningar.	☐	☐	☐
d	Hon väcker barnen. Därefter lagar hon frukost.	☐	☐	☐
e	Hon åker tunnelbana.	☐	☐	☐
f	När hon är hemma kopplar hon av.	☐	☐	☐

ⓑ **Schreiben Sie 6 Substantive aus dem Text in die Tabelle und bilden Sie die fehlenden Formen: Singular unbestimmt und bestimmt sowie Plural unbestimmt.**

Singular unbestimmt	Singular bestimmt	Plural unbestimmt
ett företag	*företaget*	*företag*

ⓒ **Schreiben Sie über Eva im Präteritum. Stellen Sie sich vor, dass Sie Evas Enkeln von deren Oma erzählen. Im Text kommen Verben vor, die im Präteritum Sonderformen haben. Schreiben Sie dennoch zuerst auf, welche Form Ihrer Meinung nach richtig sein könnte. Kontrollieren Sie erst ganz am Ende mit dem Schlüssel hinten im Buch, ob Ihre Vermutung richtig war.**

Eva Lindlöf kom från ....

....

....

....

10 **Setzen Sie die Verben in dem folgenden Brief ins Präteritum. Einige Formen werden Ihnen noch nicht vertraut sein – schreiben Sie mit Bleistift auf, was Sie vermuten und schauen Sie erst am Ende mit Hilfe des Schlüssels nach, wie die Formen korrekt lauten.**

Hej Lena!

Tack för senast! Jag är ledsen att vi inte .... (a: ha) så mycket tid men som du vet .... (b: väntar) mamma på oss vid busstationen. När vi .... (c: kommer) till bussen .... (d: står) mamma redan där och .... (e: vinkar). Vi .... (f: tar) en taxi hem till oss och jag .... (g: lagar) middag. Sedan .... (h: pratar) vi länge. Nästa dag .... (i: arbetar) jag men Gunnar .... (j: är) ledig och .... (k: shoppar) med mamma i stan. Det .... (l: tycker) hon var väldigt trevligt.*

Ha det bra! Hälsa alla

Mona

* vinkar = winken

ab KB 7

11 **Wie lautet die Objektform des Personalpronomens?**

a Känner du (han) .... ?

b När träffade du (hon) .... ?

c Hon ringde (de) ....

d Han presenterade (vi) ....

e Vi gratulerar (de) .... på födelsedagen.

f Ringer ni (jag) .... , eller ska jag ringa (ni) .... ?

ab KB 8
|24

12 **Sandra hat Nina und ihren Mann zu ihrem Geburtstag eingeladen. Nina hinterlässt eine Nachricht auf Sandras Anrufbeantworter. Hören Sie zu und kreuzen Sie an.**

a Nina och Markus kan inte komma därför att ...
1 de är på Axels födelsedagsfest på lördag.
2 de jobbar och har mycket att göra.
3 de är på en annan födelsedagsfest på fredag.

b Nina bjuder Sandra på
1 lunch.
2 middag.

c Hon vill
1 gå på restaurang.
2 laga mat hos sig.

d Hon vill gärna att Sandra kommer
1 nästa dag.
2 nästa helg.

ab KB 9

13 **Was passt zusammen? Verbinden Sie.**

Jag tycker ...

Jag tycker om ...

a ... att Lisbeth är mycket trevlig.
b ... frukt och grönsaker.
c ... att man ska äta 3 gånger om dagen.
d ... att han skulle* raka sig.
e ... Sverige.
f ... dig.

* skulle = hier: sollte

ab KB 10

14 **Bilden Sie Sätze.**

arbetade jag på en restaurang • gick jag på bio • steg jag upp tidigt • åkte jag skidor • tränade jag mycket

I somras	I förrgår	I tisdags	I vintras	Igår
letzten Sommer	vorgestern	letzte Dienstag	letzte Winter	gestern

15 **Schreiben Sie eine E-Mail an eine andere Person in Ihrem Schwedischkurs. Berichten Sie über einen Tag der letzten Woche.**

ab KB

16 **Ergänzen Sie die Lücken. In welchem Verwandtschaftsverhältnis stehen die Personen zueinander?**

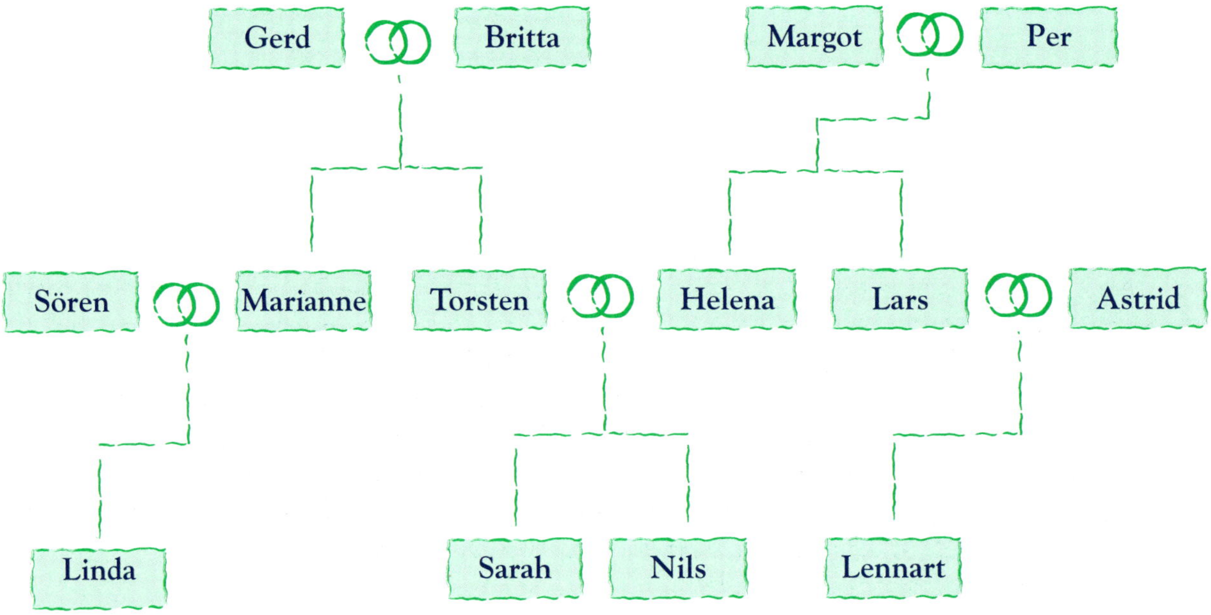

Torsten är Helenas ......man...... . (a) De har två ......barn...... . (b) ......Dottern...... (c) heter Sarah och ......sonen...... (d) heter Nils. Torsten har en ......syster...... (e), Marianne. Hon är gift med Sören. De två har en ......dotter...... . (f) Hon heter Linda. Linda är alltså Sarahs och Nils ......kusin...... . (g) Helenas ......bror...... (h) heter Lars och är gift med Astrid. Deras ......son...... (i) heter Lennart. Torstens ......föräldrar...... (j) heter Britta och Gerd. Helenas ......mor...... (k) heter Margot.

17 Dossier

Beschreiben Sie in einem kurzen Text auf Schwedisch Ihre Familiensituation und die engere Verwandtschaft. Sie können auch auf Berufe oder Freizeitinteressen der einzelnen Personen eingehen.

Sicher haben Sie auch eigene Methoden oder Ideen, wie Sie sich Dinge leichter merken oder bestimmte Strukturen aus Ihrer Sicht am effektivsten üben können. Daher macht es Sinn, mit den anderen Kursteilnehmern über Lerntipps und Lernstrategien zu sprechen. Das kann im Kurs oder auch außerhalb des Kurses geschehen. Sie können beispielsweise damit beginnen, dass zunächst alle berichten, wie sie außerhalb des Unterrichts Schwedisch lernen, wiederholen und üben. Der Lernprozess verläuft bei jedem etwas anders, aber gute Ideen sollten Sie unbedingt sammeln und ausprobieren.

Studiedagbok

Machen Sie sich wieder ein paar Notizen in Ihr Lerntagebuch. Es gibt viele unterschiedliche Methoden, wie man Sprachen unterrichten und lernen kann. Daher setzen auch die Unterrichtsmaterialien unterschiedliche Schwerpunkte. Blättern Sie die bisherigen Lektionen im Kurs- und Arbeitsbuch noch einmal durch. Was steht Ihrer Ansicht nach bei diesem Buch im Vordergrund (z. B. grammatische Erklärungen, kommunikative Übungen, längere Texte, Erlernen von Wortschatz, Redewendungen, Hörtexte, Ausspracheübungen ...)? Vielleicht können Sie zum Vergleich auch andere Sprachlernbücher heranziehen, die Sie besitzen.

7 Kort och gott

Nyttiga uttryck

Den Tagesablauf beschreiben

Klockan sju stiger jag upp. Först tvättar jag mig. Sedan rakar jag mig. Därefter äter jag frukost.

Seine beruflichen Aufgaben spezifizieren

□ Och vad exakt gör du?
○ Jag tar hand om …

Nach den Freizeitinteressen fragen

Vad gör du när du är ledig?

Aktivitäten in der Vergangenheit angeben

□ Vad gjorde du igår?
○ Jag tittade på TV.
Förra veckan spelade jag tennis.
I somras cyklade jag mycket.

Sich nach einer längeren Zeit begrüßen

Det var inte igår! / Det är ett tag sedan!

Etwas bedauern

Jag är ledsen!

Freude ausdrücken

Vad roligt!

Am Telefon nach jemandem fragen

□ Skulle jag kunna få prata med …?
△ Ett ögonblick!

Sich nach einer Einladung bedanken

Tack för senast! Jag tycker det var jättetrevligt!

Zeitangaben Vergangenheit

igår, i förrgår, i morse, i torsdags, förra veckan, i våras, i somras, i höstas, i vintras

Sonstiges

Utmärkt!
Förresten …
Hälsningar!
att passa ihop

Bra att veta

In Schweden bedankt man sich immer für die letzte Einladung, das letzte Treffen oder das letzte Zusammenkommen mit den Worten *Tack för senast* (Danke für neulich) oder *Tack för igår* (Danke für gestern). War man bei jemandem zu Hause eingeladen und ist abzusehen, dass man sich in der nächsten Zeit nicht sehen wird, ist es ein Ausdruck von Höflichkeit, sich auf eine andere Weise zu bedanken – entweder in Form eines Telefonanrufs oder in einem kurzen Brief.
Auch insgesamt gesehen bedankt man sich in Schweden sehr viel mehr als in Deutschland. Man kann eigentlich nicht oft genug *tack* sagen – beispielsweise im Supermarkt für das Rückgabegeld, das Aushändigen einer Tüte oder wenn man jemanden zwecks Information angesprochen hat und eine Information erhalten hat. Deswegen gilt man noch lange nicht als übertrieben höflich. Der Ausdruck *tack* wird auch benutzt, um das deutsche „bitte" in einer Frage zu formulieren: *Kan jag få en påse, tack*! (Kann ich bitte eine Tüte bekommen?).

Keine Angst vor Fehlern

Machen Sie sich keine Sorge, wenn Sie beim Sprechen oder Schreiben des Schwedischen Fehler machen – das ist ganz normal und gehört zum Sprachenlernen dazu. Kein Kind kann sofort laufen – es sind viele Versuche und Zwischenschritte nötig. Sprachenlernen sollte Spaß machen und in Ihnen die Freude am Lernen und dem Entdecken von Neuem wecken. Außerdem ist das wichtigste Ziel, dass man sich mit den Leuten im Land verständigen kann – und das funktioniert auch, wenn man sich einmal nicht sicher ist, wie eine Form richtig heißen muss.

ab KB 1

1 **Finden Sie weitere neun Wörter und schreiben Sie auch den jeweiligen Artikel *en* oder *ett* dazu sowie die bestimmte Form Singular.**

O	S	K	R	I	V	B	O	R	D
B	L	E	N	K	E	L	R	U	M
Ä	R	P	O	T	O	U	G	Ä	Ö
D	U	B	B	E	L	R	U	M	G
D	G	O	A	L	I	O	P	E	X
B	A	R	S	E	T	T	E	S	U
O	R	F	T	F	L	H	I	S	S
T	A	N	U	O	E	U	T	T	Ä
E	G	E	L	N	V	T	F	Å	N
R	E	S	T	A	U	R	A	N	G

enkelrum: ett enkelrum, enkelrummet ....

....

....

....

....

....

....

....

....

Welche zwei Wörter bedeuten das gleiche? .... und ....

2 **Setzen Sie in die folgende Werbeanzeige eines schwedischen Hotels die fehlenden Wörter ein.**

fast uppkoppling • många • rum • bastu • italiensk • ligger • klockan • shopping • helgpriser • på • välkommen • sightseeingturer

.... (a) **till Hotel Skanordica!**

Hotellet .... (b) mitt i stan .... (c) Karlavägen med .... (d) möjligheter för .... (e) och .... (f). Våra .... (g) har alla utsikt över parken, telefon, skrivbord, ... (h) till internet, radio, TV och mini-bar. I hotellet finns också en .... (i) och en bubbelpool. Vår restaurang bjuder på .... (j) mat och vår bar är öppen till .... (k) ett. Fråga gärna efter våra .... (l). Varmt välkomna!

8 Resa

ab KB 2

3 **Setzen Sie ein: *tror* oder *tycker*?**

a Jag .... att hotellet inte har något garage.

b .... du att vi ska boka det?

c Han .... att rummet har en mini-bar.

d Hon .... att hotellet har för många nackdelar.

e De .... att en bastu är viktig.

f Vi .... att det är en fördel att bo centralt.

|25

4 **a** **Hören Sie zu und kreuzen Sie an. Mehrfachauswahl möglich.**

a Peter Borén är en affärsman.
1 Ja.
2 Nej.
3 Det vet man inte.

b Han vill resa till
1 Lidköping.
2 Linköping.
3 Jönköping.

c Han vill resa
1 med familj.
2 utan familj.

d Han frågar efter
1 dubbelrum.
2 enkelrum.
3 dubbelrum med barnsäng.

e Frukostrummet
1 har barnstolar.
2 har inte barnstolar.

f Det har även
1 en lekhörna.
2 en rökhörna*.

g Hotellet har
1 garage.
2 hiss.
3 restaurang.
4 bastu.
5 bubbelpool.
6 frukostrum.

h Peter Borén bokar ett rum
1 för en natt.
2 för två nätter.

* rökhörna = Raucherecke

b **Bestimmte oder unbestimmte Form des Substantivs? Setzen Sie ein.**

Petra Schmidt är .... (a: affärskvinna*) från Berlin och måste resa till Stockholm. Hon hittar .... (b: hotell) på .... (c: nät). Hon känner inte till Stockholm och vet därför inte var .... (d: hotell) ligger. Därför ringer hon nu till .... (e: hotell). Hon vill också veta om man kan få .... (f: dubbelrum) med .... (g: barnsäng). Hon vill gärna ta med .... (h: familj). Hon frågar också om det finns .... (i: tunnelbana) eller .... (j: buss) vid .... (k: hotell).

* affärskvinna = Geschäftsfrau

5 **Bilden Sie die Imperativform (Befehlsform).**

a .... ! (tänker på det)
b .... mjölken! (dricker)
c .... oss! (frågar)
d .... gärna hotellet! (bokar)
e .... vid baren! (kopplar av)
f .... gott! (sover)
g .... en trevlig dag! (har)

ab KB 3
|26

6 **Überlegen Sie: Wird das *a* lang oder kurz ausgesprochen? Markieren Sie mit einem Strich für lang und mit einem Punkt für kurz. Hören Sie sich dann die Tonaufnahme an.**

Jakob har en ledig dag idag. Han ska gå och simma och bada bastu med en kompis. Sedan ska de gå till ett hotell där det är danskväll för alla. Han tycker om att dansa. Han går även på en danskurs varje tisdag och lär sig salsa.

ab KB 4

7 **a** **Lösen Sie das Kreuzworträtsel. Gesucht wird immer die bestimmte Form Singular.**

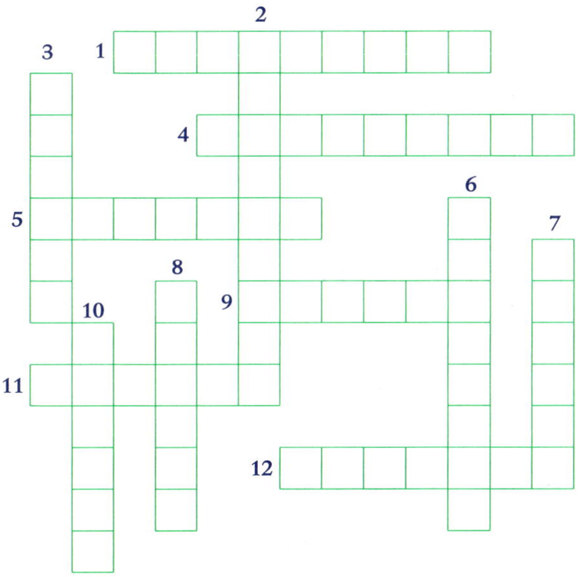

Waagrecht:		Senkrecht:	
1	der Fön	2	die Toilette
4	das Handtuch	3	der Tisch
5	die Dusche	6	das Fenster
9	die Seife	7	die Schale
11	die Lampe	8	der Apfel
12	der Schlüssel	10	das Radio

b **Welcher Ausdruck passt nicht in die Reihe?**

a toalett – dusch – tvål – mini-bar
b bord – dator – stol – lampa
c radio – TV – video – bok
d nycklar – handduk – hårtork – vatten
e frukostrum – enkelrum – kontorsrum – dubbelrum
f vi tar det – vi lyssnar på det – vi bokar det – vi ringer till hotellet
g frukost – middag – kväll – lunch

ab KB 5

8 ⓐ **Im folgenden Dialog fehlen jeweils die Satzanfänge. Tragen Sie ein.**

〉skulle ● ja, tack ● nej ● jag ● vill ● god afton ● då ● just ● visst ● vad ● önskar ● hur ● finns ● ja 〈

- (a) ....! (b) .... kan jag stå till tjänst med?
- Hej! (c) .... bokade ett enkelrum via internet i tisdags.
- (d) .... var namnet?
- Pettersson med två s.
- (e) .... ska vi se .... här har vi er, ett enkelrum för en natt.
- (f) .... det. Har ni även enkelrum med utsikt?
- (g) ...., det finns det. (h) .... ni det?
- (i) ....
- (j) .... ni också ha ett rökfritt rum?
- (k) ...., det är inte viktigt. (l) .... det internet på rummet?
- (m) ...., det gör det. (n) .... ni kunna fylla i anmälningsblanketten?
- Javisst!

ⓑ **Suchen Sie mithilfe einer Suchmaschine je ein Hotel mit ungefähr dem gleichen Standard in Stockholm, Göteborg und Umeå. Vergleichen Sie die Hotelpreise dieser schwedischen Städte untereinander und auch mit denen in Ihrer Heimatstadt.**

ab KB 7

9 **Welche Wörter verstecken sich hier?**

garadioapparaternansdrduscharnastgnycklarnarsnenrlkddhissarnalkjhlkjbäddarnalkj

ab KB 9

10 **Tauschen Sie die unterstrichenen Wörter durch die angegebenen aus und bilden Sie auch die richtige Form, so dass ein neuer Text entsteht. Schreiben Sie diesen noch einmal auf ein separates Papier.**

〉äpple ● skål ● lampa ● skåpdörr ● fönster ● tvål ● rum ● TV 〈

- Vilket hotell! Duschdörrarna går inte att stänga och nattdukslamporna fungerar inte.
- Nej men titta! Ingen hårtork!
- Och skåpdörrarna här går inte heller att öppna. Fungerar radion?
- Ja, den fungerar! Men usch! Ruttna frukter i korgen*!
- Släng** frukterna!
- Nej, jag tycker vi byter hotell!

* korg = Korb ** Släng! = Wirf weg!

11 **Verbinden Sie die Aussagen, die inhaltlich das Gleiche ausdrücken.**

a	Jag beklagar.	**1**	Finns det något garage?
b	Ja tack?	**2**	Den går inte.
c	Jag är från Lidköping.	**3**	Hur dags öppnar baren?
d	När öppnar baren?	**4**	Vad är det som inte fungerar?
e	Vad är det som är fel?	**5**	Jag kommer från Lidköping.
f	Jag talar med honom.	**6**	Jag pratar med honom.
g	Den passar inte.	**7**	Jag är ledsen.
h	Har ni något garage?	**8**	Vad kan jag stå till tjänst med?

12 **Schreiben Sie die Wörter zusammen mit der unbestimmten Form Singular auf.**

~~människorna~~ • gatorna • skåpdörrarna • hotellen • dagarna • städerna • rummen • problemen • nycklarna • hälsningarna • äpplena • yrkena • stolarna • lamporna • hissarna • tvålarna • fönstren

a *en människa, människorna* ....

b ....

c ....

d ....

e ....

f ....

g ....

h ....

i ....

j ....

k ....

l ....

m ....

n ....

o ....

p ....

q ....

ab KB 11

13 **Übersetzen Sie.**

a Sie gehen geradeaus: ....

b Sie biegen links ab: ....

c Sie biegen rechts ab: ....

|27

14 (a) **Hören Sie sich die folgenden 3 Minidialoge zuerst einmal an. Schreiben Sie zunächst nur auf, wonach gefragt wird.**

1 ....

2 ....

3 ....

(b) **Hören Sie noch einmal zu und schreiben Sie die Nummer des Dialogs an die Stelle, an der das Gesuchte liegt.**

15 **Lesen Sie den folgenden Zeitungstext über den „Leser der Woche". Machen Sie aus dem Text ein Zeitungsinterview. Ein Reporter interviewt Anders Lindholm über sein Arbeitsleben und seinen Alltag.**

Vår "Veckans läsare!"

Anders Lindholm är receptionist på ett hotell i Malmö. Varje morgon stiger han upp klockan sex. Han rakar sig, duschar och klär på sig. Han lagar frukost och äter en skål müsli med mjölk och dricker en kopp kaffe. Sedan skyndar han sig till tunnelbanan. Det tar honom 45 minuter att komma till arbetet. Som många andra på tunnelbanan läser han ofta en tidning eller en bok. Anders Lindholm gillar att arbeta med människor så han tycker om att jobba på hotell. Han säger att han har ett intressant yrkesliv.

16 Dossier **Schreiben Sie eine kurze Postkarte aus dem Urlaub an eine (fiktive) schwedische Freundin. Gehen Sie dabei darauf ein, wo Sie untergebracht sind, und berichten Sie dann kurz über das Reiseziel.**

Um in Schweden zurecht zu kommen, sollten Sie unbedingt eine Technik üben, die Sie immer wieder anwenden können: das Umschreiben von Dingen, wenn einem das entsprechende Wort nicht einfällt. Üben Sie dies am besten schon zu Hause – suchen Sie sich ein paar Wörter aus den bisherigen Lektionen und probieren Sie aus, diese zu umschreiben. Benutzen Sie Strukturen wie z. B. *Det behöver man för att ...* oder *Det är ...*

Studiedagbok

Lesen Sie in Ihrem Lerntagebuch noch einmal nach, was Sie sich am Anfang für Ziele gesteckt hatten (Lektion 2). Sie sind jetzt auf der Niveaustufe A1 des „Gemeinsamen Europäischen Referenzrahmens" – es ist also ein guter Zeitpunkt, die eigenen Ziele zu überprüfen. Was haben Sie erreicht, was nicht? Welche Gründe gibt es dafür (z. B. das Buch / der Sprachkurs hatten die gleichen / andere Schwerpunkte als Ihre eigenen, die Ziele waren einfach / schwierig / gar nicht zu erreichen ...)? Haben sich Ihre persönlichen Ziele geändert, die Sie mit dem Erlernen der schwedischen Sprache verbinden? Definieren Sie in diesem Fall Ihre Ziele neu.

Nyttiga uttryck

Typische Audrücke aus Hotelannoncen

Du har många möjligheter att shoppa.
Vi bjuder på fransk mat – allt du önskar!
Du hittar oss på Sveagatan.
Välkommen!
Trevlig vistelse!

Vor- und Nachteile nennen

Fördelen / nackdelen är ...
... har fördelen / nackdelen att ...
□ Vad tycker du?
○ Jag vet inte ... För mig är det viktigt att ...
Det stämmer! / Det tycker jag inte.

Seine Meinung äußern

Jag tycker att ...

Jemanden an etwas erinnern

Men tänk på ...

Ausdrücken, dass man gemeinsam etwas angeht

Okej, låt oss göra det nu!

An der Hotelrezeption

□ Mitt namn är Karlsson.
○ Vad kan jag hjälpa till med?
□ Finns det något garage?
Finns det någon bastu?
Finns det internet på rummet?
○ Javisst, det går bra.
Ha en trevlig dag!
Sov gott!

Etwas beanstanden

Ursäkta mig, jag har problem med ...

Bedauern ausdrücken

Jag beklagar.
Förlåt!
Jag är ledsen!

Richtungsangaben / Wegbeschreibung

Du svänger till vänster – du går rakt fram – du svänger till höger.

Sonstige

egentligen
uppenbarligen
kanske
äntligen
en bit

Bra att veta

Schwedens Hotels stehen im Ruf, sehr teuer zu sein. Doch wer sich rechtzeitig erkundigt und Preisvergleiche anstellt, kann sich durchaus sehr günstige Übernachtungsmöglichkeiten in guten Hotels verschaffen – besonders in der Nebensaison. Oft übernachten Kinder unter 15 entweder ganz gratis oder man bezahlt nur einen kleinen Aufpreis für das Zusatzbett im Zimmer. Das Frühstück ist bei den Hotels prinzipiell immer mit im Preis enthalten.
Eine interessante Alternative bieten auch die schwedischen *Vandrarhem* (Jugendherbergen), die oft sehr gut ausgestattet sind. Sie erfreuen sich größter Beliebtheit und werden von Jung und Alt in ganz Schweden frequentiert. Oft muss jedoch Bettwäsche mitgebracht oder gegen Aufpreis ausgeliehen werden, und das Frühstück ist auch nicht inklusive.

Wiederholung und Test

1 **Kenntnisstand definieren**
Kontrollieren Sie noch einmal auf den Seiten 46, 54, 62 und 70 im Kursbuch, wie Ihr Kenntnisstand aussieht. Wiederholen Sie gegebenenfalls die entsprechenden Teile des Lernstoffs.

2 **Sprachliche Interaktion**
Formulieren Sie eine Frage bzw. eine Antwort.

a ....? Jag arbetar som lärare.
b När fyller du år? ....
c Vad får det lov att vara? ....
d ....? Ja, tack. Jag behöver också en bit parmesanost.
e Är du gift? ....

3 **Grammatik**
Wie lautet die richtige Form? Kreuzen Sie an. Jede korrekte Antwort ergibt einen Punkt.

a Vi ... handla ris, ost och mjölk.
1 gör
2 tar
3 måste

b Hur ... språk talar du?
1 mycket
2 några
3 många

c Hur ofta i veckan rakar du ...?
1 sig
2 er
3 dig

d ... boken! Sedan vet du mera!
1 Läser
2 Läs
3 Läste

e Jag arbetar ... en bank.
1 på
2 i
3 från

f Kan du hjälpa ...?
1 vi
2 de
3 oss

g Igår ... jag tennis.
1 spelar
2 spela
3 spelade

h Nej, tyvärr, hotellet har ... bastu.
1 någon
2 ingen
3 något

i Jag vill gärna ha några...
1 tomat
2 apelsin
3 tomater

j Vad är klockan?
1 Han är fem.
2 Hon är fem.
3 Det är fem.

4 **Hörverstehen**
Richtig oder falsch? Kreuzen sie an. Jede korrekte Antwort ergibt einen Punkt.

|28 **a** Anrufbeantworter

		rätt	fel
1	På vardagar öppnar läkarmottagningen klockan åtta.	☐	☐
2	På måndagar stänger den klockan fem.	☐	☐
3	På fredagar stänger den klockan sju.	☐	☐
4	På söndagar kan man ringa till läkaren.	☐	☐

|29 **b** Dialog

		rätt	fel
1	Hon ska träna idag.	☐	☐
2	Hon går till systemet.	☐	☐
3	De behöver mjölk, bröd och grönsaker.	☐	☐
4	Hon ska köpa sallad och tomater i grönsaksaffären.	☐	☐
5	De ska resa till Linköping.	☐	☐
6	För honom är det viktigt att hotellet har bastu.	☐	☐

5 **Leseverstehen**
Lesen Sie die Postkarte und kreuzen Sie an. Jede korrekte Antwort ergibt einen Punkt.

Hej Pernilla,
många hälsningar från Göteborg! Daniel och jag bor på hotell Opera - precis där du hade din fest när du fyllde 30! Stan är underbar! Museerna, arkitekturen - och vad man kan äta gott här! Efter frukosten gör vi precis vad vi har lust med. Igår kväll var vi på operan och såg "Aida". Den var jättefin! Vi reser hem i morgon!
Många hälsningar
Karolin

		rätt	fel	står inte i texten
a	Pernilla skriver ett vykort till Karolin.	☐	☐	☐
b	Karolin skriver från Götene.	☐	☐	☐
c	Karolin är på tjänsteresa.	☐	☐	☐
d	Daniel är Karolins fader.	☐	☐	☐
e	Hotellet där de bor heter Opera.	☐	☐	☐
f	Det finns mycket att se.	☐	☐	☐
g	Maten är inte bra.	☐	☐	☐
h	De såg "Turandot" på operan.	☐	☐	☐
i	Karolin tyckte inte om operan.	☐	☐	☐
j	De reser hem i morgon.	☐	☐	☐

Auswertung:

	Mein Resultat	
Grammatik	....	von 10 Punkten
Hörverstehen	....	von 10 Punkten
Leseverstehen	....	von 10 Punkten
GESAMT	....	von 30 Punkten

Vergleichen Sie: Wo liegen Ihre Stärken, auf welche Bereiche müssen Sie beim Lernen besonderes Gewicht legen? Machen Sie sich dazu bitte Notizen in Ihr Lerntagebuch.

6 Dossier

Lesen Sie sich noch einmal alle Texte durch, die Sie bisher in Ihrem Dossier gesammelt haben. Schreiben Sie dann in Absprache mit der Kursleiterin / dem Kursleiter einen zusammenfassenden Text, in dem Sie über sich berichten.

9 Klädesplagg

Gegensatzpaare

Manche schwedische Adjektive sind den deutschen sehr ähnlich, wie zum Beispiel *brun*. Andere prägen sich schwerer ins Gedächtnis ein. Sie können sich diese Wörter einfacher merken, wenn Sie immer Gegensatzpaare zusammen lernen (z. B. *snygg* ↔ *ful*), am besten noch in Verbindung mit einem Substantiv (*ungt vin* ↔ *gammalt vin*). Auf diese Weise verbinden sich im Gehirn Wörter eng miteinander. Dabei ist natürlich interessant zu untersuchen, ob im Deutschen genau die gleichen Kombinationen möglich sind.

ab KB 1

1 Welche Farbe hat sich hier versteckt?

a dör	**b** lblsujå	**c** itv	**d** illa	**e** nrbu
röd	ljusblå	vit	lila	brun
f åöblrkm	**g** örng	**h** ugl	**i** råg	**j** trvas
mörkblå	grön	gul	grå	svart

2 Welche Farben haben die Dinge? Schreiben Sie die passenden Farbbezeichnungen dazu.

Vilken färg har:

a smör: ....

b Sveriges flagga: mörk blå och gul

c mjölk: vit

Gurka **d** en gurka: grön gurkan gurkor gurkorna

e mörkt kaffe: brun / svart

f mjölkchoklad: brun

g tomater: röd

h IKEAs logo: mörkblå och gul

i läkarrock: ....

j sallad: grön

ab KB 2

3 Welches Wort passt nicht in die Reihe?

a strumpor - skärp - sockor - skor

b slips - klänning - skjorta - kalsonger

c byxor - trosa - behå - kalsonger

d kappa - rock - jacka - behå

e kavaj - slips - rock - blus

f kjol - klänning - kostym - trosa

4 **Tragen Sie die fehlenden Formen ein.**

	Singular		Plural	
	obest. form	best. form	obest. form	best. form
a	....	jackan	jackor	jackorna
b	en byxa	....	....	byxorna
c	....	koftan	....	....
d	....	....	blusar	....
e	....	....	....	skorna
f	....	kjolen	....	....
g	en skjorta	....	skjortor	....
h	....	tröjan	....	....
i	en slips	....	....	slipsarna

ab KB 3
|30

5 a **Hören Sie zu und kreuzen Sie an.**

		rätt	fel	vet man inte
1	Pernilla var i Stockholm förra året.	☐	☐	☐
2	Hon var ensam där.	☐	☐	☐
3	Biblioteksgatan är en shoppinggata.	☐	☐	☐
4	Pernilla intresserar sig för att shoppa.	☐	☐	☐
5	Det finns en opera i närheten av hotellet.	☐	☐	☐
6	Hon köpte en mörkblå kjol.	☐	☐	☐
7	Martin köpte en ljusblå klänning till Pernilla.	☐	☐	☐
8	Pernilla och Karolin ska fika på söndag eftermiddag.	☐	☐	☐

b **Hören Sie noch einmal zu. Kennt Karolin Pernilla gut oder nicht so gut? Schreiben Sie Ihre Antwort auf und begründen Sie Ihre Ansicht.**

....

ab KB 4
|31

6 **Sprechen Sie die folgenden Sätze langsam und deutlich aus. Unterstreichen Sie den Buchstaben *o*, wenn dieser lang ausgesprochen wird. Hören Sie danach die Tonaufnahme und vergleichen Sie.**

Jonas har inga skor och sockor.
Olle tycker om ost, konst, vin och sol.
När hon jobbar har hon alltid kjol och kofta på sig.
Sover också sonen?

ab KB 5

7 **a** **Was passt zusammen? Vervollständigen Sie die Sätze.**

a När Erik arbetar brukar han ha på sig ...
b Hemma brukar jag ha på mig ...
c En skådespelare behöver ...
d I vintras hade jag alltid ...
e När man cyklar ska man aldrig ha ...
f På jobbet väljer jag ...
g Vi sjukskötare har ofta ...
h Han är en trendig person – han tycker om ...

1 mörka färger. Jag måste vara välklädd.
2 bekväma kläder i vita färger.
3 jeans, en T-shirt och en kofta.
4 en lång klänning på sig.
5 långa kalsonger på mig.
6 många olika kläder.
7 moderna kläder.
8 en blå skjorta, en slips, en kavaj och en mörk byxa.

b **Tragen Sie ein – achten Sie auf die richtigen Formen der Adjektive.**

a När Karin är på höstpromenad brukar hon ha på sig en .... (tjock / tröja) och .... (tjock / byxor).

b När Jesper cyklar brukar han ha på sig .... (bekväm / byxor) och en .... (tunn / jacka).

c När Sanna är på fest väljer hon en .... (mörkgrön / klänning) och .... (svart / skor).

d När Tove sover brukar hon ha på sig ett .... (tunn / röd / nattlinne).

e På bygget måste ingenjören Mats Svensson ha på sig .... (kraftig*/ tung / skor) och .... (bekväm / kläder).

* kraftig = kräftig

ab KB 6
|32

8 **a** **Tragen Sie in die Lücken die fehlenden Floskeln ein.**
Hören Sie dann den Dialog und kontrollieren Sie Ihre Antworten.

storlek 44 ● då går jag och betalar ● vilken storlek ● ja tack ● finns ● kan jag hjälpa dig ● storlek ● passar de ● passar de bättre ● ett ögonblick bara ● här till vänster ● dem tar jag

▲ Hej, ... (a) med något?
✚ .... (b). Jag behöver nya skor, gärna mörkbruna.
▲ .... (c) har du?
✚ Jag har 43, ibland 44.
▲ .... (d) har vi storlekarna 43 till 46.
...

- De här är snygga. Kan jag prova dem i .... (e) 43¿
- Javisst, gärna. Du kan sätta dig där på stolen om du vill. ...
  .... (f)¿
- Nja, jag vet inte. Har du dem också i .... (g)¿
- Visst, ... (h) så hämtar jag dem. ...
- .... (i)¿
- Ja, de är bra. .... (j).
- Om du behöver en skokräm* också – de .... (k) vid kassan.
- Tack, ... (l).

* skokräm = Schuhcreme

b Wie sagt man auf Schwedisch, wenn man ...

a fragt, ob man hier mit Karte bezahlen kann: ....

....

b sagt, dass man Größe 44 hat: ....

....

c sich nicht sicher ist: ....

....

d sagt, dass man die Farbe dunkelblau nicht so gerne mag: ....

....

e sich für etwas bedankt: ....

....

f etwas bedauert: ....

....

ab KB 7

9 **Setzen Sie jeweils ein passendes Adjektiv in der richtigen Form ein.
Schreiben Sie dann noch drei eigene Kombinationen aus Adjektiv und Substantiv auf.**

bra • stor • modern • trevlig • lång • tung • ny • röd • bekväm

a ett .... hus

b en .... lärare

c de .... jeansen

d de .... byxorna

e det .... äpplet

f ett .... callcenter

g det .... paketet

h en .... helg

i en .... offert

....

....

....

ab KB 8

10 **Tragen Sie die richtigen Formen der Adjektive ein.**

Igår var Helena på en .... (a) (stor) födelsedagsfest. En arbetskamrat fyllde 30 år. Först visste Helena inte, vad hon skulle ha på sig. Men sen valde hon en .... (b) (snygg) svart blus och .... (c) (blå) jeans. Det visade sig att hon var alldeles rätt klädd. Helena tyckte mycket om festen, eftersom det var många .... (d) (trevlig) människor där. Hon gillade speciellt en .... (e) (lång) kille med glasögon i .... (f) (svart) jeans och .... (g) (ljusblå) tröja. Hon frågade arbetskamraten vem det var. "Han med de .... (h) (brun) glasögonen? Han heter Adam. Det är en .... (i) (gammal) klasskompis. Vi gick i skolan tillsammans. Han är ekonom och arbetar på en .... (j) (stor) firma som heter *Skanfindica*."

11 **Setzen Sie die passenden Präpositionen ein.**

av ● hos ● i ● med ● om ● per ● på ● till ● vid ● över

- **a** Nils är mannen .... den svarta, randiga kostymen.
- **b** Vad är motsatsen .... "mörk"?
- **c** Han pratar alltid .... jobbet.
- **d** Kan jag betala .... Visakort här?
- **e** Vem fick du boken .... ?
- **f** Ska vi dricka något .... mig?
- **g** Mjölken kostar bara 7 kronor .... liter!
- **h** Provrum finns .... tröjorna.
- **i** Jag måste vara välklädd .... jobbet.
- **j** Vad tar du på dig .... skjortan?

ab KB

12 **Setzen Sie die passenden Pronomen ein.**

er ● henne ● henne ● honom ● mig ● oss ● sig ● dig

- **a** Ge Lisa ett råd. Vilken färg passar .... bäst?
- **b** Peter? Ja, jag gillar .... också.
- **c** L&B: Du kan handla säsongens kläder i lugn och ro hos ....
- **d** Sommartyper kan ha kraftiga färger på ....
- **e** Du menar Sara? Jag arbetar ju tillsammans med ....
- **f** Kan jag hjälpa .... ?
- **g** Jag vill prata med dig. Kan du ringa .... ?
- **h** Sanna och Jesper, vänta så hjälper jag ....

|33

13 **Hören Sie zu und beantworten Sie die Fragen.**

a Vad är klockan? ....

b Vad kan man köpa på Hans & Hennes? ....

c Varför vill han inte ha tröjan längre? ....

d Tycker han om att shoppa? ....

e Tar de bilen eller bussen? ....

14 **Wer oder was sind „Lindex" und „NK"? Recherchieren Sie im Internet (z. B. www.lindex.se bzw. www.nk.se).**

15 Dossier

Schreiben Sie eine E-Mail an eine Freundin / einen Freund in Schweden. Berichten Sie von der Übung mit den Farbtypen (Seite 78 im Kursbuch) und wie Ihr Resultat ausgefallen ist. Fragen Sie auch nach, ob Ihre Freundin / Ihr Freund Sie auch so sieht.

Die schwedische Aussprache unterscheidet sich bei manchen Wörtern sehr stark von der Schriftform. Es ist natürlich gut, wenn man sich zum Ziel setzt, so akzentfrei wie möglich zu sprechen. Man sollte dies aber nicht überbewerten. Das Wichtigste ist zunächst, dass man andere verstehen kann und selbst verstanden wird. Denn dies ist ja überhaupt die Voraussetzung dafür, sich im Lande zu bewegen und mit den Menschen in Kontakt zu kommen. Je mehr man „in der Sprache lebt", desto mehr Möglichkeiten hat man auch, die Feinheiten des Schwedischen und damit auch die Aussprache zu lernen.

Studiedagbok

Lesen Sie noch einmal nach, was Sie in der ersten Lektion in Ihr Lerntagebuch geschrieben haben. Welche Sprachen haben Sie vor Schwedisch gelernt? Überlegen Sie jetzt, was beim Schwedischlernen gleich bzw. anders ist als bei Ihren bisherigen Erfahrungen mit dem Lernen von Sprachen. Machen Sie sich Notizen in Ihr Lerntagebuch, z. B. zu den folgenden Aspekten:

- Was finden Sie beim Schwedischen leicht(er) oder schwierig(er) zu lernen (z. B. Wortschatz, Grammatik, Aussprache ...)?
- Gibt es Unterschiede oder Ähnlichkeiten zu den Materialien der anderen Sprachen, die Sie gelernt haben (Lehrbuch, Arbeitsbuch, Hörmaterialien ...)?
- Läuft der Schwedischunterricht ähnlich ab wie der, den Sie in einer anderen Sprache hatten, oder gibt es Unterschiede? Können Sie diese genauer beschreiben?

9 Kort och gott

Nyttiga uttryck

Farben

röd, lila, grön, gul, vit, svart, brun, grå, ljusblå, mörkblå

Gewohnheiten ausdrücken

Jag brukar spela tennis på fritiden.
Hemma brukar jag ha på mig jeans och en tjock tröja.

Gegensätze benennen

Vad är motsatsen till ...?
“Lätt“ är motsatsen till “tung“.

Sagen, dass etwas gut zusammenpasst

X och Y passar bra ihop.

Sagen, dass man etwas kauft

Bra, jag tar den / det / dem.

Haar- und Augenfarbe beschreiben

Min hårfärg är ...
Min ögonfärg är ... / Jag har blåa ögon.

Um einen Moment Geduld bitten

Ett ögonblick bara.

Fragen, ob man mit Karte bezahlen kann

Kan jag betala med kort här?

Die Kleidung einer Person beschreiben

Hon har på sig en blå klänning och blåa skor.
Han är klädd i ...

Im Kleidungsgeschäft sagen, was man möchte

□ Jag behöver / söker svarta skor.
○ Vilken storlek?
□ 41 eller 42.

Modetrends beschreiben

Så vitt jag vet är ljusa färger moderna i år.
I år är också prickiga klädesplagg trendiga.

„Favoriten“ benennen

Jag tycker bäst om den där svarta.
Jag gillar den svarta bäst.

Bra att veta

Schweden kennt keine Ladenschlussgesetze und somit können die Geschäfte ihre Öffnungszeiten selbst festlegen. Es gibt nur wenige offizielle Feiertage, an denen die Geschäfte geschlossen sind. Auch am Sonntag kann in den Supermärkten eingekauft werden.
Man tut gut daran, sich vor Ort nach den Öffnungszeiten zu erkundigen. Dies gilt besonders für die Zeit um Mittsommer im Juni. In der Regel sind nämlich die Geschäfte schon ab Freitag Nachmittag (*midsommarafton*) und am Samstag (*midsommardagen*) geschlossen.
Die Lebensmittelpreise liegen durchschnittlich etwas höher als bei uns. Dennoch ist es ein Vorurteil, dass in Schweden alles teurer ist – Kleidung kann sogar preiswerter sein. In vielen Geschäften, bei Banken und bei der Post muss man sich – wenn man an der Theke oder am Schalter bedient werden möchte – erst einmal eine Nummer (*nummerlapp*) aus dem am Eingang hängenden Spender ziehen. Man wird dann der Reihe nach aufgerufen und bedient.

Bostäder

Hilfsmittel: Das Wörterbuch

Ein Wörterbuch ist ein wertvolles Hilfsmittel – sowohl bei einer Reise nach Schweden als auch zu Hause beim Erlernen der Sprache. In einem guten Wörterbuch finden Sie neben Informationen über Genus und Flexion auch Hinweise zu den Verwendungsmöglichkeiten eines Wortes. Es ist daher sehr wichtig, dass Sie sich mit Ihrem Wörterbuch vertraut machen. Sehen Sie sich zum Beispiel einmal die Einträge unter *lesen* und *läsa* an, wenn möglich in mehreren Wörterbüchern. Wie sind die Einträge aufgebaut? Gibt es verschiedene „Gruppen" von Bedeutungen oder stehen alle nebeneinander? Welche Abkürzungen werden verwendet und was bedeuten sie? Werden die Zeitformen der Verben angegeben? Sind Beispielsätze oder auch Redewendungen angeführt, so dass das Wort in einen Kontext eingebettet ist?

ab KB 1

1 **Finden Sie 10 Begriffe zum Thema Wohnungseinrichtung.**

A	B	A	K	O	F	D	Ö	G	O	G	N
K	O	G	E	R	Ö	I	F	L	A	A	F
F	K	E	L	T	G	S	Å	K	R	R	U
R	H	U	E	A	E	K	T	O	L	D	K
Y	Y	R	M	V	L	B	Ö	S	P	I	S
S	L	I	E	L	U	Ä	L	U	G	N	I
U	L	S	N	A	B	N	J	L	E	E	G
N	A	T	T	D	U	K	S	B	O	R	D

....
....
....
....
....
....
....
....
....
....

2 **Tragen Sie die fehlenden Formen ein.**

	Singular		Plural	
	obest. form	best. form	obest. form	best. form
a	en soffa	....	soffor	sofforna
b	....	....	speglar	....
c	....	....	garderober	....
d	ett nyckelskåp	....	....	....
e	....	....	....	matborden
f	....	....	....	diskmaskinerna
g	....	....	sängar	....
h	ett golv	....	....	....
i	en vägg	....	....	....

ab KB 2

3 **Setzen Sie ein: *på, i, av, efter, till* oder *vid*?**

a Det är en sak som finns .... bilen.

b Vi bor .... Köpmansgatan 3.

c De ser .... TV.

d Jag tycker om att ligga .... sängen och läsa och koppla ....

e När vi tältar* brukar vi laga mat .... en öppen eld.

f Hur har du det .... jobbet .... kontorsflyttningen?

g Jag kopplar .... bäst när jag läser.

h Banken ligger .... vänster om posten.

i Hör .... dig när du kommer hem.

j Rör inte .... mina papper!

* tältar = zelten

4 **Ergänzen Sie mit passenden Possessivpronomen in der richtigen Form.**

Exempel: Och hur mår *dina*.............. föräldrar? (du)

a Och hur mår .... föräldrar? (ni)

b Jag är glad över att .... TV fungerar nu. (jag)

c Hämtade du .... paket från posten? (jag)

d .... bank ligger nära apoteket. (farfar)

e Var ligger .... tröja? (du)

f Magnus hittade .... glasögon i bilen. (mormor)

g Kan du ge mig .... telefonnummer? (Stefan)

h Tycker .... barn om att läsa? (Maria och Patrick)

i Är det här .... brev? (du)

ab KB 3

5 **Lesen Sie den Brief und beantworten Sie die Fragen.**

Hej Malin!

Här kommer äntligen några rader från Östersund. Efter flyttningen var jag ganska trött och stressad på kvällarna och det nya jobbet gjorde att jag inte hade mycket fritid. Men nu mår jag bättre och känner att jag har energi för allt möjligt igen. Joggade till och med för första gången igår efter jobbet! Jobbet är bra, jag har trevliga arbetskamrater och arbetstiderna passar mig perfekt. Min chef är också okej fast han är inte så bra på att laga kaffe! Ha ha! Igår hade jag några kollegor här på middag och det var mycket trevligt. Min våning är en trea på 75 kvm så den är ganska stor* *med en fin balkong mot söder. Mina grannar är också mycket snälla. De hjälpte mig med allt möjligt när jag flyttade in. Hur mår du och Henrik? Hör av dig och kom och besök mig en dag när du har tid ...*

Kramar
Rebecka

* rader = Zeilen

a Varför flyttade Rebecka till Östersund? ....

b Varför var hon stressad i början? ....

c Vad gjorde hon för första gången efter jobbet? ....

d Hur är jobbet? ....

e Hur stor är hennes våning? ....

f Tycker Rebecka om att bo i Östersund? Vad tror du? ....

6 **Stimmen die folgenden Behauptungen? Kreuzen Sie an.**

	stämmer	stämmer inte
a *Hej* rimmar på *mig, dig, sig.*	☐	☐
b Bokstäverna* *ch* uttalar man [ɧ] (= "sch") i orden *choklad, check, chef.*	☐	☐
c Bokstäverna *ch* uttalar man [ɧ] (= "sch") i ordet *och.*	☐	☐
d *Som* rimmar på *dem.*	☐	☐
e Ta man bort bokstäverna *d* och *e* i ordet *staden* förändrar man ordets innehåll.	☐	☐
f *Nåt* (= *något*) uttalar man som *gott.*	☐	☐
g *Några* och *våra* rimmar i talspråk**.	☐	☐

* en bokstav = ein Buchstabe ** talspråk = gesprochene Sprache

ab KB 5
|34

7 **a** **Sehen Sie sich noch einmal die Wohnungsannoncen auf Seite 82 im Kursbuch an. Hören Sie dann das Telefongespräch. Um welche der drei Annoncen geht es?**

Annons ....

b **Hören Sie sich das Gespräch noch einmal an und beantworten Sie die Fragen.**

a Ringer Eva Nyström mäklaren för första gången? ....

b Vad är viktigt för henne? ....

c Är det långt till bussen? ....

d När ska Eva Nyström titta på våningen? ....

ab KB 6

8 **Antworten Sie auf die folgenden Fragen. Geben Sie dann eine Erklärung dazu ab.**

Exempel: Tycker du om att segla? *Nej, det gör jag inte. Jag tycker om att spela tennis.*

a Städar du regelbundet? ....

b Bor du i en trea? ....

c Stiger du upp klockan 6 varje morgon? ....

d Motionerar du regelbundet? ....

e Äter du bara nyttig mat? ....

f Surfar du ibland på nätet? ....

g Du äter säkert aldrig godis! ....

h Gillar du att laga mat? ....

i Dricker du gärna mjölk? ....

|35

ab KB 7

9 **Hören Sie zu und beantworten Sie die Fragen.**

a Hur stor är stugan? ....

b Hur många rum finns det? ....

c Står det två sängar i rummet? ....

d Var står fåtöljen? ....

e Har köket en diskmaskin? ....

f Finns det WC? ....

10 **Setzen Sie jeweils die richtige Form des Adjektivs ein.**

a Vi har ett .... problem med vår stuga. (liten)

b Jag tar det .... kylskåpet. (vit)

c Den .... soffan tycker jag mest om. (grön)

d Den .... stugan är verkligen charmig. (liten)

e Det finns .... badplatser i närheten. (fin)

f Det är en .... diskmaskin. (modern)

g I köket finns .... och .... grytor. (stor, liten)

h I den .... trädgården kan man grilla och njuta av en .... utsikt. (idyllisk, härlig)

i Fiske är förbjudet in den .... sjön. (liten)

j I stugan finns .... och .... vatten. (varm, kall)

ab KB 8

11 **a** **Was passt zusammen?**

huvud	typ
villa	kusten
disk	grupp
väst	hylla
ålders	stad
vardags	ägare
bok	bänk
nyckel	skåp
träd	rum
inrednings	gård

b **Suchen Sie in der Lektion 10 im Kursbuch fünf weitere zusammengesetzte Wörter.**

....

ab KB

12 **Suchen Sie im Internet eine Wohnung in Göteborg heraus, die von der Größe in etwa Ihrer eigenen entspricht (z. B. über eine Suchmaschine). Vergleichen Sie die Mietpreise mit denen in Ihrer Stadt / Ihrem Ort.**

13 **Bilden Sie Sätze aus den folgenden Wörtern. Achten Sie besonders auf die Präposition: In welchen Fällen steht sie am Satzende?**

a du sysslar vad med

Vad .... ?

b ekonomiassistent han som jobbar

Han ....

c buss vilken med kommer du

Vilken .... ?

d pilot han och på jobbar SAS är

Han ....

e vilka besök kommer grannar på

Vilka .... ?

f på banken jobbar heter Lidköpings Bank jag

Banken ....

g en bakelse tycker kaffet jag hör till

Jag ....

h du i vilket bor hus

Vilket .... ?

i gärna med jag jobbar tillsammans honom

Honom ....

j de 200 undersökning bland en gjorde barn

De ....

14 Dossier

Schreiben Sie einen Antwortbrief an Ihre schwedische Brieffreundin.

Mari Sjösvärd, Nybrovägen 23, 43224 Varberg

Hej Katarina!

Tack för brevet! Det var trevligt att höra att du har det bra. Här är det som alltid. Jag stiger upp tidigt, gör frukost åt barnen, jobbar, städar, handlar mat osv. Men Christer och jag har bestämt att vi ska flytta nästa år. Vi behöver ett rum till, så att vi kan ha ett separat arbetsrum. Jag tycker inte om att jobba vid skrivbordet i sovrummet! Så det är en bra sak tycker jag.

Du skrev att du trivs mycket bra i din lägenhet. Men hur ser ert hem egentligen ut? Hur många rum har ni?*

Hör av dig! Många hälsningar

Mari

* att trivas = sich wohlfühlen

Neben einem Wörterbuch ist eines der wichtigsten Hilfsmittel beim Sprachenlernen eine geeignete Grammatik. Je nach Zielrichtung und vor dem Hintergrund verschiedener Grammatiktheorien gibt es sehr unterschiedliche Grammatiken. Fragen Sie am besten im Kurs nach, welche schwedische Grammatik für Sie geeignet ist. Ihre Kursleiterin / Ihr Kursleiter kann Ihnen sicher etwas empfehlen. Dennoch ist es sehr wichtig, dass Sie sich ein Grammatikbuch auch selbst ansehen. Letztlich müssen Sie selbst beurteilen, ob Sie damit zurecht kommen. Schauen Sie z. B. nach, wie verschiedene Grammatiken das Thema „Possessivpronomen" erklären: In Lektion 10 haben Sie erst einen Teil der Possessivpronomen kennengelernt. Ist die Erklärung der restlichen Possessivpronomen in der jeweiligen Grammatik für Sie verständlich?

Studiedagbok

Schwedisch zu lernen macht Ihnen sicherlich meistens Spaß. Es gibt aber wohl immer wieder Phasen, in denen das Lernen einer Fremdsprache schwer fällt. Daher ist es wichtig, sich selbst zu motivieren. Schließlich müssen Sie Energie und nicht zuletzt auch Zeit aufwenden, um Ihre selbst gesteckten Ziele zu erreichen. Machen Sie sich daher in Ihrem Lerntagebuch ein paar Notizen zum Thema Motivation, z. B.:

- Sind Ihre eigenen Ziele für Sie motivierend? Können Sie sich gegebenenfalls noch andere (Etappen-) Ziele setzen, die vielleicht für mehr Motivation sorgen?
- Welche Aspekte beim Sprachenlernen machen Ihnen vielleicht nicht so viel Freude – und verlangen daher nach einer besonderen Selbst-Motivierung?
- Sie selbst kennen sich am besten: Verwenden Sie Tricks, Kniffe oder besondere Methoden, um sich selbst zu motivieren? Was wirkt bei Ihnen am besten, wenn Sie sich selbst motivieren wollen?
- In Situationen, in denen es „nicht so richtig läuft" sollten Sie aufschreiben oder mit anderen (z. B. Kursteilnehmern) darüber sprechen: Was ist toll am Schwedischlernen? Wie / wann / wo macht das Lernen von Vokabeln Spaß?
- Machen Sie sich in Ihrem Lerntagebuch unbedingt auch Notizen, wenn Sie Erfolge erlebt haben (z. B. einen guten Text auf Schwedisch geschrieben haben, einen lustigen Dialog mit jemandem im Kurs erstellt haben, sich endlich ein schwieriges Wort gemerkt haben ...).

Nyttiga uttryck

Etwas umschreiben

Det är en sak som ...
Det behöver man för att ...
Man använder den till att ...
Det har man i ...
Det är något som ...
Med ... menar man ...
... betyder att ...

Sagen, warum man anruft

Jag ringer för att ...

Freude über einen Anruf ausdrücken

Vad trevligt att du ringer!
Vad kul att du ringer!

Um einen Moment Geduld bitten

Vänta lite.
Ett ögonblick.

Erstaunen ausdrücken

Oj då!
Jaså!
Nejmen vad säger du!

Eine Vermutung ausdrücken

Jag tror att ...
Jag antar att ...
Jag förmodar att ...

Eine Aussage bekräftigen

Ja, det var faktiskt stressigt.

Sagen, dass man etwas zeitlich nicht schafft

Det hinner jag inte (med).

Ein Problem ansprechen

Vi har ett problem med ...

Etwas begründen

... därför att ...
... för att ...
... eftersom ...

Sagen, dass etwas fehlt

Det fattas mjölk.

Verständnis ausdrücken

Det förstår jag.

Die Länge einer Fahrt angeben

Det är en 20 minuters resa.

Abschiedsfloskel

Ha det bra!

Abscheu ausdrücken

Usch!

Bra att veta

Ein paar Wochen in einer gemütlichen *stuga* in schöner Lage am See oder inmitten malerischer Natur, mit offenem Kamin und eigenem Boot – wer hat nicht schon einmal davon geträumt? All dies ist in Schweden nicht schwer zu finden. Ferienhäuser gibt es überall in Hülle und Fülle. Der Preis richtet sich nach Lage, Ausstattung und Größe sowie natürlich nach Haupt- oder Nebensaison. Wer schon weiß, in welcher Gegend er urlauben möchte, kann sich auch an das zuständige *turistbyrå* vor Ort wenden und richtige Schnäppchen machen.
Vor allem in der Nebensaison werden oft große Preisnachlässe gewährt, die teilweise schon ab Mitte August beginnen. Neben sehr gut und komfortabel eingerichteten Ferienhäusern findet man auch einfachere Häuser. Sie haben manchmal weder fließend Wasser noch Strom und oft ein Plumpsklo (*torrdass*) im Nebenhaus. Wer das Ursprüngliche sucht, der wird hier leicht fündig werden.

Restaurangbesök

Lesen

Das Lesen von Texten verschiedenster Art (Hinweisschild, Postkarte, Zeitungstext) ist eine sehr wichtige Fertigkeit. In Ihrer Muttersprache lesen Sie täglich viele Texte, ohne sich dies bewusst zu machen. Dabei konzentrieren Sie sich in der Regel auf die zentralen Inhalte.
Beim Lesen von fremdsprachlichen Texten bleibt man dagegen oft an einzelnen unbekannten Wörtern hängen. Es ist aber eine wichtige Lesetechnik in der Fremdsprache, solche Wörter zu „überspringen“ und den Fokus auch hier auf die zentralen Aussagen des Textes zu richten (erster Leseschritt). Probieren Sie einmal aus, in einem zweiten Leseschritt unbekannte Wörter oder Redewendungen zu kategorisieren: 1. Unbedingt wichtig um den Text zu verstehen; 2. Kann ich aus dem Kontext erschließen; 3. Es wäre interessant die Bedeutung zu wissen – dies ist für das Textverständnis aber nicht notwendig; 4. Erscheint mir nicht wichtig.

|36

ab KB 1

1 **Hören Sie sich die drei Interviews an und schreiben Sie auf, was die Personen gern essen, wie oft und in welche Restaurants sie gehen.**

Person 1	Person 2	Person 3
....	....	....
....	....	....
....	....	....

2 **Internetaufgabe: Suchen Sie in Schweden ein Restaurant heraus (z. B. unter http://www.restaurangguiden.com/) und vergleichen Sie die Preise mit einem entsprechenden Restaurant in Ihrer Stadt / Ihrem Ort.**

restaurangens namn		
förrätter: från ... till ...		
huvudrätter: från ... till ...		
efterrätter: från ... till ...		
en öl (0,5 l)		
en apelsinjuice (0,2 l)		

ab KB 2

3 **Veronika Lindholm ruft bei *Kurts krog* an und bestellt einen Tisch für 4 Personen für Samstagabend. Schreiben Sie einen Dialog.**

ab KB 3

4 **Sehen Sie sich die Gerichte im Kursbuch auf Seite 89 noch einmal an. Geben Sie Beispiele zu folgenden Kategorien.**

kött · fisk · frukt · sallad · soppa

|37
ab KB 4

5 **Sprechen Sie die Sätze. Hören Sie dann die Aufnahme und vergleichen Sie.**

a Bus och mus – men buss och puss.
b En kall natt och en bra klar dag.
c Peter steker stek i stekpannan.
d Ylva hyr en ny kyl och frys.
e Mjöl, bröd, öl, rött och sött.
f Siv gillar fil, sill och vin.
g Älg äter äpplen och säd*.
h Jobb, ost, sol och korv.

* säd = Getreide

ab KB 5

6 **Was sagt man auf Schwedisch, wenn man ...**

a fragt, ob der andere nicht probieren möchte? ....
b darum bittet, hier nicht zu rauchen? ....
c jemanden fragt, ob er am Samstag Zeit hat? ....
d sich für eine Einladung bedankt? ....
e jemanden fragt, was er beruflich macht? ....
f jemanden fragt, wann er Geburtstag hat? ....
g wissen möchte, was man einkaufen soll? ....
h im Supermarkt fragt, wo der Kaffee steht? ....
i sich erkundigt, ob jemand Kinder hat? ....
j jemanden höflich auffordert, die Tür zu schließen? ....

|38
ab KB 6

7 **a** **Sehen Sie sich die Speisekarte auf Seite 91 im Kursbuch an und hören Sie die drei Dialoge. Was bestellen die Personen?**

....	....	....
....	....	....
....	....	....
....	....	....

b **Wie viel müssen die Gäste bezahlen? Errechnen Sie den Betrag und überlegen Sie, was der Kellner sagen würde.**

8 **Lösen Sie das Silbenrätsel.**

tår ● se ● lö ● sa ● sop ● del ● rätt ● jord ● chok ● pa ● mat ● lad ●
ve ● tarian ● Ram ● själv ● ser ● ring ● huvud ● vege ● gubbar ● ta

a Det äter man ofta som förrätt. ....

b Man äter det mellan för- och efterrätt. ....

c Ett annat ord för "meny". ....

d En efterrätt, ett mörkt bakverk*. ....

e Någon som inte äter kött. ....

f Ett svenskt mineralvattenmärke. ....

g Man väljer maten vid disken. ....

h De är röda och söta. ....

* ett bakverk = ein Backwerk / Gebäck

ab KB 7

9 **Bilden Sie Sätze. Achten Sie auf die richtige Stellung der Verben im Satz.**

a mycket - jobbar - idag - jag

....

b lax - om - jag - tycker - mycket

....

c på - igår - åt - en - vi - restaurang - italiensk

....

d öl - aldrig - dricker - jag

....

e en - jag - fläskfilé - tar - soppa - och

....

f förra - jag - i - var - Tyskland - veckan

....

g kafé - de - sitter - ett - och - fikar - på

....

h jobbet - varje - han - joggar - dag - efter

....

i grundskola - som - hon - arbetar - lärare - på - en

....

ab KB 9

10 **Setzen Sie die richtigen Präpositionen ein.**

a Välj .... olika rätter!

b Vaniljglass .... chokladsås smakar gott.

c Sverige förlorade[1] .... Danmark 1:3.

d Huvudrätten är slut .... idag.

e Han är intresserad .... fotboll.

f Emma ber Filip .... Stinas adress.

g Hon börjar alltid dagen .... en dusch.

h Han tar en sallad .... förrätt.

i Vi har tallrikar, glas och fat .... specialpris nu.

j Finns det mjölk .... glasflaskor också?

k Häng nycklarna .... nyckelskåpet, tack.

[1] förlora = verlieren

|39

11 **Um welches Rezept handelt es sich hier?**
Hören Sie zu und beantworten Sie die Fragen.

	stämmer	stämmer inte
a Ann får gäster i övermorgen.	☐	☐
b Hon tänker laga mat själv.	☐	☐
c Hon behöver socker till såsen.	☐	☐
d I såsen är det också lök och köttfärs.	☐	☐
e Hon behöver färska tomater.	☐	☐
f Hon smakar av* med salt och peppar.	☐	☐
g Till såsen serverar man potatis.	☐	☐

h Vilken rätt lagar Ann? ....

* smaka av = abschmecken

12 **a Schreiben Sie die Sätze um: Ersetzen Sie die Zeitangabe durch *idag* und setzen Sie das Verb ins Perfekt.**

Exempel: Förra månaden hade jag mycket att göra.
→ *Idag har jag inte haft mycket att göra.* (idag/ inte)

a Igår jobbade jag till klockan fem.
→ .... (idag / klockan sju)

b Förra veckan åt vi på restaurangen *Frestelse*.
→ .... (idag / *Tre Änglar*)

c I förrgår hade jag shorts på mig.
→ .... (idag / träningsbyxor[1])

d Igår drack jag för mycket öl.
→ .... (idag / inte)

e Igår lagade hon köttbullar.
→ .... (idag / Jansons frestelse)

f Igår kokade de kaffe och bakade en tårta.
→ .... (idag / te / småkakor[2])

g Igår tog jag bussen hem.
→ .... (idag / cykla)

h Förra månaden spelade de fotboll tillsammans.
→ .... (idag / tennis)

[1] träningsbyxor = Jogginghose [2] småkakor = Kekse

b Ergänzen Sie das Verb in der Perfektform.

a Nu .... jag .... brevet färdigt. (att skriva)

b Jag vet inte, om du redan[1] .... honom? (att se)

c Var .... du .... idag? (att vara)

d Jag måste tänka efter var jag .... den här. (att köpa)

e .... du .... mycket i eftermiddag? (att arbeta)

f De kommer inte idag därför att Lisa .... feber[2]. (att få)

g Firman .... många problem i år. (att ha)

h Jag .... kaffe, kommer du? (att koka)

i Mats intresserar sig för konst, så han .... till Florens för att gå på konstmuseer. (att resa)

j Veronika intresserar sig inte för konst, så hon .... inte .... med. (att åka)

[1] redan = schon [2] feber = Fieber

ab KB

13 **Sie waren im Restaurant *Gamlebo* essen und können in folgendem Formular eine Bewertung abgeben. Schreiben Sie zwei positive und zwei negative Aspekte auf.**

Restaurang Gamlebo

din restaurang med den goda servicen

Hjälp oss att bli bättre!
Nu har du chansen att säga vad du tycker om vår restaurang! Vi vill ha både positiv och negativ kritik för att kunna förbättra oss ännu mer.

	☺	😐	☹
service			
mat			
renlighet			

det var bra:

det var inte så bra:

Tack för dina kommentarer!

tillbaka | skicka

14 **Drehen Sie die Sätze um.**

Exempel: Jag åt middag med honom. → *Han åt middag med mig.*

a Ni kommer till festen tillsammans med Kalle och Kitty, eller hur?
→ ……………………………………

b De spelar tennis tillsammans med Annika och Jesper.
→ ……………………………………

c Hon gav honom en bra bok.
→ ……………………………………

d De talar engelska med oss.
→ ……………………………………

e Vi är i Stockholm med min svåger nästa vecka.
→ ……………………………………

f Han kunde inte ringa till dem.
→ ……………………………………

g Vi åker till Finland tillsammans med henne.
→ ……………………………………

h Tog du en öl med honom?
→ ……………………………………

15 **In welchen Sätzen ist *som* Subjekt, in welchen Objekt? Wo kann man *som* auch auslassen?**

		Subjekt	Objekt
a	Var det han som hade de bruna byxor på sig?	☐	☐
b	Diskmaskinen som vi köpte förra året fungerar inte mer.	☐	☐
c	Det var du som ville ha ett vitt golv!	☐	☐
d	Jag förmodar att det var Lisa som du pratade med igår.	☐	☐
e	Läraren som står där är min biologilärare.	☐	☐
f	Han har ju alltid en T-shirt på sig som är för liten.	☐	☐
g	Hon tycker inte att mannen som bor under henne är snäll.	☐	☐
h	Har du sett äpplena som jag köpte igår?	☐	☐
i	Mannen som du ser här på fotografiet är min pappa.	☐	☐
j	Jakob som är min systerson hälsar på mig i morgon.	☐	☐

Som als Subjekt im Relativsatz darf nicht ausgelassen werden.
Es muss also in den folgenden Sätzen stehen bleiben: ....
Som als Objekt im Relativsatz kann dagegen ausgelassen werden.
Dies trifft zu für die Sätze ....

16 **Lesen Sie den folgenden Text und tragen Sie die Verben ein.**

fick • finns • göra • laga • tyckte • undrar • var • är • är • äta

Fastfood-mat ....(1) verkligen inte något jag är uppvuxen* med. Min mor ....(2) inte om sådan mat. Hon sa att det var för dyrt att ....(3) på restaurang. Så vi ....(4) alltid hemlagad mat som hon eller mormor gjorde. Ofta fick vi potatis eller potatismos med korv, fläsk eller fisk eller ärtsoppa med pannkaka och fredagar ....(5) det alltid fisk. Mamma tyckte det var viktigt att ....(6) mat med minst tre färger som hon brukade säga, alltså grönsaker, potatis och kött eller fisk. Idag är jag tacksam för att jag är uppvuxen med sådana traditioner eftersom jag tycker att barn ....(7) så tjocka nuförtiden. Jag ....(8) om det inte har att ....(9) med Fastfood-maten som nu ....(10) överallt i landet men vet inte om jag har rätt.

* uppvuxen = aufgewachsen

17 Dossier

Bekannte aus Schweden kommen in Ihre Stadt. Sie selbst sind zu der Zeit aber leider verreist. Daher bitten die Bekannten Sie um ein paar Restauranttipps. Schreiben Sie ihnen einen kurzen Brief oder eine Mail. Stellen Sie darin ein paar Restaurants vor.

Beim Lesen unterscheidet man verschiedene Lesestrategien, die aufeinander aufbauen. Beim *globalen Lesen* geht es um die übergeordnete Bedeutung eines Textes (Was sind die wichtigsten Informationen bzw. Aussagen?). Diese kann man durch Überschriften, Unterüberschriften, Hervorhebungen, Bilder sowie ein „Überfliegen" des Textes in der Regel schon herausfinden. Beispiele: Sie suchen eine Wohnung und überfliegen die Zeitungsseite mit Wohnungsanzeigen. Es geht bei diesem Leseprozess nur um das „Vorsortieren".

Wenn man dagegen aus einem Text bestimmte Informationen heraussuchen möchte, ist die Strategie des *selektiven Lesens* erforderlich. Sie verschaffen sich zunächst einen globalen Überblick und lesen den Text dann an den Passagen genauer, die für die Zielsetzung oder Aufgabenstellung wichtig sind. Sie suchen also gezielt nach bestimmten Informationen. Wenn Sie beispielsweise aus einem Bericht über eine Tagung herausfinden wollen, welchen Vortrag eine bestimmte Person gehalten hat, werden Sie nicht unbedingt den gesamten Artikel genau durchlesen wollen, sondern sich zunächst „global" orientieren und dann an der entsprechenden Stelle genau nachlesen.

Beim *detaillierten Lesen* schließlich ist die Zielsetzung, auch einen längeren Text vollständig zu verstehen. Hier kommt es also wirklich auf die Feinheiten an.

Beim Lesen eines Textes kann man also verschiedene Zielsetzungen haben. Es geht nicht immer darum, jedes Wort genau zu verstehen. Vor dem Lesen schwedischer Texte sollten Sie daher kurz überlegen, welche Lesestrategie angemessen ist.

Studiedagbok

Neben Ihrem Lehrbuch haben Sie sicher auch schon viele andere Materialien benutzt – Handouts von Ihrer Kursleiterin / Ihrem Kursleiter, Ihre eigenen Notizen während des Unterrichts, Hinweise zu schwedischen Veranstaltungen, das Internet und Ähnliches. Reflektieren Sie in Ihrem Lerntagebuch, wie Sie mit diesen Unterlagen umgehen, z. B.:

- Wo machen Sie sich im Unterricht Notizen – direkt in Ihr Buch, auf Zettel, in ein Heft?
- Setzen Sie den Computer, das Internet oder Ähnliches zusätzlich ein?
- Wo / wie legen Sie Handouts ab, die Sie im Unterricht bekommen?
- Haben Sie selbst den Überblick über Ihre Materialien? Wie könnten Sie ihr Materialmanagement besser, übersichtlicher oder systematischer gestalten?
- Können Sie Dinge auch wegwerfen? Von welcher der Fragen lassen Sie sich leiten: „Kann ich das noch gebrauchen?" oder „Werde ich das noch einmal benutzen?"
- Wie kommen die anderen Leute im Kurs mit der „Informationsflut" zurecht? Tauschen Sie Methoden und Tipps aus.

Nyttiga uttryck

Vorlieben nennen

Jag tycker om …
Jag gillar …
Jag föredrar …

Um etwas bitten

Jag ska be att få … (tack!)
Kan du ge mig …?
Var god och … (tack!)
Skulle jag kunna få … (tack?)
Kan jag få … (tack?)

Ein Gericht aussuchen

Jag börjar med … till förrätt.
Jag tar … (till efterrätt).
Jag ska be att få …
Jag vill hellre ha …

Bedauern ausdrücken

Vad synd!

In einer Gruppe nach etwas fragen

Har någon av er en matallergi / en ordbok?

Mitteilen, dass man eine Allergie hat

Jag är allergisk mot …

Sagen, dass man satt ist

Jag är mätt.
Jag är inte hungrig.

Sagen, dass etwas nicht mehr vorrätig ist

Det finns inga laxspett kvar, tyvärr.
Tyvärr, det är slut för dagen.

Eine Frage höflich einleiten

Jag undrar om …

Um die Rechnung bitten

Notan, tack!
Jag ska be att få betala, tack.
Jag vill (gärna) betala.

Jemanden zur Zustimmung auffordern

… eller hur?
… inte sant?

Zustimmen

Det kan man väl säga.

Bra att veta

In Schweden feiert man gern zu Hause. Das private Zusammenkommen von Freunden und Verwandten in größerer Runde ist ein wichtiger Teil der schwedischen Kultur. Dies geschieht oft in Form eines *knytkalas*. Ein *knytkalas* zu organisieren (*knyta* = knüpfen, zusammenknoten, *kalas* = Fest, also „zu einem Fest zusammenknoten“) bedeutet, dass jemand privat zu sich nach Hause einlädt und alle Geladenen etwas zu essen und zu trinken mitbringen. Dies hat für den Gastgeber den Vorteil, dass er sowohl arbeitsmäßig als auch in finanzieller Hinsicht entlastet wird und ihm eigentlich nur noch die Aufgabe bleibt, für den äußerlichen Rahmen zu sorgen – wie Tische decken, Gläser, Geschirr und Besteck zurechtlegen und Kerzen anzünden etc. Auf diese Weise können Feste spontan und zu jeder Gelegenheit organisiert werden. Jeder bringt mit, was er besonders gerne mag und gut zubereiten kann. In Schweden ist es typisch, bei solchen Gelegenheiten auch eine Flasche Wein mitzubringen.

Egenskaper

Hören

Vielleicht kennen Sie das Phänomen: Sie hören Schweden sprechen und haben das Gefühl, dass alles viel zu schnell geht. Sie haben das Bedürfnis, genau verstehen zu wollen, was gesagt wird. In der Fremdsprache ist dies anfangs nur eingeschränkt möglich – aber Hören kann und sollte man üben. Begeben Sie sich daher bewusst in Situationen, in denen Sie die schwedische Sprache hören können, auch wenn Ihnen die einzelnen Inhalte noch zu schwierig erscheinen (z. B. Nachrichtensendung im Radio). Stellen Sie sich dabei selbst eine Aufgabe: Bereiten Sie sich vor (Hören Sie z. B. vorher eine Nachrichtensendung auf Deutsch), konzentrieren Sie sich dann auf Ihnen bekannte Informationen und versuchen Sie, die zentralen Themen / Aussagen zu erfassen.

ab KB 1

1 **Welches Adjektiv passt? Setzen Sie ein und achten Sie auf die richtige Form.**

bra • inåtvänd • opålitlig • slarvig • smal • jättesnäll • sportig • sur • trevlig • tråkig

a Tack för hjälpen! Du är .... !

b Den här filmen var faktiskt inte alls rolig, den var riktigt .... , tycker jag.

c Hon är mycket .... Hon joggar varje dag.

d Jag gillar honom. Han är en .... person.

e Varför städar du aldrig? Du är verkligen .... !

f Vad du ser .... ut, har du gått ner några kilon?

g Vad du ser arg* ut. Är du .... över något?

h Vi sa klockan sju och nu är hon åtta, du är verkligen .... !

i Den här boken gillar jag, den är väldigt ....

j Han talar inte mycket. Han är ganska ....

* arg = wütend

2 **Schreiben Sie wie im Beispiel.**

Exempel *en glad flicka* (glad / flicka)

a .... (mogen / äpple)

b .... (rolig / bok)

c .... (ordentlig / rum)

d .... (elak / hund[1])

e .... (omogen / banan)

f .... (lugn / häst[2])

g .... (lat / assistent)

[1] en hund = ein Hund [2] en häst = ein Pferd

ab KB 3
|40

3 **a** **Hören Sie den Dialog und notieren Sie, was Fredrik über seine Familie erzählt.**

Magnus	Patrick	Föräldrar
....	....	....
....	....	....
....	....	....

b **Tragen Sie die fehlenden Adjektive ein.**

utåtriktad • tystlåten* • rolig • tråkig • pratsam • inåtvänd

Fredrik har två bröder som heter Magnus och Patrick. Fredrik tycker att Magnus, som är hans äldre bror, är för .... (a) och ganska .... (b) att prata med. Däremot tycker Fredrik mycket om Patrick, som är hans yngre bror. Patrick är en .... (c) person och mycket .... (d). Fredriks föräldrar är pensionerade. Fredriks mor är en .... (e) person men hennes man är ganska .... (f). Han tycker mycket om att vara ute i naturen och fiska.

* tystlåten = schweigsam

4 **a** **Lösen Sie das Kreuzworträtsel.**

*att hålla fast vid någon = hier: zu jemandem halten

Waagrecht:

1 Ett förhållande till en annan människa kallar man också ...
2 När man har en bästa vän har man en ...
3 Personliga egenskaper kallar man också ...
4 Om du alltid håller fast* vid en människa är du ...
5 Ett annat ord för vän ...
6 När tjejer pratar med varandra kallar man det också för ...

Senkrecht:

7 Man och kvinna är av olika ...
8 Om du snabbt förstår komplicerade sammanhang är du en ... person.
9 En person som tycker om att ge är en ... person.
10 En person som alltid är perfekt klädd kallar man en ... person.
11 Förhållandet mellan vänner kallar man ...
12 En fin natur kallar man också en ... natur.

(b) Was passt zusammen? Ordnen Sie zu.

egen	färg
mot	dag
under	kamrat
karaktärs	sedel
klass	semester
favorit	sats
cykel	skap
mat	kollega
arbets	sökning
var	drag

ab KB 4

5 **Bilden Sie aus den vorgegebenen Satzanfängen und den Wörtern sinnvolle Sätze. Achten Sie auf die richtige Wortstellung.**

a En god väninna - ringa upp - helst - jag - som - kunna - ska - när

En god väninna ....

b Han i den bruna jackan - blåa - ganska - och - ut - de - intressant - ser - glasögonen

Han i den bruna jackan ....

c Jag förmodar - läser - en - han - eller - tidning - att - bok - aldrig - en

Jag förmodar ....

d Han - kvällen - henne - på - också - sent - ringer

Han ....

e I - fredags - alla - men - firade - jag - arbeta - midsommar - måste

I ....

f På - träffa - åker - min - att - Stockolm - måndag - för - jag - till - bror

På ....

g Det hoppas - är - jag - jag - att

Det hoppas ....

h Jag tycker - i - ska - vi - att - på - äta - restaurang - kväll

Jag tycker ....

i Hon - viktigt - tycker - bästis - ha - att - det - en - är - att

Hon ....

j Vi - varandra - förstår - allt - och - om - prata - kan

Vi ....

ab KB 5

|41

6 **Hören Sie zu und kreisen Sie ein: Welche Zahlen werden gesagt?**

a 23 – 43
b 73 – 23
c 44 – 74
d 25 – 74
e 75 – 45
f 75 – 76
g 27 – 47
h 47 – 77

ab KB 6

7 ⓐ **Wie lauten die Gegensätze?**

sportig	↔	....	stor	↔	....
ung	↔	....	sympatisk	↔	....
vänlig	↔	....	vårdad	↔	....
lång	↔	....	trevlig	↔	....

ⓑ **Steigern Sie folgende Adjektive.**

Exempel: sportig: *sportigare än, sportigast, den sportigaste*

a ung: ....

b vänlig: ....

c lång: ....

d stor: ....

e sympatisk: ....

f vårdad: ....

g trevlig: ....

h lat: ....

i gammal: ....

j kort: ....

k liten: ....

ⓒ **Vergleichen Sie. Benutzen Sie dazu die Adjektive aus den Übungen 7a und 7b.**

Namn: Acke
Skostorlek: 42
Bor i: villa

Namn: Benny
Skostorlek: 44
Bor i: tvåa i hyreshus

Namn: Kalle
Skostorlek: 47
Bor i: radhus

Benny är längre än Acke och Kalle är längre än Benny. Acke är alltså kortast.
Kalle har större fötter* än

* en fot / fötter = ein Fuß / Füße

ab KB 7
42

8 **Sie hören drei Hörtexte: Eine Suchmeldung der Polizei, eine Durchsage in einem Kaufhaus und eine Nachricht auf einem Anrufbeantworter. Notieren Sie, wie die Personen beschrieben werden.**

a ...

b ...

c ...

ab KB 8

9 **Bilden Sie Fragen und Antworten wie im Beispiel.**

Exempel: lång: Vad heter den längsta person du känner?
Den längsta person jag känner är ...

a gammal: ...

b ung: ...

c liten: ...

d smal: ...

e trevlig: ...

f Vad är det värsta* du vet? ...

g Vad är det bästa du vet? ...

* det värsta = das Schlimmste

10 **Vergleichen Sie miteinander und schreiben Sie.**

Exempel: jeans - lång - shorts Jeans är längre än shorts.

a Kalle - kort - Acke ...

b Sverige - stor - Tyskland ...

c Karin - blond - Selma ...

d Märta - gammal - Kajsa ...

e blus - tunn - tröja ...

f man - kraftig - barn ...

g Patrick - lång - Mats ...

h Anna - ung - Malin ...

11 **Setzen Sie die richtige Lösung ein.**

a Anna tror inte .... Per kommer idag. (att / som / eftersom)

b Jan och Stefan arbetar tillsammans .... SAS. (på / i / till)

c Ska vi äta köttbullar .... fisk? (också / eller / medan)

d Jag tror att det regnar idag .... jag är inte säker. (för / men / att)

e De kommer .... måndag. (till / om / på)

f .... du vet har jag inga pengar* just nu. (därför / som / när)

g Hon kom för sent till teatern .... bussen inte kom. (medan / när / eftersom)

h Jag lagar mat .... du städar. (fastän / för / medan)

i Vet du .... t-banan kommer? (hur / vem / när)

j Jag kan inte göra en fisksoppa .... vi inte har ingredienserna. (för att / fastän / medan)

k De gick hem .... de visste att chefen inte ville det. (som / att / fastän)

* pengar = Geld

ab KB 10

12 **Setzen Sie die passenden Fragewörter ein.**

hur • när • vad • var • varifrån • vart • vem • vilka • vilken • vilket

a .... har sagt det?

b .... menar du med det?

c .... kan du veta det?

d .... relation har du till honom?

e .... går du? Till jobbet?

f .... land kommer de från?

g .... byxor passar bättre, tycker du?

h .... kommer du ikväll?

i .... finns Sveriges högsta fyr?

j Jag kommer från Malmö. .... kommer du?

13 **Bringen Sie die Sätze in die richtige Reihenfolge. Achten Sie dabei darauf, ob das Verb im Perfekt oder im Präteritum stehen muss.**

Exempel 1: Jag - vi måste - köpa - ofta - en ny bil. (att tänka)

→ *Jag har ofta tänkt att vi måste köpa en ny bil.*

Exempel 2: Förra året - jag - ingen semester. (att ha)

→ *Förra året hade jag ingen semester.*

a i Afrika - Jens - fem år - i. (att bo)

→ ....

b De - nu. (att komma)

→ ....

c du - i- Amerika - någon gång? (att vara)

→ ....

d Idag - utan - jag - en paus. (att arbeta)

→ ....

e färdig - läxan* - nu - du? (att göra)

→ ....

f I - det - måndags - mycket. (att regna)

→ ....

g Jag - sedan - klockan fem - och - här - på - dig. (att stå / att vänta)

→ ....

h Tyskland - de - aldrig - i. (att vara)

→ ....

* en läxa / läxor = eine Hausaufgabe / Hausaufgabe(n)

14 **Welche Satzadverbien passen?**

a Jag tror .... på stjärntecken. (fastän / inte)

b Är du .... hungrig? (också / ungefär)

c Han har .... varit i Schweiz. (aldrig / mycket)

d Hon joggar .... men hellre simmar hon. (ibland / alltså)

e Jag ska göra potatismos idag. .... behöver jag potatis. (alltid / alltså)

f Det stämmer .... (nog / mycket)

g De har .... träffat Karin. (mycket / kanske)

h Nu måste du .... komma. (verkligen / fastän)

i Det går inte, Lisa och Per kommer imorgon, det vet du .... (ju / alltid)

ab KB

15 **Internetaufgabe: Suchen Sie im Internet Ihr aktuelles Tageshoroskop. Benutzen Sie dazu eine Suchmaschine und geben Sie die Begriffe „dagens horoskop" ein.**

16 Dossier

Berichten Sie in einem kurzen Text (in Briefform oder als Mail) einer Freundin / einem Freund in Schweden über Ihre Familie. Gehen Sie dabei auch auf die Charakterzüge der Personen ein.

In Ihrer Muttersprache hören Sie jeden Tag im Radio, im Bus, am Arbeitsplatz sehr viele Informationen, Ansagen, Gespräche anderer Leute etc. In diesen zahlreichen Hörsituationen wenden Sie unterschiedliche Hörstrategien an. Einige Informationen nehmen sie bewusst auf, andere „rauschen" eher vorüber. Das Gehirn „überbrückt" dabei Lücken im Verstehensprozess, wenn diese nicht zu groß sind. Das bedeutet also, dass Sie als Lernende/r auch beim Hören – ähnlich wie beim Lesen – unterschiedliche Strategien anwenden können:

- **Beim globalen Hörverstehen geht es darum, das Thema bzw. die zentralen Aussagen zu erfassen. Achten Sie daher nicht auf Details.**
- **Während Sie die Nachrichten hören, verwenden Sie die Strategie des selektiven Hörverstehens: Sie verfolgen die Nachrichten mehr oder weniger aufmerksam, an bestimmten Punkten hören Sie dagegen sehr genau zu.**
- **Beim detaillierten Hörverstehen konzentriert man sich wirklich auf alle Einzelheiten. Üben Sie mit den Hörverständnisübungen im Buch. Lesen Sie zuerst immer die Fragestellung durch und überlegen Sie, welche Hörstrategie dabei Anwendung findet. Wenn Sie etwas auf Schwedisch hören, entscheiden Sie bewusst, welche Strategie des Hörverstehens Sie am besten anwenden sollten.**

Studiedagbok

In den meisten Fällen wird Ihnen nur ein begrenzter Zeitraum pro Woche zur Verfügung stehen, den Sie für das Erlernen der schwedischen Sprache nutzen können / wollen. Daher ist es wichtig, dass Sie sich Gedanken zu Ihrer persönlichen Zeiteinteilung machen. Denken Sie über die folgenden Fragen nach und halten Sie Ihre Überlegungen in Ihrem Lerntagebuch fest:

- Obwohl die Zeit gleichmäßig verläuft, erleben wir ihre „Geschwindigkeit" sehr unterschiedlich. Unsere innere Einstellung beeinflusst also das Zeitgefühl. Wie erleben Sie die Zeit – haben Sie „zu wenig Zeit" oder „kommen Sie gut mit Ihrer Zeit aus"?
- Ein gutes „Zeitmanagement" erfordert, dass man seine (Etappen-) Ziele klar definiert und dadurch auch Prioritäten setzen kann. Wie gut sind Sie darin, anstehende Aufgaben nach Wichtigkeit und Dringlichkeit zu sortieren?
- Können Sie drei Dinge / Tätigkeiten aufschreiben, die Ihnen Ihrem persönlichen Empfinden nach unnötig Zeit „rauben"? Welche Möglichkeiten gibt es, den Zeitaufwand dafür zu reduzieren?
- Reservieren Sie sich regelmäßig einen Zeitraum, in dem Sie sich auf das Schwedischlernen konzentrieren können? Zu welchen Tageszeiten ist Ihre persönliche Leistungskurve am besten für das Lernen geeignet?
- Nehmen Sie sich genügend Zeit für sich, zum „Auftanken"? Ein gutes Zeitmanagement richtet sich, soweit dies möglich ist, am eigenen Biorhythmus aus und lässt auch genügend Zeit für Pausen.

Nyttiga uttryck

Zustimmen

Ja, det stämmer nog.
Det håller jag med dig om.
Jaha, verkligen!

Eine Meinung äußern

Jag tycker att…
För mig är det viktigt…
Enligt min uppfattning…

Eine Vermutung / Hoffnung äußern

Jag tror att …
Jag hoppas att …

Einer Vermutung widersprechen

Nej, det tror jag inte.

Ausdrücken, dass man jemanden sympathisch findet

Peter ser sympatisk ut.
Vad trevlig hon ser ut!

Fragen, ob jemand schon einmal an einem Ort gewesen ist

Har du varit där någon gång?

Jemanden fragen, ob er etwas gewusst hat

Visste du att …

Jemanden fragen, ob er Witze macht

Skämtar du?

Bra att veta

Gibt es „den" Schweden? Viele Besucher aus den deutschsprachigen Ländern erleben die Schweden als zurückhaltend, distanziert, freundlich und sehr höflich. Allerdings gibt es in Schweden auch große regionale Unterschiede. Den Bewohnern des Nordens werden eher Wortkargheit und Zurückhaltung zugeschrieben als denen des Südens. „Den" Schweden gibt es also nicht. Aber im Vergleich zu Mitteleuropäern fallen doch ein paar Eigenschaften auf, die zumindest weit verbreitet sind. Viele Schweden lieben die Stille und die Natur und verbringen ihre Freizeit gern in einsamer Wildnis fernab der Zivilisation. Die Gesellschaft ist von einem starken Streben nach Harmonie gekennzeichnet. Extremismus in jeglicher Form wird eher abgelehnt – *lagom* (Mittelmaß) ist ein viel benutztes schwedisches Wort, und ein beliebter Spruch lautet: *Lagom är bäst* (in etwa: „Der goldene Mittelweg ist am besten"). Der berühmte *jantelagen* ist ein informelles Gesetz, das besagt: „Du sollst nicht denken, dass du besser bist als andere". Schweden ist insgesamt weniger hierarchisch und förmlich, Titel werden kaum benutzt und alle werden gleich behandelt. Dies zeigt sich auch im Servicebereich. Der Kunde ist nicht unbedingt König, und die Nennung eines akademischen Titels sichert einem noch lange nicht den besten Tisch im Restaurant!

9-12 Repetition och test

1 **Interaktion**
Formulera frågorna!

a ....? Jag tycker bäst om färgen röd.
b ....? En ljusbrun jacka och mörkbruna skor.
c ....? Jag har 38.
d ....? Provrummet? Vid kostymerna i herravdelningen.
e ....? Nej, tyvärr. Den är för stor.
f ....? Vi har tre rum och kök.
g ....? Det saknas tallrikar, muggar och knivar.
h ....? En avocadosallad och en risotto.

2 **Ord och Grammatik**
Läs texten om jeansen! Markera rätt alternativ! Varje rätt svar ger en poäng.

Jeansens uppfinnare, Jacob Davis kom _0_ Riga till San Fransisco år 1856. Han hörde att arbetarna klagade över att _1_ byxor inte var slitstarka. Han hittade lösningen på _2_: jeansbyxor av slitstarkt material. "De är _3_ byxor vi någonsin har haft", sa kunderna. Davis fick fler beställningar än han kunde göra själv. Han skrev _4_ till Levi Strauss, en textilhandlare från Bayern, och de två startade ett eget jeansföretag. 1873 patenterade de jeansen _5_ blev en stor succé bland västkustens gruvarbetare.
Under den ekonomiska depressionen på 1930-talet kunde de rika stadsborna _6_ östkusten inte längre resa till Europa för det var för dyrt. De semestrade därför på rancherna i väst. Där kunde de rida och behövde då slitstarka byxor. Därför använde de jeansen som _7_. På 1950-talet var jeansen mycket populära eftersom ungdomsidoler som James Dean hade jeans på sig.
Jeans var en symbol för rebelliska ungdomar och var därför förbjudna i många skolor. Först hade bara pojkar jeans på sig. Men på 60-talet _8_ de även populära hos unga flickor. Jeansen var nu en modeartikel. Man började också göra andra _9_ av jeans som jackor, kjolar, shorts och blusar. Idag är jeansen en del av den amerikanska kulturen och de är mycket _10_ även i Europa.

0.	a	till	☐	b	från	☒	c	av	☐
1.	a	deras	☐	b	hans	☐	c	ert	☐
2.	a	en problem	☐	b	ett problem	☐	c	problemet	☐
3.	a	det bästa	☐	b	de bästa	☐	c	den bästa	☐
4.	a	därför	☐	b	eftersom	☐	c	som	☐
5.	a	då	☐	b	som	☐	c	ju	☐
6.	a	i	☐	b	vid	☐	c	över	☐
7.	a	fritidsplagg	☐	b	arbetsplagg	☐	c	ridskor	☐
8.	a	är	☐	b	har	☐	c	blev	☐
9.	a	produkt	☐	b	produkten	☐	c	produkter	☐
10.	a	populära	☐	b	populärt	☐	c	populär	☐

3 **Läsförståelse**

I vilken annons står följande innehåll? Varje rätt svar ger två poäng.

a Vi behöver en kock. ☐
b Du kan hyra min lägenhet. ☐
c Söker en livspartner. ☐
d Lust på en ny frisyr? ☐
e Åk med oss! ☐

1

Längtar efter dig!
Är en lång, mörkhårig, sportig, kvinnlig tvilling och redo för en ärlig relation.
Hör av dig! chiffre 4343

2

Nytthår
Väntetider inte längre än 10 min.
Billigt och snabbt!
Barn välkomna!

3

Jag söker en medresenär i bilen till Spanien / Altea i sommar. Ring mig 43 23 12

4

Lenas studio!
Vi vill att du ska känna dig bra.
En behandling, 30 min, från 300 kronor!

5

Restaurang
Sjöboden
söker serveringspersonal.
Prata med Maria 0172 345 342

6

Jag söker dig som partner – annars blir jag aldrig av med mina kilon.
Spring med mig!
Lisa 43 32 32

7

Vi hittar det passande för dig.
Villor, hus och våningar.
Kontakta oss, vi hjälper dig!
Tel 030/45 45 344

8

Vi tar dig dit du vill.
Reservera sittplats och njut av resan!
Vi kör genom hela Sverige! Resebyrå SgS – Skönt genom Sverige!

9

Jag är bortrest över sommaren.
Vill du bo i min tvåa i Stockholms centrum?
Intresserad? Ring Emily 89 34 32

10

Frestelse *söker dig som kan laga mat på fredagar och lördagar. Ring Ulf 54 344 21*

4 **Hörförståelse**
Lyssna på de följande fem radioprogrammen! Fyll i svaren på frågorna!
Du får lyssna två gånger till varje text. Varje rätt svar ger två poäng.

|43 **a** Hur bor Lars?

....

|44 **b** Vilka färger är aktuella för sommaren?

....

|45 **c** Vilket nummer ska man ringa till?

....

|46 **d** Vad heter favoriträtten?

....

|47 **e** Är det i Sverige lättare att köpa eller att hyra en våning?

....

	Mitt resultat	
Ord och grammatik	....	av 10 poäng.
Läsförståelse	....	av 10 poäng.
Hörförståelse	....	av 10 poäng.
SUMMA	....	av 30 poäng.

Jämför* dina resultat i ord och grammatik, hörförståelse och läsförståelse! Vad är du bra på? Vad borde du öva mer? Skriv upp i din studiedagbok och titta också på dina kommentarer till testerna efter lektionerna 4 och 8! Har du samma resultat nu?

* jämföra = vergleichen

5 Dossier

Läs igenom alla texter som du har samlat i din dossier!
Tycker du själv att du har gjort framsteg* i svenska?

* att göra framsteg = Fortschritte machen

Sprechen

In einer Fremdsprache frei zu sprechen erfordert immer ein bisschen Mut. Vor allem ist wichtig, dass man sich traut und so das Sprechen übt. Wie heißt es doch so schön: *Ingen föds mästare* (*Keiner wird als Meister geboren*). Konzentrieren Sie sich nicht zu sehr darauf, keine Fehler zu machen. Zunächst ist entscheidend, dass die Kommunikation funktioniert. Üben Sie das Sprechen, so oft es geht.

ab KB 1

1 **a** **Welche 16 Substantive zum Thema Reisen sind hier versteckt?**

K	O	M	G	I	V	N	I	N	G	A	F
A	B	A	G	A	G	E	R	A	L	V	U
R	H	T	W	G	Ö	H	O	T	E	L	L
T	I	R	E	G	I	O	N	U	L	C	L
A	S	E	M	E	S	T	E	R	T	Y	P
H	T	O	L	L	O	I	Z	A	Å	K	E
K	O	N	T	A	K	T	E	K	K	E	N
Ä	R	E	S	A	P	T	O	S	I	L	S
J	I	B	A	K	G	R	U	N	D	P	I
V	A	N	D	R	A	R	H	E	M	Ä	O
O	L	S	E	V	Ä	R	D	H	E	T	N

Waagrecht:

Senkrecht:

b **Welchen Artikel haben die Substantive aus Übung 1a und wie lauten die anderen Formen? Welche kann man in den Plural setzen und wie lauten die Formen? Schreiben Sie auf, was Sie vermuten und sehen Sie erst dann im Schlüssel nach.**

Singular		Plural	
unbestimmte Form	bestimmte Form	unbestimmte Form	bestimmte Form

2 ⓐ Übersetzen Sie.

a Die Kinder freuen sich auf die Ferien.

…………………………………………………………

b Ich miete ein Fahrrad.

…………………………………………………………

c Wir möchten etwas über die Region lernen.

…………………………………………………………

d Ich meide Touristen aus meinem Land.

…………………………………………………………

e Meine Freunde brauchen einen Reiseführer.

…………………………………………………………

f Ich genieße es, im Urlaub abzuschalten.

…………………………………………………………

g Lena und Markus testen gern verschiedene Restaurants.

…………………………………………………………

h Manchmal geht sie in ein Café.

…………………………………………………………

i Wir müssen uns beeilen.

…………………………………………………………

ⓑ Welches Verb aus Übung 2a ist im Schwedischen reflexiv, im Deutschen aber nicht? Schreiben Sie dieses Verb in allen Formen auf.

Verb …………………

jag	…………………	vi	…………………
du	…………………	ni	…………………
han / hon	…………………	de	…………………

3 ⓐ Was passt zusammen? Ordnen Sie zu.

1 Jag äter inte äpplen.
2 Jag cyklar inte.
3 Jag vill köpa en broschyr.
4 Den här natten sover jag i bilen.
5 Jag sätter mig på bänken.
6 Jag dricker läsk.
7 Jag idrottar bara en gång i månaden.
8 Jag handlar i eftermiddag.

* våt = nass

a Läsk har väldigt mycket socker.
b I bilen? Det är inte bekvämt.
c Jag tror den är våt*. Det har ju regnat.
d Så sällan?
e Varför det? Den finns gratis.
f Varför inte – är det för långt?
g Jag tycker de är sura.
h Men då är allt stängt.

b **Fordern Sie die Person aus Übung 3a auf, Dinge zu tun oder zu unterlassen.**

1 *Ät äpplen!* .... 5 ....
2 .... 6 ....
3 .... 7 ....
4 .... 8 ....

ab KB 2

4 **Ergänzen Sie die fehlenden Possessivpronomen.**

a Jag åker till Öland – jag ser fram emot .... nästa Sverigesemester.
b Vi har en ny bil, men tyvärr har .... hus inget garage.
c Familjen Svensson bor i en stor villa. .... villa ligger utanför stan.
d Vi bor i ett hyreshus. .... lägenhet ligger på andra våningen.
e Du menar Ulrika och Jan? Heter .... barn inte Emily och Hampus?
f Hur gammal är Lena? Jag vet inte – men fyllde .... dotter inte 6 år i januari?
g Är det här Ivars mountainbike? ➜ Ja, det är ....
h Vad heter Oskars hund? ➜ .... hund heter Trolla.
i Ät upp .... glassar nu så vi kan åka.
j Är det här er segelbåt*? ➜ Ja, det är faktiskt .... båt.

* segelbåt = Segelboot

ab KB 3

5 **Welches Wort passt nicht in die Reihe?**

a åska - snö - regn - hav
b strand - glass - minusgrader - sol
c regn - höst - jordgubbar - dimma
d syd - nord - vår - öst
e temperatur - grader - hus - värme
f tåg - bil - cykel - strand
g sjö - ö - å - älv

|48

6 **Im Zug. Kreuzen Sie an.**

	rätt	fel	vet man inte
1 Tre resenärer[1] träffas på ett tåg.	☐	☐	☐
2 En av männen har varit ensam och vandrat.	☐	☐	☐
3 Som bagage hade han en lätt ryggsäck[2].	☐	☐	☐
4 Kvinnan har hälsat på sin familj i Örebro.	☐	☐	☐
5 Hon hade mycket varmt väder.	☐	☐	☐
6 Hon gillar solsemester.	☐	☐	☐
7 Som bagage har hon också en ryggsäck.	☐	☐	☐
8 Den andra mannen har varit på semester.	☐	☐	☐
9 Han har inget bagage.	☐	☐	☐
10 Det är på våren.	☐	☐	☐

[1] resenär = Reisender [2] ryggsäck = Rucksack

ab KB 4

7 **Setzen Sie den Text ins Präteritum.**

Ett högtrycksområde täcker hela Skandinavien med växlande vind och molnighet. Det är mestadels soligt och bara tidvis lätt regn. I Göta- och Svealand är det fortfarande dimmigt på morgonen men senare på dagen klarnar det upp. Även utmed Västkusten bryter solen igenom under dagen. Störst solchanser är det i sydost.

Hur var vädret igår?

....

....

....

....

....

....

ab KB 5

8 ⓐ **Schreiben Sie zu jeder Stadt einen kurzen Wetterbericht.**

Umeå  - 4° ....

....

Stockholm  + 3° ....

....

Lidköping  + 4° ....

....

Malmö  + 6° ....

....

Kalmar  + 4° ....

....

● |49 ⓑ **Hören Sie und kreuzen Sie an.**

		rätt	fel
1	Väderleksrapporten läses av Stella Strömkvist.	☐	☐
2	Det är lunchtid.	☐	☐
3	Rapporten handlar om Dalarna.	☐	☐
4	Götaland och Svealand får sol.	☐	☐
5	I norra Dalsland kommer det lite moln.	☐	☐
6	Ett högtrycksområde från Norge är på väg.	☐	☐
7	Det blir 27 grader varmt.	☐	☐

ab KB 6

9 **a** **Tragen Sie in den folgenden Text die richtige Form der Substantive ein.**

Attraktiva Dalsland

Dalsland är ett unikt .... (a: landskap). *Det finns inte många svenska* .... (b: landskap) *som har en så varierande natur på en så liten yta*[1]. *I Dalsland bor inte många människor och det finns mycket* .... (c: plats) *för alla. Att åka på Dalslands* .... (d: kanal) *är för många en stark och oförglömlig* .... (e: upplevelse). .... (f: Skog), ... (g: äng) *och många* .... (h: sluss) *ger färgstarka* .... (i: minne[2]). *Den vackra* .... (j: natur) *är inte det enda Dalsland kan erbjuda. Ett rikt* .... (k: kulturliv) *med många intressanta* .... (l: museum) *och* .... (m: utställning) *väntar på dig.*

[1]en yta = eine Fläche [2]ett minne = eine Erinnerung

b **Kreuzen Sie an.**

		rätt	fel	vet man inte
1	Dalsland är ett fantastiskt landskap.	☐	☐	☐
2	En så omväxlande natur hittar man överallt i Sverige.	☐	☐	☐
3	På en liten yta bor många människor.	☐	☐	☐
4	I Dalsland pratar man en stark dialekt.	☐	☐	☐
5	Att åka på Dalslands kanal är en minnesrik upplevelse.	☐	☐	☐
6	Många turister åker till Dalsland varje år.	☐	☐	☐
7	Här finns även många museer och utställningar.	☐	☐	☐

10 **Die Zahlen sind durch Buchstaben zu ersetzen.**
Dabei bedeuten gleiche Zahlen gleiche Buchstaben.

a När man vill veta hur vädret ska bli imorgon måste man se, läsa eller lyssna på en ...

1	3	5	7	9	10	9	15	17	19	15	20

b Därifrån avgår tåg.

2	3	9	19	1	3	17	20	20	6	8	6	11	15	19

c Forntida* målningar på sten kallas för …

12	3	14	14	9	11	20	6	19	11	19	17	8	9

d Ett annat ord för orörd natur.

1	11	14	5	13	8	9	16

e "Röd" är en ...

18	3	9	17

f Om det regnar mycket starkt talar man om ...

4	20	9	7	17	19

Lösning

1	2	3	4	5	6	7	8	9	10	11	12	13	14	15	16	17	18	19	20

* forntida = vorzeitlich

|50

11 **Hören Sie genau zu und sprechen Sie nach.**

Akzent 1	Akzent 2
tomten (Grundstück)	tomten (Wichtel)
stegen (Schritte)	stegen (Leiter)
anden (Ente)	anden (Geist)
tanken (Tank)	tanken (Gedanke)
värden (Wirt)	värden (Werte)

Im Schwedischen gibt es Wörter, die gleich geschrieben werden, aber – je nach Aussprache – unterschiedliche Bedeutungen haben.
Akzent 1: Die Betonung liegt auf der ersten Silbe und fällt bei der zweiten Silbe ab.
Akzent 2: Die Hauptbetonung liegt auf der ersten Silbe, aber die zweite Silbe erhält einen Nebendruck mit steigender Tonhöhe.
Den Akzent 2 gibt es im Deutschen nicht. Er ist typisch für die schwedische Sprache. Er wird auch *musikalischer Akzent* genannt und ihm ist zu verdanken, dass Schwedisch so melodisch klingt. Allerdings variiert er stark von Region zu Region.

ab KB 7

12 **Richtig oder falsch? Kreuzen Sie an.**

		rätt	fel
1	Dalsland ligger öster om Dalarna.	☐	☐
2	Mitt emot Helsingör i Danmark ligger Helsingborg.	☐	☐
3	Sveriges största sjö heter Vänern.	☐	☐
4	En långsträckt ö öster om Umeå heter Öland.	☐	☐
5	En stor ö öster om Öland heter Gotland.	☐	☐
6	Sveriges näst största sjö heter Mälaren.	☐	☐
7	I norra Sverige ligger Sveriges minsta landskap som heter Lappland.	☐	☐
8	Öster om Vättern ligger Sveriges näst största stad Göteborg.	☐	☐
9	Sveriges tredje största stad ligger söder om Helsingborg och heter Malmö.	☐	☐

13 **Setzen Sie ein.**

högsta • längsta • färre • minsta • norra • stora (2x) • största (4x) • västra

Sverige är ett av Västeuropas .... (a) länder. Här bor ca 9 miljoner människor på 449.964 km² (dvs 20 invånare per km²). Stockholm, Sveriges huvudstad, har idag ca 1,7 miljoner invånare, varav ca. 767.000 bor i innerstaden. Göteborg, Sveriges näst .... (b) stad, ligger i .... (c) Sverige. Där bor .... (d) invånare än i Stockholm: ca. 900.000. Sverige delas i tre .... (e) regioner: Götaland, Svealand och Norrland. Lappland är Sveriges .... (f) landskap. Dalsland hör till Sveriges .... (g) landskap. De .... (h) floderna i Sverige är Torneälven, Umeälven, Ångermanälven, Klarälven och Dalälven. .... (i) sjöar är Mälaren, Hjälmaren och Vättern men den .... (j) är Vänern. Sveriges .... (k) berg heter Kebnekaise som ligger i .... (l) Sverige.

ab KB

14 **Adjektiv oder Adverb? Kreuzen Sie an und bilden Sie die richtige Form.**

		Adjektiv	Adverb
	varm		
	Vilken *varm*............ sommar!	☒	☐
	Du måste klä dig varmt *varmt*.......... .	☐	☒
1	hög		
a	Linda spelar radio	☐	☐
b	Kebnekaise är ett .... berg.	☐	☐
2	nervös		
a	Kalle är .... för han ska ta körkort*.	☐	☐
b	Han talar .... med läraren.	☐	☐
3	dyr		
a	Erik har en .... bil.	☐	☐
b	Han bor också	☐	☐
4	vänlig		
a	Familjen Svensson har en .... son.	☐	☐
b	Han hälsar alltid .... på oss.	☐	☐
5	vacker		
a	Huset ligger	☐	☐
b	Marie är en .... flicka.	☐	☐

* att ta körkort = den Führerschein machen

15 **a** **Informieren Sie sich, wie das Wetter in Schweden morgen wird (z. B. unter http://www.smhi.se/).**

b **Schreiben Sie eine kurze Wetterprognose für Ihren Wohnort. Nehmen sie dazu eine aktuelle Wettervorhersage zu Hilfe.**

....

....

....

....

....

....

....

16 Dossier **Sie wollen das *Icehotel* in Nordschweden besuchen. Schreiben Sie eine Mail, in der Sie um nähere Auskünfte (z. B. die Zusendung einer Broschüre, eine Preisliste ...) bitten.**

In einem Gespräch können sehr unterschiedliche Themen vorkommen. Daher ist es schwierig, sich sprachlich darauf einzustellen. Dennoch gibt es auch in der mündlichen Kommunikation gewisse typische Strukturen. Das bedeutet, dass Sie sich auf bestimmte Gesprächssituationen vorbereiten können, indem Sie sich schwedische Redewendungen einprägen. Dies gibt Sicherheit und hilft bei der Kommunikation. Sehen Sie sich die Dialoge im Buch unter diesem Gesichtspunkt noch einmal an. Darüber hinaus sollten Sie sich unbedingt Floskeln einprägen wie *Kan du tala lite långsammare, tack*!

Studiedagbok

Der Sprachunterricht hat sich im Laufe der Zeit sehr verändert. Früher hat man sich vor allem auf das Übersetzen von Texten konzentriert, heute steht eher die Kommunikation im Vordergrund. Dennoch kann der Unterricht sehr unterschiedlich ablaufen – je nach den Schwerpunkten, die der Kursleiter / die Kursleiterin setzen möchte und je nach den Wünschen der Kursteilnehmer. Wie läuft der Unterricht bei Ihnen ab? Lesen Sie dazu noch einmal in Ihrem Lerntagebuch bei Lektion 9 nach und schreiben Sie Ihre Gedanken auf. Sprechen Sie dann mit den anderen im Kurs und mit Ihrem Kursleiter / Ihrer Kursleiterin über das Thema.

- Ist der Ablauf einer Unterrichtseinheit immer ähnlich (z. B. Begrüßung, Hörtext, Grammatikerklärung, Sprechen) oder gibt es immer viel Abwechslung? Was gefällt Ihnen besser?
- Machen Sie im Unterricht Spiele? Stehen Sie manchmal für eine Aufgabe auf? Arbeiten Sie bei Partneraufgaben immer mit der gleichen Person oder gibt es eine wechselnde Sitzordnung? Was gefällt Ihnen daran, was mögen Sie nicht so gerne?
- Wird im Unterricht gesungen, gezeichnet ...?
- Ist die Mischung von Aufgaben zum Hören, Sprechen, Lesen und Schreiben für Sie persönlich richtig?

Nyttiga uttryck

Sagen, dass einem etwas egal ist

Det spelar ingen roll (för mig).

Sagen, dass man etwas nicht braucht.

Det behöver jag inte.

Ausdrücken, dass man etwas (ver)meidet

Jag undviker …

An etwas denken

Jag tänker på …

Nach dem Wetter fragen und antworten

Hur är vädret i Stockholm idag?
Det är soligt / molnigt.
Det snöar / regnar.

Nach dem Wetter morgen fragen und antworten

Hur blir vädret i morgon?
Det blir regn.
Det kommer att regna.

Die Temperatur angeben

Det är 3 grader varmt.
Det är plus 3 grader.
Det är 3 plusgrader.

Himmelsrichtungen

nord, ost, syd, väst

Lage mit Hilfe von Himmelsrichtung beschreiben

Var ligger…?
Det ligger i södra / norra / västra / östra Sverige …
Det ligger söder / norr / väster / öster om …

Eine Absicht ausdrücken

Vi tänkte …
Vi ville …

Freude ausdrücken

Fantastiskt!
Vad kul!

Sich an etwas erinnern

Jag minns att …

Zusagen, dass man sich um etwas kümmert

Det kan jag gärna ordna.

Etwas empfehlen

Jag rekommenderar att …

Ausdrücken, dass man sich auf etwas freut

Jag ser fram emot …
Jag gläder mig åt …

Bra att veta

Schweden ist in 25 sogenannte *landskap* eingeteilt. Diese Einteilung geht auf die germanische Zeit zurück, in der es sich dabei um politische Einheiten mit eigenen Gesetzen handelte. Heute haben die *landskap* keine administrative Bedeutung, spielen aber trotzdem eine große identitätsstiftende Rolle. Viele Schweden identifizieren sich damit, tragen bei Festen gern typische Trachten und singen Loblieder auf ihre Region. Jede *landskap* hat eine oder mehrere Blumen als Symbol.
Im 17. Jahrhundert wurde eine neue administrative und politische Einteilung vorgenommen (*län*). Dabei sind die Grenzen dieser Einheiten nicht immer mit denen der *landskap* identisch. Jeder Verwaltungsbezirk hat einen direkt gewählten Provinzlandtag (*landsting*) mit einem Gouverneur an der Spitze (*landshövding*).

14 Stockholm

Schreiben
Wenn Sie sich in Schweden aufhalten, werden für Sie die Fertigkeiten Hören, Sprechen und Lesen vermutlich eine wichtigere Rolle spielen als das Schreiben. Dennoch lohnt es sich, auch das Schreiben zu üben, denn es hilft, eine Sprache korrekt zu lernen. Anders als beim Sprechen kann man sich viel Zeit lassen, lange überlegen und etwas nachschlagen. Außerdem spielt das Schreiben in der modernen Kommunikation immer noch eine wichtige Rolle, nicht zuletzt durch Fax, E-Mail und SMS.

ab KB 1

1 **Bilden Sie den Superlativ aus den in Klammern stehenden Adjektiven.**

Stockholm är en gammal stad. *Gamla Stan* är Stockholms äldsta (gammal) stadsdel.

a Många tycker att Stockholm är en av världens .... (vacker) huvudstäder.

b I Barcelona hade vi en mycket bra guide – han var nog den .... (bra) guiden vi någonsin träffat.

c *Riddarholmen* är Nordeuropas .... (stor) medeltida stadskärna.

d Hon är den .... (känd) skådesspelerskan i Sverige.

e På Öland står *Långe Jan*. Den är Sveriges .... (hög) fyr.

f *Ölandsbron* är en av Europas .... (lång) broar.

g Lars Borg hette den .... (sympatisk) läraren jag hade i skolan.

h Pelle är den .... (yngre) i familjen men också den .... (energisk).

i På *Tre Änglar* serveras den .... (god) maten jag någonsin ätit.

2 **Lösen Sie das Kreuzworträtsel. Gesucht wird jeweils die Form Passiv Präsens.**

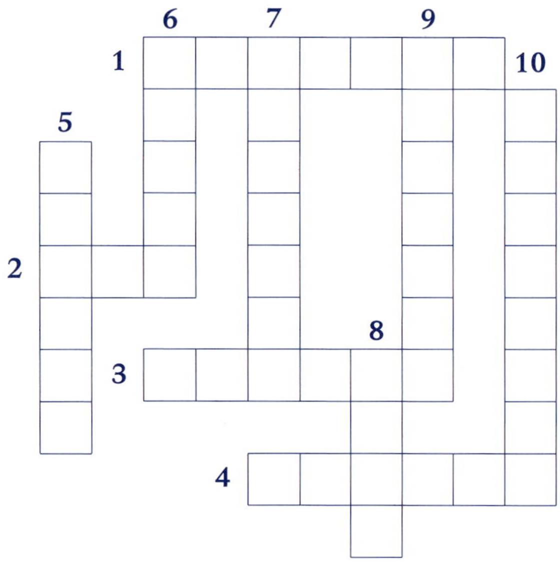

Waagrecht:
1 „shoppen"
2 essen
3 besuchen
4 öffnen

Senkrecht:
5 schließen
6 verkaufen
7 umgeben
8 kaufen
9 arbeiten
10 flanieren

3 **Bilden Sie Passivformen.**

a Stockholm .... (anse) vara en av Sveriges vackraste huvudstäder.
b Efter middagen .... (servera) kaffe.
c Tillträde förbjudet*. Slottet .... (renovera).
d Hon heter Charlotte men hon .... (kalla) för Lotta.
e Här .... (tala) svenska.
f Turisterna .... (bjuda) på många sevärdheter.
g Det .... (behöva) inte.
h Spagettin .... (koka) i 12 minuter.

* Tillträde förbjudet = Zutritt verboten

KB 2

4 **a** **Übersetzen Sie und lösen Sie das Zahlenrätsel.**

a darüber hinaus

1	4	8	14	12	15	11	18	8

b außerdem

1	18	2	2	14	12	3	13

c außer

5	15	8	14	12	3	13

d nur

6	9	8	9

e nur

18	7	1	9	2	12

f auch

3	16	10	2	17

Lösning

1	2	3	4	5	6	7	8	9	10	11	12	13	14	15	16	17	18

b **Ergänzen Sie die Sätze mit Wörtern aus 4a.**

a .... barnkläder säljer vi också vuxenkläder.
b Om du vill kan vi .... ta en tur ut i Skärgården.
c Vi hinner till bussen om du .... kommer i tid.
d Jag är i Malmö nästa vecka. Är du .... där?

KB 3
|51

5 **Hören Sie zu und kreuzen Sie an.**

		rätt	fel	vet man inte
1	Guiden heter Annika.	☐	☐	☐
2	Busschauffören är en kvinna.	☐	☐	☐
3	Turen börjar med Stadhusbron.	☐	☐	☐
4	Sedan kör bussen över Vasabron.	☐	☐	☐
5	Vid Gustav Adolfstorg görs en paus.	☐	☐	☐
6	Från Hamngatan kommer man till Strandvägen.	☐	☐	☐
7	Turen slutar vid Skansen.	☐	☐	☐
8	Här kan man äta middag.	☐	☐	☐
9	Frågor får man bara ställa efter turen.	☐	☐	☐
10	Stadshuset är från 1700-talet.	☐	☐	☐

6 **a** **Welche Überschrift passt? Ordnen Sie zu.**

TV-torn · Storkyrkan · Kultur- och nöjespark

A

....

Skansen ligger på Djurgården i Stockholm. Den invigdes 1891 av Artur Hazelius som ville skapa något unikt där kultur förbinds med nöje. På 30 000m² visas gamla torp, byggnader från forntider och en stor djurpark. Speciellt på sommaren bjuds det på många olika aktiviteter som teater och sångtävlingar t.ex.

B

....

Kaknästornet bjuder på en fantastisk blick över Stockholm. Från 155m höjd kan man se långt utöver stadens gränser.

C

....

Den ligger på Slottsbacken och besöks av många turister. Här står den mycket berömda skulpturen St. Göran med draken*.

* drake = Drache

b **Unterstreichen Sie alle Passivformen in den Texten 6a und ergänzen Sie die Tabelle. Benutzen Sie gegebenenfalls ein Wörterbuch.**

Präsens		Präteritum	
Aktiv	**Passiv**	**Aktiv**	**Passiv**
inviger	invigs	invigde	....
....	....	....	....
....	....	....	....
....	....	....	....
....	....	....	....

ab KB 4

7 **Was gehört zusammen? Verbinden Sie.**

1 Jag känner mig
2 Påminn mig om*
3 Jag är pigg på
4 Ta guideboken med dig
5 Jag lovar att en båttur i Stockholm
6 Inte ens om jag fick tusen kronor för det

a skulle jag vilja gå upp här.
b är en underbar upplevelse.
c ganska trött.
d så kan du läsa om allt du ser.
e att gå på en intressant utställning.
f att jag måste handla mjölk.

* påminn mig om = erinnere mich an

8 **Ergänzen Sie die Tabelle.**

Präsens	Präteritum	Perfekt
jag upplever	....	....
du	ansåg	....
han besöker	....	....
hon	....	har bjudit
den	gick	....
det	visade	....
vi flanerar	....	....
ni	....	har beskrivit
de	....	har givit

ab KB 5

9 ⓐ **Wie sagt man auf Schwedisch, wenn man ...**

a fragt, was im Königlichen Schloss gezeigt wird? ....

b fragt, wo *Stockholmskortet* verkauft wird? ....

c ausdrückt, dass man sich nicht sicher ist? ....

d um Entschuldigung bittet? ....

e sich für die Hilfe bedankt? ....

f fragt, ob der andere Lust hat, sich ... anzuschauen? ....

g fragt, was die anderen morgen machen wollen? ....

h fragt, wie man dorthin kommt? ....

i fragt, von wo die Tour losgeht? ....

j etwas erwidern möchte, wenn sich jemand bedankt hat? ....

ⓑ **Ein Bekannter möchte sich heute in Stockholm *Kungliga Slottet, Katarinahissen* und *Stadshuset* anschauen. Wie kommt er am besten von einer Sehenswürdigkeit zur nächsten? Sehen Sie sich den Fahrplan im Kursbuch auf Seite 118 an und schreiben Sie ihm die Route auf.**

ab KB 6

|52

10 ⓐ **Hören Sie und kreuzen Sie die richtige Lösung an.**

1 Turisten ringer till
- **a** turistinformationen.
- **b** turistcentralen.
- **c** turistbyrån.

2 Han frågar efter
- **a** Nationalmuseet.
- **b** Moderna Museet.
- **c** Historiska Museet.

3 Museet öppnas
- **a** klockan 9.00.
- **b** klockan 10.00.
- **c** klockan 10.30.

4 Med Stockholmskort åker man gratis med
- **a** flyg.
- **b** tåg.
- **c** lokaltrafiken.

5 Det ingår även två
- **a** guidade båtturer.
- **b** båtturer med lunch.
- **c** båtturer med övernattning.

b **Welche Verben drücken annähernd das Gleiche aus? Verbinden Sie.**

1	tala	**a**	ta sig dit
2	betrakta	**b**	köpa
3	ingå	**c**	råda
4	fråga sig	**d**	inkludera
5	förvärva	**e**	undra
6	rekommendera	**f**	prata
7	gå dit	**g**	se

|53

11 **a** **Streichen Sie in den Sätzen alle Buchstaben durch, die nicht deutlich ausgesprochen bzw. ganz verschluckt werden. Überprüfen Sie Ihre Vermutungen dann mit dem Hörtext.**

Jag heter Kerstin Andersson och är sjuksköterska. Jag är gift med Göran. Han är 43 år gammal och jobbar som lärare på ett gymnasium. Vi har en son som heter Niklas och en dotter som heter Emma. Niklas är 13 år och Emma är 11. Själv är jag 47 år gammal. Vi bor i Helsingborg i en fyrarumslägenhet mitt i stan tillsammans med vår hund Kejsare.

b **Schreiben Sie den Text so um, dass er aus der Perspektive von Niklas erzählt wird.**

Jag heter Niklas Andersson och är 13 år gammal. Min mor ...

ab KB 7

12 **Erstellen Sie eine Übersichtstabelle mit den unbestimmten und den bestimmten Formen Singular und Plural. Benutzen Sie Ihr Heft oder ein Blatt Papier.**

apotek • bankomat • brevlådan • park • polisstationer • post • torg • fontän • trafikljusen

Singular		Plural	
unbestimmte Form	bestimmte Form	unbestimmte Form	bestimmte Form
....	....	apotek	....

13 ⓐ **Was sehen Sie? Tragen Sie ein.**

ⓑ **Kreuzen Sie die passende Präposition an.**

_(0)_ mitt vardagsrum står en bokhylla med många böcker och en vas _(1)_. _(2)_ finns det ett bord. _(3)_ bordet står två stolar och _(4)_ bordet ligger en bok. _(5)_ bordet ligger en matta, _(6)_ bordet hänger en lampa. _(7)_ bordet finns ett fönster och _(8)_ fönstret hänger gardiner. _(9)_ fönstret är ett element. _(10)_ fönstret och bokhyllan hänger en tavla. _(11)_ bokhyllan står en fåtölj. _(12)_ den sitter Misse, min katt. _(13)_ fåtöljen ligger en tidning och _(14)_ bokhyllan står en soffa.

0	~~a~~	I	**b**	På	**c**	Under
1	**a**	på	**b**	i	**c**	över
2	**a**	Till vänster	**b**	Rakt fram	**c**	Till höger
3	**a**	På	**b**	Under	**c**	Vid
4	**a**	i	**b**	bakom	**c**	på
5	**a**	Mellan	**b**	Bakom	**c**	Över
6	**a**	över	**b**	i	**c**	på
7	**a**	Till höger om	**b**	Vid	**c**	Bakom
8	**a**	i	**b**	över	**c**	på
9	**a**	Under	**b**	I	**c**	På
10	**a**	i	**b**	Mellan	**c**	Under
11	**a**	På	**b**	Bakom	**c**	Vid
12	**a**	På	**b**	I	**c**	Vid
13	**a**	Framför	**b**	I	**c**	Under
14	**a**	till höger om	**b**	i	**c**	till vänster om

14 **Verbinden Sie die Satzteile.**

1	Du tar tunnelbanan	**a**	gatan till vänster.
2	Du måste byta vid	**b**	köpa vid T-centralen.
3	Vid nästa korsning svänger	**c**	till höger.
4	Du kan gå till	**d**	T-centralen.
5	Du hoppar	**e**	fots.
6	Sedan fortsätter	**f**	du med den röda linjen.
7	Ett rabatthäfte kan du	**g**	i närheten?
8	Finns det en station	**h**	till Slussen.
9	Du tar andra	**i**	av vid Stadion.
10	Du svänger in	**j**	du till vänster.

15 **Schreiben Sie auf, wie Sie von Ihrem Wohnort aus zum Schwedischkurs kommen.**

....

....

....

ab KB

16 **Lösen Sie das Kreuzworträtsel.**

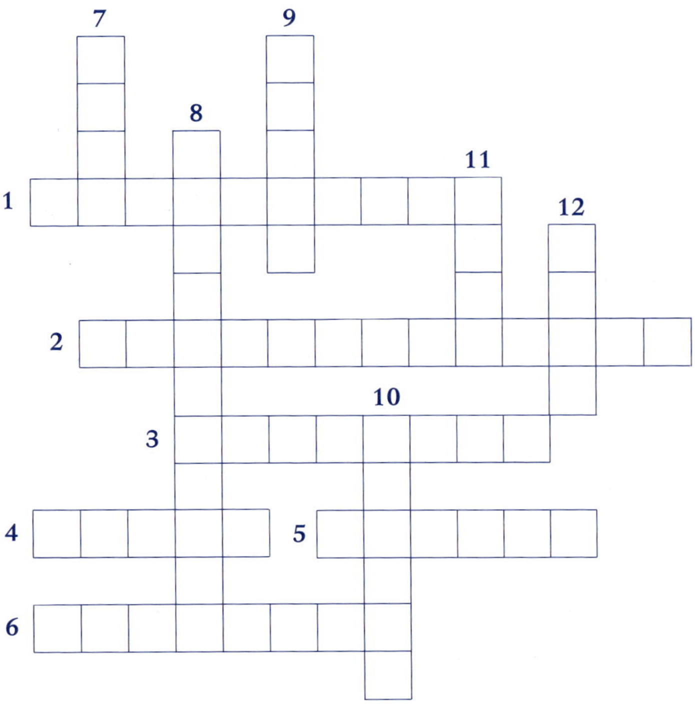

Waagrecht:

1 Berömd skidtävling i Sverige.
2 Infördes i Sverige på 1500-talet.
3 I Stockholms blodbad halshöggs många ...
4 Person som har en egen gård med djur, åkrar och ängar[1].
5 Konstnärligt yrke.
6 En byggnad där människor sitter inspärrade[2].

Senkrecht:

7 Efternamnet på en berömd kung som regerade på 1500-talet.
8 Den 6 juni firar man Sveriges ...
9 Intensivt politiskt samarbete mellan två länder.
10 Din systers man är din ...
11 "Stolen" som kungen sitter på.
12 När två eller flera länder är i konflikt med varandra blir det i värsta fall ...

[1] åkrar och ängar = Äckern und Wiesen
[2] inspärra = einsperren

17 Dossier

Schreiben Sie einen Brief an Freunde in Schweden.
Berichten Sie von den Sehenswürdigkeiten in einer Stadt, die Sie besucht haben.

Bevor Sie einen Text schreiben, sollten Sie das Thema eingrenzen, überlegen, an wen der Text sich wendet. Stellen Sie dann eine Liste mit Schlüsselwörtern zusammen. Sie können dazu z. B. die Technik der Mind-Maps verwenden (siehe Kursbuch Seite 24). Lesen Sie Ihren Text am Ende mehrmals durch. Kontrollieren Sie zuerst, ob er inhaltlich logisch aufgebaut ist. In einem letzten Durchgang überprüfen Sie dann die sprachliche Korrektheit.

Studiedagbok

Bei jedem Lernprozess spielt das Feedback, das man bekommt, eine wichtige Rolle. Allerdings haben alle Lernenden sehr unterschiedliche Vorstellungen davon, wie viel und welche Art von Feedback wichtig bzw. richtig für sie ist. Überlegen Sie, in welchem Ausmaß die folgenden Aussagen auf Sie persönlich zutreffen und machen Sie sich dazu Notizen in Ihr Lerntagebuch.

- Wenn ich etwas auf Schwedisch sage, möchte ich gerne sofort eine Rückmeldung bekommen, ob alles richtig war.
- Ich kann mit Feedback auf einen geschriebenen Text besser umgehen als wenn mir jemand sagt, dass ich beim Sprechen einen Fehler gemacht habe.
- Für mich ist wichtig, dass man mich lobt, wenn ich etwas gut gemacht habe.
- Wenn ich Schwedisch spreche, möchte ich nur so viel korrigiert werden, dass der Kommunikationsfluss nicht gestört wird.
- Mir liegt daran, dass alle meine Grammatikfehler korrigiert werden. Nur so werde ich die schwedische Sprache irgendwann fehlerlos beherrschen.

Kort och gott

Nyttiga uttryck

Jemanden willkommen heißen

Välkommen!
Välkomna!

Nach Öffnungszeiten fragen

När öppnas ...
När stängs ...

Sich erkundigen, was gerade „läuft"

Vad visas på ...
Vad spelas på ...

Jemanden fragen, ob er Lust hat, sich etwas anzusehen

Har du lust att se ...
Ska vi gå på ...

Fragen, was man morgen unternehmen möchte

Vad ska vi göra i morgon?
Vad ska vi hitta på i morgon? (umgangssprachlich)

Sagen, dass man lieber etwas anderes sehen möchte

Nej, jag vill hellre se (på) ...

Ausruf: Ach was!

Äsch!

Bitten, dass man an etwas erinnert wird

Påminn mig om ...

Fragen, ob sich der Gesprächspartner an etwas erinnert

Minns du ...?

Ausdrücken, dass man etwas nachschlägt / nachschaut

Jag kollar det i ett lexikon.

Sagen, dass man müde ist

Jag känner mig (ganska) trött.
Jag orkar inte mera.

Sagen, dass etwas toll / interessant / spannend klingt

Det låter roligt / intressant / spännande.

Sagen, dass das keine gute Idee ist

Nej, det är ingen bra idé.

Nach dem Weg bzw. nach etwas in der Nähe fragen

Ursäkta mig, jag vill till T-Centralen.
Hur kommer jag dit?
Förlåt mig, finns det en brevlåda
här i närheten?

Bra att veta

Im frühen 17. Jahrhundert expandierte Schweden im Ostseeraum. Um die schwedische Flotte zu verstärken, befahl König Gustav II Adolf den Bau neuer Kriegsschiffe. Eines davon, die *Vasa*, wurde auf der Insel *Skeppsholmen* in Stockholm gebaut. Die *Vasa*, für die über 1.000 Eichen gefällt wurden, sollte das mächtigste Kriegsschiff der damaligen Zeit werden und war mit 64 Kanonen bestückt. Am 10. August 1628 begab sich die *Vasa* vor den Augen vieler Schaulustiger am heutigen *Slussen* in Stockholm auf ihre Jungfernfahrt. Doch schon nach wenigen Minuten neigte sie sich zur Seite, Wasser strömte in die geöffneten Kanonenluken, das Schiff sank und mindestens 30 der 150 Besatzungsmitglieder starben. 1961 wurde die Vasa nach 5 Jahren intensiver Suche gefunden und mit viel Aufwand geborgen. Sie hatte bis dahin über 333 Jahre auf dem Meeresboden gelegen. Bei einem Besuch in Stockholm sollten Sie unbedingt das *Vasamuseum* besuchen – es ist ein beeindruckendes Erlebnis!

Konsert, teater och evenemang

Lerntypen
Es gibt große Unterschiede, auf welche Weise man sich neuen Stoff am schnellsten einprägt. Lernen Sie am besten über das Hören, das Sehen, das Fühlen, das Ausprobieren oder das Analysieren? Bei den meisten Menschen handelt es sich um eine Kombination verschiedener Lerntypen. Nutzen Sie daher möglichst beim Lernen alle Sinne und probieren Sie aus, was Ihnen am meisten liegt.

ab KB 1
|54

1 **Hören Sie und beantworten Sie die Fragen.**

a Var ligger Malmö?

....

b Vilka är de tre största städerna i Sverige?

....

c Hur många språk talas i Malmö?

....

d Till vilket land hörde Malmö länge?

....

e När övergick Skåne till Sverige?

....

f Vad finns i Malmös innerstad?

....

g När är Malmöfestivalen?

....

ab KB 2

2 **a** **Tragen Sie jeweils die fehlenden Formen ein.**

Singular		Plural	
unbestimmte Form	**bestimmte Form**	**unbestimmte Form**	**bestimmte Form**
....	....	orkestrar	....
biljett	....	....	....
....	....	....	symfonierna
....	kassan	....	....
....	....	barer	....
utställning	....	....	....
....	konserten	....	....
....	....	....	reservationerna
....	ändringen	....	....
....	....	föredrag	....

(b) Setzen Sie die Substantive in der richtigen Form ein.

a .... spelade väldigt fint. (orkester)
b Tyvärr finns det inga .... kvar. (biljett)
c När öppnar ....? (kassa)
d Jag har lust att gå på .... (utställning)
e Det finns många olika .... att välja emellan. (konsert)
f Jag här ledsen men vi tar inte emot .... (reservation)
g .... börjar klockan 19.00. (föredrag)
h Med reservation för .... (ändring)

ab KB 3

3 ***Inte, hellre* oder *inte heller*? Setzen Sie ein.**

a Ska vi gå på Wallmans i helgen eller vill du .... gå på något annat?
b Jag har .... lust att jogga idag. Jag är trött.
c Jag tar en ostsmörgås, vad tar du? ➜ Jag tar .... en skinksmörgås.
d Vi arbetar inte längre ihop med det företaget. Gör ni det? ➜ Nej, ... vi ....
e Han vet .... om han kan komma idag.
f De ville .... gå på bio än på teater.
g Lena tycker .... om att simma än att cykla.
h Jag tycker inte om kinesisk mat. Och du? ➜ .... jag ....

ab KB 4

4 **Welches Wort passt in welchen Satz? Setzen Sie die richtige Form ein.**

akustik • biograf • föredrag • katastrof • låt • operan • pengar

a Man hörde inget, hela föreställningen var en ....
b Vilka tråkiga .... de spelar. Kan du byta radiokanal, tack.
c Det hördes inte mycket i salen därför att .... var väldigt dålig.
d Vilka fula bilder, helt kass, de var inte värda ....
e *Hemma bäst* går på två .... På vilken ska vi gå, tycker du?
f Jag tycker att .... brukar vara tråkiga.
g Har du varit på .... i år?

ab KB 5

5 **Bilden Sie jeweils das Partizip Präsens.**

väcka uppseende: *uppseendeväckande*

a underhålla: ....

b fascinera: ....

c sjunga: ....

d fängsla: ....

e skratta: ....

f skrämma: ....

6 **Welches Wort / welcher Ausdruck passt nicht in die Reihe?**

a Helt botten! - Det är ett måste! - En alla tiders föreställning! - Kul!
b biograf - museum - opera - djurpark
c skådespelare - sångerska - revisor - musiker
d långdragen - gripande - fängslande - fascinerande
e skjorta - byxa - matta - klänning
f bord - tidning - stol - soffa
g tomater - gurka - kött - sallad

7 **Was passt zusammen?**

1 fråge	a hus
2 Öresunds	b stycke
3 konsert	c kort
4 turist	d sport
5 biljett	e kassa
6 livs	f bron
7 jazz	g kamrat
8 teater	h konsert

8 **Lesen Sie die folgende Rezension und beantworten Sie dann die Fragen dazu.**

Filmen *Hemma bäst* är en film för alla – gamla och unga, män som kvinnor. Tom Dey, som regisserat *Hemma bäst*, har gjort en romantisk komedi som är både rolig och originell – trots Hollywoodslut. *Hemma bäst* är mycket underhållande men typiskt amerikansk. Killsnacket mellan Tripp och hans kompisar är visserligen på en låg nivå men filmen är ändå riktigt charmig.

a Vad är *Hemma bäst* för en sorts film (genre)? ....

b Vilken publik vänder sig filmen till? ....

c Med vilka adjektiv beskrivs filmen? ....

....

9 **Suchen Sie im Internet eine deutsche und eine schwedische Rezension (recension) zu ein- und demselben Buch. Gibt es Unterschiede in Aufbau und Sprachstil?**

ab KB 6

10 **Setzen Sie ein. Mehrfachverwendung möglich.**

denna • detta • dessa • den där / här • det där / här • de där / här

I *detta*... turistkort ingår gratis inträde till alla museer.

a .... kaféet har mycket goda bullar.

b .... byxa passar inte.

c Vad heter .... skådesspelerskan?

d .... skulptur är mycket berömd.

e .... broschyrerna handlar alla om Malmö.

f På .... restaurangen serveras kinesisk mat.

g .... cykel är Kalles.

h .... kniven är vass*.

i Jag tar .... skärpet.

j Alla .... filmer är dokumentärfilmer.

* vass = scharf

11 **Was passt zusammen?**

1 Hur var filmen?
2 Hinnar du fixa biljetter?
3 Har du hört talas om det nya kaféet?
4 Ska vi ta bussen eller tunnelbanan?
5 Så du tycker *Hemma bäst* är ett måste?
6 Hur var resan?
7 Det var längesedan!

a Det får du bestämma.
b Ja, det var det.
c Den var inte värd pengarna!
d Ja, det hinner jag.
e Nej, det har jag inte. Hur är det?
f Javisst! Absolut!
g Inget vidare.

12 **Tragen Sie die richtige Objektform ein.**

Har du tid att gå på bio med *mig*. i helgen? (jag)

a Astrid, kan du gå ut på en promenad med .... (han)

b Jag måste handla tillsammans med .... (du)

c Om det finns två biljetter kvar så köper vi .... (biljetter)

d Jag kan ge .... nyckeln om ni vill. (ni)

e Har du frågat .... om hon har tid? (hon)

f Vi hör av .... (vi)

g De ska gå på teater tillsammans med .... (de)

h Jag har bestämt att Sofi ska träffa .... vid operans entré. (jag och Stefan)

ab KB 7

13 (a) **Welche Wörter sind im Folgenden versteckt? Unterstreichen Sie die *ett*-Wörter.**

klioerasorkesterdikefghrtziopkfdsflöoipparkettghjasdradklöiopscenrefdfsfdfsdfdfwsabal kongklöoptextmaskinopüzuiprogramjkluioiopzuiopüpausfjkldösejrkejtoalettjfkdljfdbiljet terfjkldöajf

(b) **Ergänzen Sie die Wörter aus Übung 13a in der richtigen Form.**

a Hur många .... är det under föreställningen?
b Ursäkta, var finns en ....?
c Köpte du .... till operan?
d På vilken .... vill du sitta?
e Ser man bra uppe på ....?
f Finns det ....?
g Jag vill kunna se ner i ....
h Jag vill sitta på .... Därifrån ser man bäst, tycker jag.

14 (a) **Ergänzen Sie die fehlenden Formen der Lokaladverbien.**

in	....	fram	....
upp	....	hit	....
....	hemma	....	nere
bort	....	ut	....
dit	....		

(b) **Setzen Sie ein – dynamische oder statische Form?**

a Göran tittar .... till oss varje kväll. (in)
b Katten går .... för trappan. (upp)
c Idag arbetar Malin .... (hem)
d Säg mig, är Viktoria redan .... (bort)
e Var står min cykel? ➜ Står den inte .... vid trädet? (där)
f Jackan hänger .... i garderoben. (in)
g Lars åkte .... ganska tidigt igår. (hem)
h När är bussen ....? (fram)
i Lyssna! Där sitter en fågel .... i trädet. Den sjunger så vackert. (upp)
j Familjen Svensson reser .... i morgon. (bort)

ab KB 8
|55
15

ⓐ **Hören Sie und kreuzen Sie an.**

		rätt	fel	vet man inte
1	Carl jobbade i Spanien.	☐	☐	☐
2	Han var ensam där.	☐	☐	☐
3	Han tyckte inte om Barcelona.	☐	☐	☐
4	Han talar bra spanska.	☐	☐	☐
5	En av tjejerna var från Spanien.	☐	☐	☐
6	Kajsa vill se på *Hemma bäst*.	☐	☐	☐
7	Hon ringer Carl.	☐	☐	☐

ⓑ **Lesen Sie den Dialog und tragen Sie die richtigen Formen der Verben ein – Präsens, Präteritum oder Perfekt? Kontrollieren Sie mit Hilfe des Hörtextes.**

▲ Hej Kajsa, det .... (a: vara) inte igår.

✖ Nejmen hej Carl, var .... du ....¿ (b: vara). Du har ju verkligen fått sol på dig.

▲ Ja, jag .... (c: semestra) i Spanien.

✖ Det .... (d: se) man. .... (e: vara) det kul¿

▲ Mycket roligt. Vi .... (f: vara) ett gäng på tre killar och tre tjejer och .... (g: bo) på ett litet hotell nära Barcelona.

✖ Barcelona, det .... (h: låta) inte dåligt. Hur länge .... (i: vara) ni där¿

▲ 10 dagar. Tiden .... (j: räcka) nästan inte till för all sightseeing. Men vi .... (k: hinna) ändå med att se en hel del. Och vilken stad! Den .... (l: vara) jättespännande.

✖ .... (m: tala) du spanska¿

▲ Ja, men inte mycket. Men det .... (n: behöva) jag egentligen inte heller. Den ena tjejen som .... (o: vara) med är halvspanjorska. Hennes mamma .... (p: vara) från Madrid. Så hon .... (q: fungera) som vår språkguide.

✖ Vilken tur då.

▲ Ja, det kan man .... (r: säga). Men du, jag .... (s: måste) hem, det .... (t: vara) trevligt att träffas. Ring mig så .... (u: kunna) vi väl .... (v: gå) på bio nästa vecka. Jag .... (w: vilja) gärna se *Hemma bäst*.

✖ Men tyvärr, den .... jag redan .... (x: se). Men den kan jag verkligen .... (y: rekommendera) – en alla tiders film. Men jag .... (z: ringa) dig i alla fall!

▲ Toppen! Hej då!

✖ Hej då! Vi hörs!

16 **Tragen Sie die richtige Form der Ajektive ein.**

Var har ni *stora* (stor) vattenglas?

- **a** Assistenten lägger brevet i ett .... (liten) kuvert.
- **b** Han serverade maten på .... (liten) brickor.
- **c** Vad finns i den .... (stor) .... (svart) ryggsäcken?
- **d** Vems skor är de här .... (grön)?
- **e** I vardagsrummet står en .... (stor) .... (blå) skål på bordet med .... (röd) äpplen i.
- **f** Det hänger .... (rutig) gardiner i fönstret.
- **g** Två .... (söt) katter leker på golvet.
- **h** Jag undrar, har ni .... (vit) trädgårdsmöbler?
- **i** De gjorde en .... (fantastisk) resa till Afrika.
- **j** Jag letar efter en .... (varm) jacka.
- **k** De .... (fin) tallrikarna står i skåpet.

ab KB 9

17 **Wie sagt man auf Schwedisch, wenn man ...**

- **a** fragt, was heute in der Stadt los ist?

  ....

- **b** fragt, wer dieses Buch geschrieben hat?

  ....

- **c** seinem Gesprächspartner die Entscheidung überlässt?

  ....

- **d** seinen Gesprächspartner um Verständnis bittet?

  ....

- **e** sich auf ein Glas Wein verabredet?

  ....

- **f** fragt, ob man seinen Gesprächspartner auf ein Bier einladen darf?

  ....

- **g** sagt, dass man derzeit sehr beschäftigt ist?

  ....

- **h** fragt, was am Samstag im Theater gezeigt wird?

  ....

- **i** fragt, ob der Gesprächspartner schon von dem neuen schwedischen Film gehört hat?

  ....

56

18 (a) **Was hören Sie? Kreuzen Sie an.**

a	ny ☐	nu ☐		**d**	lys ☐	lus ☐		**g**	ryss ☐	russ ☐	
b	fyll ☐	full ☐		**e**	fyr ☐	fur ☐		**h**	tyg ☐	tur ☐	
c	by ☐	bu ☐		**f**	mys ☐	mus ☐		**i**	bur ☐	buss ☐	

(b) **Wie spricht man die folgenden Wörter aus?**
Üben Sie und kontrollieren Sie dann mit Hilfe des Hörtextes.

ny – nu	lys – lus	ryss – russ
fyll – full	fyr – fur	tyg – tur
by – bu	mys – mus	bur – buss

19 **Wie steht es heute um ABBA? Geben Sie „ABBA och" in eine Internetsuchmaschine ein und lesen Sie auf einer schwedischen Fanseite nach.**

20 Dossier **Berichten Sie von einer Veranstaltung (Kino, Theater, Oper etc.), die Sie in letzter Zeit erlebt oder gut in Erinnerung haben. Sie können zwischen zwei Formen wählen: Beschreiben Sie die Veranstaltung in einem Brief an Freunde in Schweden oder spielen Sie Korrespondent einer schwedischen Zeitung und versuchen Sie sich an einer Veranstaltungskritik für diese Zeitung.**

Welcher Lernertyp sind Sie?

- Auditiv: Das Hören spielt eine zentrale Rolle, Unterschiede in der Aussprache werden schnell wahrgenommen. Es ist wichtiger, ein neues Wort zu hören als es geschrieben zu sehen.
- Visuell: Das Lesen steht an erster Stelle, aber auch das Schreiben ist entscheidend. Der Lernprozess wird durch die Kombination von Bild und Text gefördert.
- Logisch: Ein strukturiertes Vorgehen ist sehr wichtig, ebenso wie analytisches Denken und Regeln, die am besten tabellarisch aufbereitet sein sollten.
- Kinästhetisch: Das „Be-Greifen" von Dingen spielt eine große Rolle, außerdem das Ausprobieren (auch „mit den Händen").

Studiedagbok

Lesen Sie noch einmal nach, was Sie zu den Lektionen 4 und 6 in Ihr Lerntagebuch geschrieben haben. Dort ging es um die eigene Vorgehensweise beim Schwedischlernen und um äußere Voraussetzungen. Haben Sie im Laufe des Lernprozesses noch andere Beobachtungen gemacht? Wie würden Sie sich in Bezug auf die verschiedenen Lerntypen (siehe Lerntipp) selbst einordnen? Machen Sie sich dazu Notizen in Ihr Lerntagebuch.

Nyttiga uttryck

Fragen, was in der Stadt los ist

Vad händer i stan?
Vad går på Biopalatset?
Vad visas på operan?
Vad är sevärt?

„Änderungen vorbehalten"

Med reservation för ändringar

Ausdrücken, dass etwas gut war

En alla tiders föreställning! • Toppen! • Jättebra! • Fantastiskt! • Fascinerande! • Det är ett måste! • En härlig upplevelse! • Verkligen underhållande! • Kul!

Nachfragen, ob man etwas richtig verstanden hat

Menar du …?

Sich auf ein Bier verabreden

Ska vi gå och ta en öl?

Nachfragen, ob jemand Zeit hat etwas zu tun

Hinner du …? • Har du tid att …?

Versichern, dass man sich um etwas kümmert

Jag fixar det. • Jag ordnar det.

Nach der Handlung / dem Inhalt / den Mitwirkenden fragen

Vad handlar den / det om? • Vem spelar med i pjäsen / filmen? • Vem dansar (i baletten)? • Vem sjunger (i operan)? • Vem är regissören / komponisten / författaren / musikern?

Ausdrücken, dass etwas nicht gut war

En katastrof! • Bottendåligt! • Helt kass! • Förskräckligt! • Tråkigt! • Inte värt pengarna. • Inget vidare. • Så där.

Sagen, dass man sich informiert

Jag hör mig för. • Jag informerar mig.

Fragen, ob jemand von etwas gehört hat

Har du hört talas om …?

Dem Gesprächspartner die Entscheidung überlassen

Det får du bestämma. •

Sagen, dass etwas eine Weile her ist

Det var länge sedan. • Det var ett tag sedan.

Jemanden auf etwas einladen

Jag vill gärna bjuda dig på … • Får jag bjuda dig på …?

Sagen, dass man gerade keine Zeit hat

Jag är mycket upptagen just nu.
Den här veckan kan jag inte, jag arbetar varje kväll.

Bra att veta

Eine wirkliches Erlebnis in Schweden ist das *Malmö Festival* im August. In dieser Woche verwandelt sich die ganze Innenstadt in ein wahres Menschengewimmel. Das *Malmö Festival* ist das größte jährliche Ereignis in Südschweden mit einer Besucherzahl von etwa 1,4 Millionen. Für acht intensive Tage und sieben Nächte wird Malmö von Feuerwerken, exotischem Essen, Musik und Theater erfüllt. Ferner gibt es einen Jahrmarkt und vieles mehr – für alle Altersgruppen und für jeden Geschmack findet sich etwas Passendes. Der Eintritt zum Festivalplatz ist frei. Dort gibt es unter anderem insgesamt 900 Stunden kostenlose Unterhaltung. Außerdem findet während dieses Festivals am *Stortorget* das größte Krebsessen (*kräftskiva*) der Welt statt.

16 Bli vän med din kropp!

Die Kommunikation in Gang halten

Auch wenn das in der Muttersprache gar nicht so auffällt: Man verwendet viele Ausdrücke, um die Kommunikation mit dem Gesprächspartner nicht abbrechen zu lassen. Ein Trick dabei ist es, dem anderen zu signalisieren, dass man zuhört. Dies kann man beispielsweise durch *mhm* ausdrücken. Es gibt aber auch spezielle Wendungen im Schwedischen wie *just det*.
Sehen Sie sich Ihre Sammlung mit nützlichen Ausdrücken noch einmal durch und stellen Sie eine passende Auswahl zusammen.

ab KB 1

1 **Welche Wörter zum Thema Körper sind hier versteckt? (Singular und Plural)**

A	M	U	K	A	F	L	Ö	A
K	U	L	T	A	Ö	R	O	N
A	N	S	I	K	T	E	N	A
X	E	F	K	E	T	A	Ä	N
L	H	Ä	N	D	E	R	S	Ö
A	Ä	L	Ä	U	R	M	A	G
R	R	P	A	N	N	A	R	O
N	T	Ä	N	D	E	R	E	N

....
....
....
....
....
....

2 **Im Schwedischen gibt es viele zusammengesetzte Wörter, bei denen ein Wortteil eine Bezeichnung für ein Körperteil ist. Was passt zusammen? Es gibt manchmal mehrere Möglichkeiten.**

1 tand	**a** band
2 ansikts	**b** fall
3 näs	**c** blick
4 bröst	**d** kräm
5 finger	**e** vatten
6 knä	**f** arbete
7 fot	**g** avtryck
8 hand	**h** rygg
9 ögon	**i** sim
10 arm	**j** spår

3 **Tragen Sie ein: *Vilka, vilket* oder *vilken*?**

a .... fina tänder du har!

b .... knä har du problem med?

c De här tomaterna kommer från Spanien och de där från Italien. .... vill du ha?

d .... rum är ditt?

e ....väder!

f Ska kjolen vara blå eller .... färg hade du tänkt dig?

g .... personer är det här på fotografiet?

h .... snygg blus du har på dig!

i Du kan komma .... dag du vill.

j Jag vet inte .... buss jag ska ta.

ab KB 2

4 **Fordern Sie die Leute auf, sich anders zu verhalten.**

Lars motionerar inte. *Motionera mera!*

a Jag undviker trappor. ....

b Eva äter aldrig frukost. ....

c Magnus dricker för lite. ....

d Karin sover aldrig tillräckligt. ....

e Lea solar för mycket. ....

f Sten röker tre paket cigaretter om dagen. ....

g Barnen äter godis varje dag. ....

h Oskar rör för lite på sig. ....

ab KB 3

57

5 **Hören Sie und kreuzen Sie an.**

		rätt	fel	vet man inte
1	Kvinnan är mycket trött.	☐	☐	☐
2	Hon har inte sovit tillräckligt.	☐	☐	☐
3	Hon har ont i magen.	☐	☐	☐
4	Hon tar inte gärna medicin.	☐	☐	☐
5	På jobbet har hon mycket att göra.	☐	☐	☐
6	Hennes sambo har också mycket att göra.	☐	☐	☐
7	De vill ta semester i tre veckor.	☐	☐	☐
8	De vill boka en stuga nära vattnet.	☐	☐	☐

ab KB 4

6 **Setzen Sie die Verben in der richtigen Zeitform ein.**

Hej Irene!

Jag vill bara .... *(a: tacka) en gång till för de jättetrevliga dagarna i ert trivsamma hem. Det* .... *(b: vara) så roligt att se hur fantastiskt ni bor. Barnen* .... *(c: tala) fortfarande varje dag om allt roligt de* .... *(d: få) uppleva. De* .... *(e: njuta) av att vara ute i naturen hela dagarna och tyckte det var toppen* .... *(f: bada) i sjön direkt utanför huset. Vi* .... *(g: tänka) på vår härliga semester under den kommande vintern! Resan hem* .... *(h: gå) tyvärr inte så bra. När vi* .... *(i: sitta) på tåget,* .... *(j: märka) vi att en mörkbrun väska* .... *(k: saknas). Vi* .... *(l: glömma) den på perrongen*. Vi* .... *(m: tala) genast om det för konduktören. Och kan du tänka dig vilken tur vi* .... *(n: ha)? Man* .... *(o: informera) honom om att en väska* .... *(p: lämnas) kvar på stationen. Två dagar efter vår hemkomst* .... *(q: kan) vi hämta den vid stationen här. Nu* .... *(r: måste) jag sluta för vi* .... *(s: äta) middag. Lennart* .... *(t: laga) köttbullar …*
Det .... *(u: lukta) jättegott. Ha det så bra! Vi ses!*

Kram Harriet

* perrong = Bahnsteig

ab KB 5

7 **Lösen Sie das Rätsel. Wie lautet das Lösungswort?**

- **a** De flesta människor har hår på sitt …
- **b** Många barn tycker om att dricka …
- **c** Petra har tandvärk. Hon måste gå till …
- **d** Om man dricker för mycket alkohol kan man få en …
- **e** Om man inte vill åka hiss måste man ta …
- **f** Man kan klippa* med en …
- **g** Man kan inte spela fotboll om man har brutit …
- **h** Många kvinnor bär en kedja runt …
- **i** Vitaminer finns inte bara i frukt utan också i …
- **j** Näsan, ögonen och munnen är en del av …
- **k** Tårna sitter på …

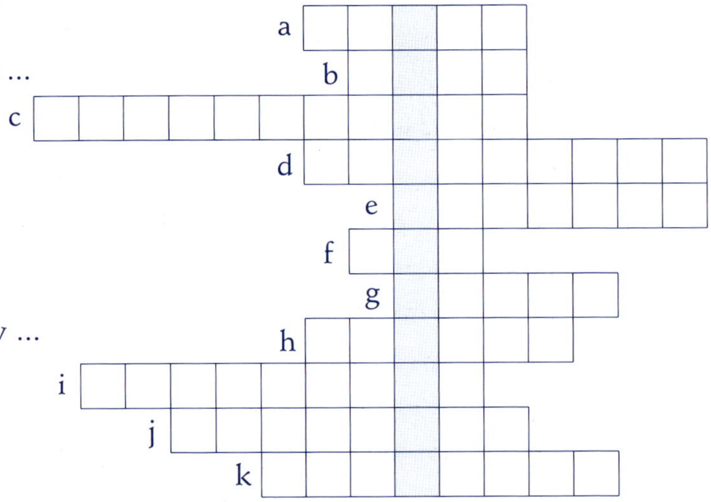

* klippa= schneiden

8 **Setzen Sie das richtige Possessivpronomen ein.**

Jag har ont i huvudet. Kan du hämta *mina* huvudvärkstabletter från badrummet?

a Christer och Mats har feber. .... mor mäter hur hög den är.

b Snälla, kan du hjälpa mig att sätta en svalkande salva på .... getingstick?

c Greta och .... syster är sjuka.

d Jag mår dåligt. Jag går och vilar* mig i .... rum.

e Har du tappat .... nycklar igen?

f Sätt på dig .... jacka och ta en promenad.

g Är han hemma? .... bil står i alla fall inte i garaget.

h Hör ni – vad är .... efternamn?

i Lena och Lars tycker att .... nya soffa är mycket bekväm.

* vila sig = sich ausruhen

9 **Wer sagt was? Kreuzen Sie an.**

		sjuksköterska	patient	läkare
a	Jag mår inte bra.	☐	☐	☐
b	Läkaren kommer om ett par minuter.	☐	☐	☐
c	Väntrummet är till höger!	☐	☐	☐
d	Finns det en patientbricka?	☐	☐	☐
e	Jag har ont i halsen.	☐	☐	☐
f	Får jag se på din tunga?	☐	☐	☐
g	Kan du ta av dig skjortan?	☐	☐	☐
h	Jag har hostat mycket den senaste tiden.	☐	☐	☐
i	Gå och lägg dig när du kommer hem.	☐	☐	☐
j	Tack för hjälpen!	☐	☐	☐

ab KB 7

10 **Tragen Sie die richtigen Possessivpronomen ein.**

▲ Nejmen titta, här kommer två små gråtande* patienter. God dag på er. Vad är det för fel på er då?

● .... (a) son har trampat i ett getingbo och båda barnen har fått flera getingstick.

▲ Var har de fått .... (b) stick?

● Emma har fått två stick i .... (c) högerhand.

▲ Visa mig .... (d) stick, Emma! Ja, ... (e) hand är ju verkligen svullen.

● Jag har lindat in .... (f) hand i en våt handduk men det hjälpte inte. Och Oskar fick tre getingstick i .... (g) vänsterfot.

▲ Oskar låt mig se på .... (h) fot! Ja den ser sannerligen inte något vidare ut. Har barnen feber?

● Jag har inte tagit tempen, men jag tror att Emma har lite feber.

▲ Emma, kan du räcka ut .... (i) tunga så jag får se på den? Oj, det var illa! Jag ger dem en smärtstillande saft …

* gråta = weinen

ab KB 8

11 **Verbinden Sie die zusammengehörenden Satzteile.**

1 Han reagerade allergiskt
2 När läkaren hade skrivit ut ett recept
3 Hon älskar att ta raska promenader
4 Han tycker bättre om att simma och cykla
5 För mig är avslappning viktigt
6 Eftersom han fick hög feber
7 Medan han diskade
8 Alla kom till festen klockan sju förutom Max

a surfade hon på nätet.
b än att dansa och jogga.
c kunde han inte arbeta nästa dag.
d för då sover jag bättre.
e gick patienten till apoteket.
f eftersom han hade missat bussen.
g efter att ha ätit jordgubbar.
h när hon känner sig stressad.

ab KB 9

12 **Wie sagt man auf Schwedisch, wenn man …**

a sagt, dass man sich gestresst fühlt?

....

b zu mehr Bewegung rät?

....

c fragt, was dem anderen fehlt?

....

d sagt, dass man Zahnweh hat?

....

e gute Besserung wünscht?

....

f fragt, ob der andere eine Allergie hat?

....

g sagt, dass man ein Pflaster braucht?

....

h sagt, dass man morgen anrufen wird?

....

i erzählt, dass man Biologie an der Universität Wien studiert?

....

j sagt, dass jemand tief ein- und ausatmen soll?

....

58

13 Hören Sie zu und kreuzen Sie an.

		rätt	fel	vet man inte
1	Angela Sparre är fysioterapeut.	☐	☐	☐
2	Hon har många patienter.	☐	☐	☐
3	Hon säger att många människor rör sig för lite.	☐	☐	☐
4	Man ska jogga i korridorerna på kontoret.	☐	☐	☐
5	Hon säger att man inte ska sitta stilla längre än 2 timmar.	☐	☐	☐
6	Kroniska ryggbesvär är ett tecken på fel kroppshållning.	☐	☐	☐
7	För att göra gymnastikövningar måste man boka en kurs.	☐	☐	☐
8	Det är svårt att integrera gymnastik i vardagen.	☐	☐	☐

ab KB

14 Welches Ministerium in Schweden hat die Oberaufsicht über das Gesundheitswesen? Sehen Sie im Internet nach (z. B. unter www.regeringen.se). Wie ist es in Ihrem Land?

15 Was passt zusammen? In manchen Fällen gibt es mehrere Möglichkeiten.

1	grund	a	central
2	äldre	b	problem
3	person	c	te
4	hälso	d	rum
5	kamomill	e	övning
6	avslappnings	f	nummer
7	värk	g	del
8	kropps	h	tablett
9	vård	i	vård
10	vänt	j	princip

59

16 Tragen Sie ein, welchen Vokal Sie hören.

a sv......r
b sv......r
c f......ra
d f......ra
e m......r
f m......r
g m......n
h m......n
i t......g
j t......g

17 **Tragen Sie die Präpositionen ein.**

a Primärvården tar hand .... alla fall som inte är akuta. (vid / med / om)

b Du kan komma till vår mottagning .... tidsbeställning. (utan / om / genom)

c Tyvärr måste man ibland vänta .... flera timmar. (med / över / i)

d Äldre människor kan få hjälp .... hemtjänsten. (av / med / på)

e Med kroppen .... du. (på / över / per)

f Vilken hand skriver du ....? (på / med / i)

g Han har tyvärr blivit sjuk .... sin semester i Sverige. (genom / i / under)

h Jag har ett intyg .... min försäkringskassa i Österrike. (på / från / genom)

i Ska vi träffas .... ett kafé? (i / vid / på)

j Hur är det .... dig? (utan / av / med)

18 Dossier **Haben Sie eine Entspannungsübung ausprobiert, die gut funktioniert? Beschreiben Sie sie und tauschen Sie Ihre Empfehlungen mit anderen im Kurs aus.**

Um sich für einen Aufenthalt in Schweden vorzubereiten, ist es sinnvoll, einige Ausdrücke auswendig zu lernen, die die Kommunikation unterstützen.
Können Sie ohne zu zögern darum bitten, dass Ihr Gesprächspartner langsamer spricht oder etwas noch einmal erklärt?
Können Sie ausdrücken, dass Sie etwas nicht verstanden haben und darum bitten, dass ein Wort umschrieben wird? Üben Sie unbedingt auch selbst, Wörter zu umschreiben. Sie haben jetzt auch schon viele Adjektive kennengelernt – diese sind für Umschreibungen sehr hilfreich!

Studiedagbok

Ihr Lerntagebuch stellt eine wichtige Sammlung von Gedanken und Beobachtungen zu Ihrem Lernprozess dar. In den vorangegangenen Lektionen haben Sie Anregungen erhalten, welche Themen relevant sein können.
Sie sollten jetzt dazu übergehen, selbst relevante Themen zu definieren.
Beobachten Sie sich selbst und Ihren Lernprozess und schreiben Sie Ihre Gedanken und Beobachtungen auch weiterhin regelmäßig auf.

Einen Ratschlag geben

Undvik ...
Du borde / måste ...
Jag rekommenderar att ...

Gute Besserung wünschen

God bättring!
Krya på dig!

Fragen, was einem fehlt

Vad är det för fel på dig?
Har du ont någonstans?
Har du smärtor någonstans?
Mår du illa?
Är du sjuk?

Sagen, dass einem etwas fehlt

Jag har ont i magen / halsen.
Jag har huvud- / tandvärk.
Jag har feber / hosta / utslag.
Jag mår illa.
Jag har skurit mig.

Etwas verdeutlichen

Jag har feber –
jag menar riktigt hög feber.

Sagen, wie man sich fühlt

Jag känner mig stressad.
Jag är trött och hängig.
Jag mår dåligt / bra.
Jag känner mig pigg (igen).

Baldige Linderung versprechen

Denna medicin hjälper fort.
Den här salvan lindrar smärtan.

Nach der Häufigkeit fragen und antworten

Hur ofta?
Tre gånger om dagen.

Sagen, wo man studiert

Jag läser / studerar vid Lunds universitet.

Um Hilfe bitten

Skulle du kunna hjälpa mig?
Kan du hjälpa mig?

Weitere Ausdrücke

tack och lov
faktiskt
alldeles

Bra att veta

Die Notrufnummer in Schweden ist 112.
Es ist empfehlenswert, sich vor der Reise nach Schweden von der Krankenkasse eine Bescheinigung ausstellen zu lassen, dass man im Herkunftsland krankenversichert ist, beziehungsweise die europäische Krankenversicherungskarte mitzunehmen. Falls Sie ärztliche Betreuung in Schweden in Anspruch nehmen müssen, springt dann zunächst die schwedische Krankenversicherung ein und rechnet mit Ihrer Krankenkasse ab. Erkundigen Sie sich sicherheitshalber vor der Abreise noch einmal nach den Details.
Wenn man in Schweden einen Arzt aufsucht, muss man in der Regel eine Praxisgebühr von 120 Kronen bezahlen. Falls Sie verschreibungspflichtige Medikamente brauchen, ist es sinnvoll, sich davon einen Vorrat mitzunehmen. Empfehlenswert ist auch eine Impfung gegen FSME, eine Gehirnhautentzündung, die durch Zecken übertragen wird und sich auch in Schweden immer mehr ausbreitet. Falls Sie Haustiere mit nach Schweden nehmen wollen, sollten Sie sich rechtzeitig um die vorgeschriebenen Impfungen kümmern. Erkundigen Sie sich beim schwedischen Konsulat nach den jeweils geltenden Bestimmungen.

Repetition och test

1

Läsförståelse
Alla personer som beskrivs nedan bor i Sverige och planerar att göra en utlandsresa.
Vilken resa passar bäst till vem? Skriv bokstaven under numret.

1 ...... Jakob Johansson är väldigt intresserad av sightseeingresor. Han förbereder sig alltid mycket noggrant genom att läsa om allt vad semesterlandet har att bjuda på kulturellt. Han investerar mycket tid i att planera sin resa i detalj.

2 ...... Matilda Ricklander är studerande och har inte mycket pengar. Hon försöker alltid att hitta billiga sista-minuten resor. Hon tycker om solsemestrar med hav, strand och bad och vill vara borta i två veckor.

3 ...... Barbro och Christoph Nylén har ett stressigt yrkesliv. Under semestern vill de koppla av, läsa mycket och njuta av god mat. De vill också uppleva kulturlivet, gå på opera, konserter och utställningar.

4 ...... Linda Blomdal är mycket sportig. Hon älskar att träffa nya människor och samla nya intryck. Hon tycker därför om att delta i olika organiserade sportaktiviteter ute i naturen.

5 ...... Familjen Fredriksson bor i Stockholm och har två barn på 4 och 6 år som älskar djur. De tycker därför om familjesemestrar, gärna på ett ställe där barnen får leka med djur och kan göra många roliga saker.

6 ...... Anita Ekblad har inte lust att träffa många människor på semestern. Hon kopplar bäst av ensam i naturen som hon älskar. Hon tycker om ekologisk mat och vill gärna lära sig mer om hur man kan leva ett sundare liv.

A **Upplev fantastiska cykelturer!**
Från St. Gallen till Genf på 7 dagar. Du cyklar i små grupper med en fackkunnig guide genom det vackra Schweiz och bor på enkla hotell eller vandrarhem.
Ring *Cykelturer Schweiz* (040 32 32 33) och fråga efter våra broschyrer.

B Berlin har allt och är alltid värt en resa! Här pulserar livet! Upplev den fantastiska huvudstaden och pröva själv. Museer, musicals, teater, night-life. Endast restplatser kvar! Boka genast! Ring **Kurt** – din Tysklandsspecialist, tel 031 78 78 78.

C Du gillar sportsemester? Då rekommenderar vi Sporthotellet **Blauer Bach** vid Dresden i sydöstra Tyskland. 24 timmar fitness varje dag på de mest moderna redskap du kan tänka dig. Spa, massage och individuella träningsprogram för dig som vill må bättre. Hälsosam mat med råvaror från trakten gör ditt uppehåll till en riktigt wellness-succé. Ring ***Spa-resor Tyskland***, tel 018 54 43 32.

D Du vill semestra med din familj på en riktigt typisk bondgård i Allgäu?
Dina barn vill se många djur och lära sig hur man gör god tysk ost? Då har vi det rätta. Vi visar dig och din familj allt ni vill veta om tyskt bondgårdsliv!
Prata med Maria, hon talar svenska!
Maria Töpfers Allgäu-Reisen,
tel 0049-171-43 43 566.

E **Haus Amalfa – ditt eko-pensionat i Schwarzwald. Alla rum med utsikt över våra vackra berg! Utsökt mat från ekologisk odling i omgivningen. Vi erbjuder kurser om hälsa, sund mat och stresshantering. *Ekologiska resor – det rätta alternativet!* För mer information ekores@eurores.se.**

F *Sista minuten-resa med alfred alfredsson* – boka nu! Sensationella priser. Kairo: 1 vecka halvpension, Lanzarote: 1 vecka fullpension, Antalya: 2 veckor halvpension. Många fler spännande resor! Ring för mer information *alfred alfredsson-agentur*, tel 090 43 56 45.

G Specialerbjudanden: Köpenhamn 7 dagar, Berlin 7 dagar, Reykjavik 6 dagar. Även last-minute! Ring nu! *Studentresor Lillkajan*, tel 013-54 43 22.

H Njut av Mozart och bo på ett slott! Låt dig skämmas bort på det femstjärniga hotellet **Nonnenstein**! Vi bjuder på exklusiva konserter i vår slottspark och förstklassig mat i vår slottsrestaurang. En semester för dig som vill unna dig lyx och kräver högsta klass och bästa komfort. Resebyrå **Mozart** – fråga efter våra specialerbjudanden, tel 0520 76 76 53.

I Spa, beauty, massage och allt som hör till. Detta finner du på *Spa-Hotel Ostseeblick* på Rügen. 7 dagar lyxliv till otroliga priser! Information under www.wellness-semester.se .

J Münchens kulturella mångfald väntar på dig. Berömda kyrkor och utsökta museer gör ditt besök till en kulturupplevelse utan like. Münchens *Biergarten* bjuder på romantiska kvällar och hotellen vi har i vårt program ligger alla centralt. *Kulturresor München*, tel. 089-43 43 42.

2 **Ord och grammatik**

Läs texten om Norrbotten. Markera rätt alternativ. Varje rätt svar ger en poäng!

Norrbotten _0_ Sveriges nordligaste och _1_ län och här bor 250 000 _2_ på en fjärdedel av Sveriges yta. _3_ den svenska koloniseringen under tidig medeltid ännu inte hade börjat bodde då endast samer i övre Norrland. _4_ kusten längs Bottenviken på 1300-talet började koloniseras _5_ svenskar kallades detta område för Norrbotten. Idag har Norrbotten 14 kommuner. Störst till ytan är Kiruna kommun, minst är Haparanda. I länet finns landets _6_ fjäll – Kebnekaise – och dessutom den djupaste sjön – Hornavan. _7_ flyter tre av Sveriges fyra skyddade nationalälvar genom Norrbotten: Torne älv, Kalix älv och Pite älv. Norrbotten har extrema _8_. Medan temperaturen på vintern periodvis kryper ner till -35°C, stiger den på sommaren _9_ till +30°C. Då skiner midnattssolen dygnet runt i hundra _10_.

Exempel:

0	**a**	var	**b**	har varit	~~**c**~~	är
1	**a**	större	**b**	stor	**c**	största
2	**a**	medborgare	**b**	invånare	**c**	män
3	**a**	eftersom	**b**	sedan	**c**	när
4	**a**	genom	**b**	medan	**c**	när
5	**a**	vid	**b**	under	**c**	av
6	**a**	högre	**b**	högsta	**c**	högst
7	**a**	mellan	**b**	och	**c**	dessutom
8	**a**	väderprognoser	**b**	temperaturprognoser	**c**	temperaturskillnader
9	**a**	ut	**b**	uppe	**c**	upp
10	**a**	dagarna	**b**	dagar	**c**	dagen

3

Hörförståelse

Du får nu höra fem hörtexter. Kryssa för rätt alternativ (uppgift 1 och 2) och svara på frågorna (uppgift 3 – 5)! Du får lyssna två gånger på varje hörtext (rätt svar = två poäng).

|60 **a** När är biljettkassan öppen? Kryssa för rätt svar!

1

måndag – onsdag	9.30 – 12.00
torsdag	14.00 – 20.00
fredag, lördag	9.00 – 13.00

2

måndag – onsdag	9.30 – 12.00
torsdag	14.00 – 18.00
fredag, lördag	9.00 – 13.00

3

måndag till torsdag	8.30 till 12.00
	14.00 till 18.00
fredag och lördag	9.00 till 13.00

4

måndag till onsdag	9.30 till 12.00
torsdag	9.00 till 12.00
	14.00 till 18.00
fredag och lördag	9.00 till 13.00

|61 **b** Hur blir vädret i veckoslutet? Kryssa för rätt svar!

1  32°

2  23°

3  23°

4  23°

|62 **c** Vad ska resenärena ta i stället för tunnelbanan?

....

|63 **d** Vad är det för fel på Maja?

....

|64 **e** Var ligger *Antons jazzbar* när man svänger in på *Kajgatan*?

....

....

Mitt resultat

Läsförståelse	....	av 6 poäng.
Ord och grammatik	....	av 10 poäng.
Hörförståelse	....	av 10 poäng.
SUMMA	....	av 26 poäng.

Jämför dina resultat i denna och i de tidigare testerna! Vad är du bra på?
Vad borde du öva mera? Skriv upp i din studiedagbok!

ab KB 1

1 **Welche fünf der folgenden Berufe werden beschrieben? Ordnen Sie zu.**

banktjänsteman • bilmekaniker • civilekonom • dataexpert • flygvärd • kock • kypare • läkare • pilot • reseledare • sjukskötare • webdesigner

A

Ett yrke med ansvar för pengar, aktier och investeringar och med firmor och privatpersoner som kunder. → ……………………

B

Ett mycket omväxlande jobb där man får se många länder och uppleva olika kulturer. Man visar nyfikna människor intressanta sevärdheter. → ……………………

C

Man jobbar vid datorn och måste hitta lösningar på olika problem. Konstnärstalanger kan vara en stor fördel. → ……………………

D

Det krävs att man har bra kontakt med människor och klarar av att ha oregelbundna arbetstider. Man måste ha goda kunskaper om hur kroppen fungerar. Man kan jobba på ett sjukhus eller ha en egen praktik. → ……………………

E

Man måste vara kreativ, kunna hantera stress och tåla att ha mycket obekväma arbetstider. Man kan jobba på hotell, restaurang, kryssare eller ibland också i privathushåll. → ……………………

2 **Ergänzen Sie die Tabelle.**

singular		plural	
obestämd form	bestämd form	obestämd form	bestämd form
……………	bilmekanikern	……………	……………
kypare	……………	……………	……………
……………	……………	……………	webdesignerna
……………	……………	översättare	……………
reseledare	……………	……………	……………
……………	……………	arkitekter	……………
……………	civilekonomen	……………	……………
……………	……………	……………	flygvärdinnorna

ab KB 2

3 a **Tragen Sie die richtigen Possessivpronomen ein.**

1

Jonas Andersson har lyckats! För fem år sedan tog han studenten. Jonas ville då läsa till civilekonom vid handelshögskolan i Stockholm. Men tyvärr kom han inte in eftersom .... (a) betyg var för dåliga. Han funderade länge på vad han då skulle göra istället. Eftersom han tyckte om att sitta vid .... (b) dator och hitta lösningar på problem sökte han jobb på en datafirma. Han hade tur och lyckades få ett bra jobb och idag stormtrivs[1] han med .... (c) yrke som programmerare. Han är fast anställd och har en bra lön och jättetrevliga arbetskamrater. Även på .... (d) fritid umgås han privat med .... (e) kollegor.

2

Gabriella och Antonio Tornendo vågade satsa och .... (f) mod har lönat sig! För tio år sedan öppnade Gabriella .... (g) frisörsalong. Först fick hon inget lån från banken, men då .... (h) man Antonio gick i borgen[2] för henne lyckades hon få kredit. Idag går det mycket bra för Gabriella. .... (i) kundkrets har ökat och hon måste anställa ytterligare en frisör för att kunna tillfredställa alla .... (j) kunder.

[1] att stormtrivas = sich „superwohl" fühlen [2] att gå i borgen = als Bürge fungieren

b **Richtig oder falsch? Kreuzen Sie an.**

		rätt	fel
a	Jonas Andersson ville först bli civilekonom.	☐	☐
b	Handelshögskolan kräver höga betyg.	☐	☐
c	Han har ingen dator hemma.	☐	☐
d	En datafirma anställde honom som webdesigner.	☐	☐
e	Gabriella Tornendo är frisörska.	☐	☐
f	Hon fick kredit från sin man.	☐	☐
g	Idag tjänar hon bra.	☐	☐

4 Übersetzen Sie. Schreiben Sie auf ein separates Papier oder in Ihr Heft.

a Ich hatte Glück – alles war auf einem USB-Stick gespeichert.
b Zu meinen Aufgaben gehört es, Telefongespräche entgegenzunehmen.
c Ich habe das Abitur im Jahr 2006 gemacht.
d Er hat Finnisch in Uppsala studiert und arbeitet jetzt als Übersetzer bei der EU.
e Er hatte schon immer einen guten Kontakt zu Kunden.
f Sie hatte Pech und ist arbeitslos geworden.
g Als Automechanikerin muss sie natürlich mit Maschinen umgehen können.
h Ich bin für die eingehenden Rechnungen verantwortlich.
i Fühlst du dich in deinem Job wohl?

5 Welches Wort passt nicht in die Reihe?

a dator – dvd-spelare – fil – USB-minne
b lön – pension – rättigheter – pengar
c nota – it-avdeling – räkning – faktura
d konstnär – jurist – målare – dekoratör
e grundskollärare – sjökapten – skolpsykolog – barnläkare
f studenten – universitet – lärare – kunder
g stress – regelbunden arbetstid – underbemannad – mobbning
h restaurang – biograf – kypare – matsedel

6 Setzen Sie die passenden Wörter ein.

dem • den här • ditt • er • man • mycket • många • som • sådan • vilken

a I det jobbet är det viktigt att .... kan språk.
b De har redan berättat om projektet men jag måste ringa .... för jag vill veta mera.
c Trivs du i .... jobb?
d Det är han .... sköter bokföringen.
e Skatten tar .... av lönen, tycker jag.
f .... dator är din?
g .... filen måste skickas till vår samarbetspartner.
h .... tur jag hade!
i .... arbetslösa söker jobb länge.
j Hur är det hos .... – är ni också underbemannade?

ab KB 3

7 **Bilden Sie Sätze. Achten Sie auf die richtige Wortstellung.**

a inte vill delta - jag retar mig - en av mina kollegor - i vår kaffekassa - på att

....

....

b som hade - blev arbetslös - på ICA i över 10 år - Benny - i höstas - varit sysselsatt

....

....

c tycker inte om - hårt fysiskt - att arbeta - han

....

d arbetstider mera - att jag skulle kunna klara av - tror inte - dessa oregelbundna - jag

....

....

e för att kunna - du - ta studenten - måste - studera - på universitetet

....

....

f den här räkningen - vem - som är ansvarig - är det - för

....

....

g en viktig roll - denna bransch - inom - i arbetslivet - spelar - möten

....

....

h har - utbildning - för sorts - du - vad?

....

|65

ab KB 4

8 **Hören Sie und kreuzen Sie an.**

	stämmer	stämmer inte
a Rasmus Söderström arbetar på Designpartners.	☐	☐
b Linda Dahl arbetar också på Designpartners.	☐	☐
c Hans Lundgren och Rasmus Söderström är kollegor.	☐	☐
d Idag är Hans Lundgren sjuk.	☐	☐
e Aino Berg vet mycket om Lingon & Blåbär projektet.	☐	☐
f Linda Dahl och Aino Berg känner varandra inte.	☐	☐
g Hans Lundgren och Linda Dahl känner varandra.	☐	☐

9 **Was passt zusammen? Verbinden Sie.**

1 Jag söker Anna Wahlström.
2 Vad kan jag hjälpa dig med?
3 Du är i telefonkön.
4 Jag är ledsen, han är bortrest.
5 Okej, det ska jag säga honom.
6 Kan du be honom ringa tillbaka?
7 Kan jag få tala med Nils Lund?
8 Vad ska jag meddela henne?

a Bara att jag ringer i morgon, tack.
b Var god och dröj.
c Jag är ledsen, men han är sjuk.
d Kan jag då lämna ett meddelande?
e Har han ditt nummer?
f Jag ska koppla dig till henne.
g Jag har en fråga om era betalningsvillkor.
h Tack så mycket!

ab KB 5

10 **Wie sagt man auf Schwedisch?**

a Ausbildung ....
b Wird auf Wunsch nachgereicht. ....
c @ ....
d Bewerbungen sind zu schicken an … ....
e Informationen zur Person ....
f Persönliche Eigenschaften ....
g Ärzte gesucht! ....

11 **Was passt zusammen? Verbinden Sie.**

1 för
2 kontors
3 telefon
4 kund
5 arbets
6 egen
7 tjänste
8 vård

a skap
b service
c central
d resa
e jobb
f givare
g samtal
h namn

ab KB 6

12 **Lesen Sie den Text und kreuzen Sie an.**

Är det svårt att skriva ett ansökningsbrev?

Många tycker att det är svårt att skriva ett ansökningsbrev, både att framhålla sig som duktig utan att skryta[1] och att få ett naturligt flyt[2] på texten. Det som framför allt är svårt är att svara på frågan "Varför vill jag ha det här arbetet?" och "Varför ska ni anställa mig?".I det personliga brevet ska du beskriva dig själv, lyfta fram dina personliga egenskaper och förmågor[3]. Du ska också beskriva varför du söker just det här arbetet och varför du passar för det. En regel är att ditt CV ska beskriva vad du gjort, ditt personliga brev skall förklara vad du lärde dig av allt du gjort. Brevet ska dessutom vara innehållsrikt utan att vara ordrikt, skriv bara om det som är väsentligt för det arbete du söker. Ansökan ska vara strukturerad och lättöverskådlig[4] och ska vara på max en A4:a sida, gärna kortare. Kom ihåg att anpassa brevet till det lediga jobbet och även till tonen i annonsen. Finns nyckelord i annonsen, försök då anknyta till dessa. Vad personalrekryteraren framförallt kan bedöma är *din förmåga att skriva*! Tänk på att STAVA RÄTT! Annars kommer din ansökan förmodligen att hamna direkt i papperskorgen.

[1] att skryta = angeben [2] flyt = Fluss [3] förmågor = Fähigkeiten [4] lättöverskådlig = sehr übersichtlich

		rätt	fel
a	I ditt personliga brev ska du skriva om dig själv.	☐	☐
b	Att framhålla sig själv tycker många är svårt.	☐	☐
c	Ditt personliga brev ska vara långt och utförligt.	☐	☐
d	Ansökan ska vara kort och lättöverskådlig.	☐	☐
e	Med uttrycket „nyckelord“ menas oviktig information.	☐	☐
f	Idag krävs inte längre att man skriver felfritt.	☐	☐
g	Dåligt utformade brev hamnar direkt i papperskorgen.	☐	☐

13 **Welche Aufgaben hatte Maria in ihrem früheren Job?**
Setzen Sie die folgenden Infinitivausdrücke ins Präteritum.

Exempel: hitta lösningar på problem: ➔ *Hon hittade lösningar på problem.*

a ta emot telefonsamtal: ....

b vara tvungen att hantera stress: ....

c skriva räkningar ibland: ....

d vara ansvarig för marketing: ....

e ha bra kontakt med kunder: ....

f meddela sin chef resultaten: ....

g sitta regelbundet i möten: ....

h jobba på kvällarna ibland: ....

i prata engelska i telefon: ....

◎ |66

14 **Lesen Sie zunächst die Aussagen durch. Wovon handelt der Hörtext? Hören Sie dann und lassen Sie sich durch unbekannte Wörter nicht verwirren! Es geht nicht darum, jedes Detail zu verstehen, sondern zu beurteilen, ob die Aussagen richtig oder falsch sind bzw. man darüber nichts erfährt.**

		stämmer	stämmer inte	vet man inte
a	Samuel Mattson är frilansare.	☐	☐	☐
b	Hans föräldrar är också marionettspelare.	☐	☐	☐
c	Samuel gillade att leka med bilar som barn.	☐	☐	☐
d	Minst en gång i veckan gick han då på ett marionettmuseum.	☐	☐	☐
e	Han visste redan som barn vad han ville bli.	☐	☐	☐
f	Han tillverkar sina marionetter själv.	☐	☐	☐
g	Marionetterna är gjorda av plast.	☐	☐	☐

ab KB 7

15 **Setzen Sie die richtigen Formen ein.**

a Ska vi ta ut de .... kycklingarna? (djupfrysa)
b Har vi inte fler .... bullar? (baka)
c Vad ska vi göra med det trasiga bordet? Ska vi få det .... ? (laga)
d Jag vill äntligen ha bilen .... ! (reparera)
e I morgon blir det här arbetet .... (utföra)
f Var försiktig! Det .... skåpet är ännu inte torrt! (måla)
g Kan du ta ner de .... glasen till containern? (spricka)

◎ |67

ab KB

16 **Hören Sie und tragen Sie den gehörten Vokal ein.**

a	f.......ra	f.......ra
b	s.......ll	s.......ll
c	t.......g	t.......g
d	r.......s	r.......ss
e	m.......tt	m.......t
f	v.......r	v.......r
g	b.......dd	b.......tt
h	h.......r	h.......r
i	b.......ta	b.......ta
j	l.......ga	l.......gga

17 **Formulieren Sie die Fragen indirekt und achten Sie dabei auf die richtigen Zeitformen der Verben. In welchen Fällen kann *som* weggelassen werden?**

Exempel: Vem hade du ringt?
→ *Vem var det (som) du hade ringt?*

a Vem tar hand om skaldjurs-projektet? ....

b Vem ville du tala med? ....

c Vem jobbar i databranschen? ....

d Vem hade alltid jeans på sig? ....

e Vem sa, att han kommer? ....

f Vem ska skriva protokollet? ....

g Vem har tagit studenten år 2003? ....

h Vem tyckte inte om att jobba i team? ....

i Vem har haft influensa? ....

18 **Tragen Sie die Possessivpronomen ein.**

Förra året köpte Astrid och Jan en stuga i Östergötland. De hade sökt länge efter ett fint ställe där de kunde tillbringa .... (a) somrar och äntligen hade de tur. .... (b) stuga ligger nära Vättern och Astrid och Jan är lyckliga över .... (c) nya hem. Eftersom det hade stått tomt länge var det mycket som måste renoveras. .... (d) son Mats och .... (e) fru Lina hjälpte också till mycket. Astrid och Jan tycker mycket om .... (f) svärdotter. Även .... (g) andra barn är alltid välkomna att tillbringa .... (h) semestrar i stugan. Det blir visserligen trångt men: "Finns det hjärtrum, finns det stjärtrum", som ett mycket populärt svenskt ordspråk lyder.*

* ordspråk = Sprichwort (Finns det hjärtrum, finns det stjärtrum = „Gibt es Platz im Herzen, gibt es auch einen Platz für den Po", also: Für einen Menschen, der einem wichtig ist, findet sich immer eine Unterbringungsmöglichkeit.)

19 **Wie sieht Ihre persönliche „work-life-balance“ aus? Schreiben Sie Begriffe zu den Ellipsen.**

mina riskfaktorer

mina friskfaktorer

20 Dossier **Sie wollen sich bei einer schwedischen Firma bewerben. Suchen Sie im Internet nach einer für Sie passenden Vorlage eines schwedischen Lebenslaufs und schreiben Sie Ihre eigene Version.**

Studiedagbok

Fortsätt med din studiedagbok – du kan också använda den som en „vanlig“ dagbok. Skriv upp t.ex. vad du har gjort, upplevt eller vilka människor du har träffat. Du kan också låtsas att du är en svensk i Sverige (fiktiv person) som skriver i sin dagbok.

Nyttiga uttryck

Arbeitsaufgaben benennen

Till mina arbetsuppgifter hör ...
Man måste kunna språk.
Jag är bra på att hantera stress.
Jag tycker om att hitta lösningar på problem.
Jag har bra kontakt till kunder.
Jag tycker om att jobba i team.
Jag är ansvarig för ... /Jag har ansvar för ...
Jag håller på med ...

Sagen, dass man sich miteinander wohlfühlt

Vi trivs med varandra.

Ausdrücken, dass man sich ärgert

Jag retar mig på att ... /Det retar mig!

Das Ende eines (Telefon-)Gesprächs einleiten

Tack för att du ringde!

Deutlich machen, dass etwas dringlich ist

Det är bråttom!
Jag vore tacksam för ett snabbt svar.

Sagen, dass man Glück gehabt hat

Jag hade tur! / Lyckligtvis ...

Am Telefon

Var god och dröj ...
Kan du koppla mig till ...
... är upptagen.

Sagen, worum es geht

Det handlar om ...

Eine Nachricht hinterlassen

Kan jag lämna ett meddelande?
Kan du meddela honom ...
Kan du be henne ringa tillbaka?

Gründe für Abwesenheit nennen

Hon är på tjänsteresa.
Han sitter i möte.
De är på lunchrast.
Hon har ledigt idag. / Han är sjuk.

Vorstellungsgespräch

Mina starka / svaga sidor är ...
Jag tog studenten år ...
Jag söker efter ett jobb som ...

Indirekte Fragen

Vem är det som har ringt?
Vem är det (som) du ringer (till)?

Bra att veta

Es gibt in Schweden zwei große Tageszeitungen, die im ganzen Land gelesen werden: *Dagens Nyheter* (linksliberal) und *Svenska Dagbladet* (mitterechts / rechtsliberal). Daneben existiert eine Reihe regionaler Tageszeitungen mit teilweise sehr hohem Niveau. Dies gilt z. B. für *Sydsvenska Dagbladet*, die wichtigste Tageszeitung in Südschweden. Die Stockholmer Boulevardblätter *Aftonbladet* und *Expressen* werden überregional gelesen und haben ebenfalls eine hohe Auflage.

ab KB 1

1 **Ein verlängertes Wochenende steht an. Sie nutzen die freien Tage, um nach Stockholm zu fliegen und sich die Stadt anzusehen. Was packen Sie ein? Schreiben Sie mindestens je vier Dinge auf.**

klädesplagg — toalettartiklar — sportutrustning — dokument

2 **a** **Wie heißen die Gegenstände?**

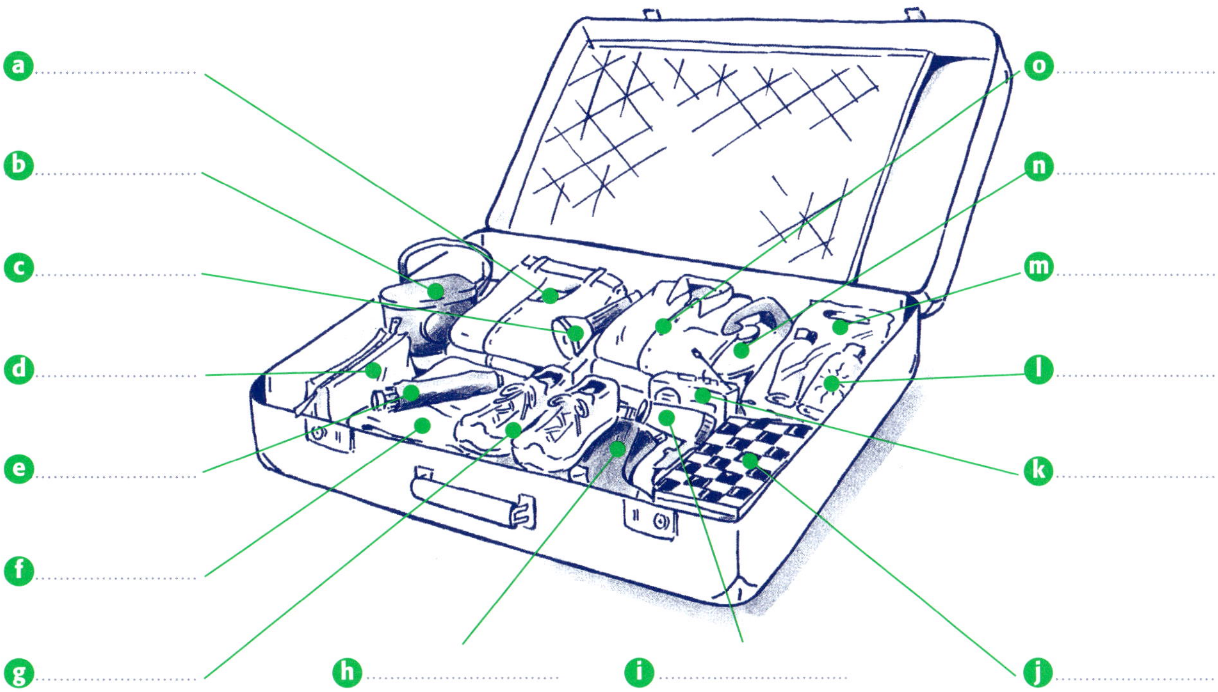

b **Welche Präpositionen passen? Setzen Sie ein.**

Paraplyet ligger *på* handdukarna.

a Ficklampan ligger .... byxorna och skjortorna.

b Kameran ligger .... byxorna.

c Strykjärnet står .... skjortan.

d .... hörnet av väskan ligger schackspelet.

e .... det andra hörnet av väskan befinner sig necessären.

f Hårtorken ligger .... reseradion.

g .... plastpåsen finns det myggolja och solkräm.

h Handdukarna ligger .... paraplyet.

i Skorna står .... handduken och sockorna.

j Strumporna är .... hårtorken.

k Reseradion står .... hårtorken.

ab KB 2

3 **Bilden Sie Sätze: Setzen Sie das Verb *gå* und das folgende Vollverb in die angegebenen Zeitformen.**

Exempel: hon / hämta / sin handväska. (Präteritum) Hon gick och hämtade sin handväska .

a Han / fixa / mackor. (Präsens) ...

b De / handla / mat. (Perfekt) ...

c Hampus / hämta / tidningen. (Futur) ...

d Hon / köpa / mjölk. (Plusquamperfekt) ...

e Barnen / bada / i går kväll. (Präteritum) ...

f De / hälsa på dem / i morgon. (Futur) ...

g Han / stänga / dörren. (Präsens) ...

4 **a** **In welchen der folgenden Sätze kann man das Relativpronomen *som* weglassen? Setzen Sie ein: *som* oder *(som)*?**

a Det är han ... tycker om att spela schack.

b Var det i Umeå ... ni träffades första gången?

c Vad var det ... hon sade igår?

d Det är något ... jag verkligen behöver!

e Är det du ... sköter räkningarna?

f Där borta står läraren ... undervisar i matematik.

b **Schreiben Sie die folgenden Sätze um, indem Sie das Relativpronomen *där* benutzen.**

Var ligger kaféet som jag ska träffa Folke på?

➜ Var ligger kaféet där jag ska träffa Folke?

a Vad hette stan som det fina konstmuseet låg i?

➜ ...

b Har du en bra plats jag kan lägga broschyrerna på?

➜ ...

c Var är ryggsäcken du la legitimationerna i?

➜ ...

d Biografen jag träffade min bror på heter *Bobs Bio*.

➜ ...

5 **Lesen Sie die Checkliste und kreuzen Sie an, was Sie vor einer Reise immer machen bzw. kontrollieren.**

- ☐ Pengar, kreditkort, resecheckar, lokal valuta (kolla aktuell valutakurs)
- ☐ Pass, visum, biljetter och eventuella hotellvouchers
- ☐ Kopiera kreditkort och pass (det är lättare att få nya om du har kopior)
- ☐ Reseförsäkring
- ☐ Märk bagaget med namn och adress, både hemadress och adress på resmålet
- ☐ Skriv upp vad du har med dig på resan, om du skulle förlora bagaget och sedan behöver listan för försäkringsbolaget
- ☐ Nödvändiga vaccinationer och mediciner, solkräm med hög skyddsfaktor (vid behov)
- ☐ Kolla upp om avresan blivit försenad
- ☐ Kolla upp om det finns något Internetcafé på resmålet
- ☐ Internationellt körkort om du ska hyra bil
- ☐ Vattna blommor, be någon ta hand om posten
- ☐ Dra ur kontakten till TV:n, kaffebryggaren och datorn
- ☐ Kolla upp vädret på resmålet
- ☐ Ordna med räkningar som ska betalas medan du är borta
- ☐ Skriv upp resrutt, tid för hemkomst och telefonnummer till hotellet och lämna uppgifterna till någon i familjen

b KB 3

6 **a** **Was passt zusammen?**

1	stråi	**a**	stopp
2	olje	**b**	verkstad
3	bensin	**c**	däck
4	bak	**d**	maskin
5	disk	**e**	bok
6	bil	**f**	byte
7	plån	**g**	kastare
8	motor	**h**	mack

68 **b** **Lesen Sie die Wörter in 6a laut. Welchen Akzent haben die zusammengesetzten Wörter? Hören Sie dann die Tonaufnahme und kontrollieren Sie Ihre Einschätzung.**

7 **An der Tankstelle. Schreiben Sie einen Dialog!**

A begrüßt Person B, die hereinkommt.
B grüßt zurück und sagt, dass er an Zapfsäule 4 getankt hat.
A sagt den Preis (550 Kronen) und fragt, ob B sonst noch etwas möchte.
B möchte gerne das Auto gewaschen haben und fragt, wie viel das kostet.
A nennt den Preis (150 Kronen).
B ist einverstanden.
A sagt, dass B nach rechts vorfahren soll.
B bedankt sich.

ab KB 4

8 **Lesen Sie den Text und kreuzen Sie an.**

Vinterdäck

1 oktober, 1 november och 1 december är tre viktiga datum att komma ihåg när du kör bil i Sverige på vintern.

Från 1 oktober får du använda dubbdäck. Det är bra att ha dubbdäck på bilen innan det blir halt* på vintern. Ofta blir det halt redan i oktober. Du får använda dubbdäck fram till den 30 april eller så länge det är halt på vägarna.

1 november sänks hastighetsgränsen på en del vägar där det ofta blir mycket halt eller mycket snö. Hastighetsgränsen kommer att vara sänkt mellan 1 november och 15 mars i södra Sverige och mellan 1 november och 17 april i Norrland och Dalarna.

Från 1 december och fram till 31 mars måste du använda vinterdäck om det är halka eller snö. Det gäller om du kör personbil, lätt lastbil eller buss som inte väger mer än 3,5 ton. Vinterdäck kan vara dubbade eller odubbade. Du kan också använda sommardäck med snökedjor på alla hjulen. Du får använda sommardäck på vintern om du bara ska bogsera bilen till verkstad, om du ska köra bilen till besiktning, om bilen är mer än 30 år gammal, om bilen är registrerad i ett annat land, om resan börjar eller slutar i ett annat land.

* halt = glatt

		stämmer	stämmer inte	vet man inte
1	Man ska komma ihåg fyra viktiga datum.	☐	☐	☐
2	Man använder dubbdäck året runt.	☐	☐	☐
3	Det kan bli halt redan i oktober.	☐	☐	☐
4	I Sverige ligger det alltid snö på vintern.	☐	☐	☐
5	Hastighetsgränserna sänks överallt på vintern i Sverige.	☐	☐	☐
6	Snökedjor går lika bra att använda som dubbdäck.	☐	☐	☐
7	I Sverige har alla människor vinterdäck.	☐	☐	☐
8	På vintern får man inte använda sommardäck.	☐	☐	☐

ab KB 5

9 **Ergänzen Sie die passenden Konjunktionen.**

a Snälla, gå och tvätta bilen .... allt är klart för resan. (medan / för att / så att)

b Usch vilken otur! Jag hittar .... mina solglasögon .... legitimationerna! (inte bara ... utan även / varken ... eller / såväl ... som)

c Jag måste ringa bilverkstaden .... jag har fått motorstopp. (eftersom / medan / så)

d Jag har packat två byxor .... tre skjortor – räcker det? (om / att / och)

e Jag vill gärna .... bada .... plocka svamp. (varken ... eller / för ... att / inte bara ... utan också)

f Har du tänkt på att vi behöver .... kameran .... filmer! (varken ... eller / som ... och / såväl ... som)

g Man måste ta hänsyn. Man får .... efterlämna skräp .... trampa ner blommor. (varken ... eller / såväl ... som / inte bara ... utan även)

h Ringer du verkstaden .... fråga om bilen är reparerad? (för att / om / eftersom)

i Jag tror inte .... han kommer ännu. (att / som / medan)

69

10 **Wer sagt was? Hören Sie zu und tragen Sie die entsprechende Nummer ein. Manche Aussagen passen zu mehreren Personen.**

1

Maj-Britt

2

ung kvinna

3

man

a Ungdomarna är ofta egoistiska. ....

b *Allemansrätten* borde formuleras om. ....

c I Sverige tillhör naturen alla. ....

d *Allemansrätten* är ett unikt privilegium. ....

e *Allemansrätten* missbrukas av många. ....

f Naturen förorenas ofta. ....

g *Allemansrätten* ska bort. ....

ab KB 6

11 **Anton plant eine Reise mit seiner Frau. Dabei entstehen viele Fragen. Formulieren Sie diese in indirekter Rede. Verwenden Sie *fråga*, *undra* oder *vill veta*.**

Exempel: När åker vi? → *Han frågar, när de ska åka.*

a Har du tänkt på allt? ....

b Har du inte glömt mitt körkort! ....

c Har du packat dina toalettartiklar? ....

d Har du sagt till verkstan att oljan i vår bil måste bytas? ....

e Har du packat min kamera? ....

ab KB 7

12 **Übersetzen Sie.**

1 Jedes zweite Wochenende treffe ich meine Eltern.

....

2 Mein Leasingauto wird alle zwei Jahre gegen ein neues eingetauscht.

....

3 Wir fahren jeden Sommer nach Gotland.

....

4 Jedes dritte Jahr müssen die Holztüren gestrichen werden.

....

5 Alle vier Wochen spielen wir Fußball gegen ein anderes Team.

....

13 **Setzen Sie die richtigen Pluralformen ein.**

bok • bokstav • fot • hand • land • natt • son • stad • tand • dotter

a Sverige gränsar till två ....

b Han har fyra barn: två .... och två ....

c Jag har tandvärk igen. Tyvärr har jag dåliga ....

d Hur många .... har det svenska alfabetet?

e Jag har inte kunnat sova på två ....

f Har du verkligen läst alla de här .... ?

g Jag tycker projektet står på ganska svaga ....

h Vilka är de tre största .... i ditt land?

i Jag har två .... med tio fingrar.

ab KB 8

14 **Was gehört zusammen? Ordnen Sie zu, aber achten Sie auf „falsche Freunde"!**

1	nett	**a**	rum
2	Rosinen	**b**	simma
3	zierlich	**c**	svimma
4	Rum	**d**	russin
5	schnell	**e**	snabb
6	schwimmen	**f**	rom
7	Russin	**g**	ryska
8	Zimmer	**h**	snäll
9	in Ohnmacht fallen	**i**	nätt

|70

ab KB

15 **Hören Sie zu und sprechen Sie nach. Benutzen Sie die Pausentaste.**

regn – regnar

vagn – vagnar

ugn – ugnar

lugn – lugna

Agneta har en magnifik utsikt i Lugnberget.

Signes ugn brinner men Signe förblir lugn.

Ragnas och Agnes vagn står i regnet.

16 ⓐ **Lesen Sie und kreuzen Sie an.**

Fordonsgas

Fordonsgas, i regel naturgas och biogas, är ett av de alternativa drivmedel som finns på marknaden idag.
Fördelen med fordonsgas jämfört med bensin och diesel är att den påverkar klimatet mindre genom lägre utsläpp av kväveoxider, koldioxid och partiklar. Förutom mindre miljöpåverkan är drivmedelskostnaden för en gasbil 2,50 – 3 kronor billigare per mil jämfört med bensin.
Drivmedelsskatten är också lägre eftersom staten vill uppmuntra till mer körning av miljöriktiga fordon. Mer information om fordonsgas hittar du på Sydkrafts hemsida www.sydkraft.se. "Gasbilen" är en helt vanlig bensindriven bil där motorn har anpassats för att kunna köras på fordonsgas. De gasdrivna personbilarna har i regel två tankar, en för bensin och en för gas. Skulle gasen ta slut när bilen rullar går motorn automatiskt över till bensindrift. Mer information om bilar som drivs med fordonsgas finns på miljöbilsportalen www.miljofordon.se.

		stämmer	stämmer inte	vet man inte
1	Fordonsgas är naturgas och biogas.	☐	☐	☐
2	Fordonsgas finns tillgänglig på marknaden idag.	☐	☐	☐
3	I Sverige vill många människor byta till fordonsgas.	☐	☐	☐
4	Fordonsgas är miljövänlig.	☐	☐	☐
5	Fordonsgas tar aldrig slut när man kör.	☐	☐	☐
6	Gasbilar finns ännu inte idag.	☐	☐	☐

ⓑ **Suchen Sie aus dem Text Beispiele für die folgenden Kategorien heraus.**

Substantiv, das in der Grundform auf *-(t)ion* endet: ....

Adjektive, die in der Grundform auf *-ig* enden: ....

Konjunktionen: ....

Präpositionen: ....

....

17 Dossier **Schwedische Freunde von Ihnen wollen Ihr Land besuchen. Auf dem Programm steht ein Natururlaub. Schreiben Sie eine Mail oder einen Brief, in dem Sie darauf hinweisen, dass *allemansrätten* in Ihrem Land nicht gilt. Erläutern Sie außerdem, was man beim Zelten, Wandern und ähnlichen Urlaubsaktivitäten in Ihrem Land beachten muss.**

Studiedagbok

Har du någon gång haft en obehaglig upplevelse som stöld eller bilskada? Hur var din reaktion? Tar du sådana situationer lugnt eller exploderar du? Skriv om dig själv.

Kort och gott

Nyttiga uttryck

Reisevorbereitungen treffen

Vad tar du med dig?
Jag tar med mig …
Glöm inte …!
Har du packat …?

Nachfragen, ob der andere an etwas gedacht hat

Har du tänkt på …?
Kom du ihåg …?

Eine Autopanne melden

Jag har fått motorstopp / punktering på ena bakdäcket.

Früh am Morgen

tidigt i morgon bitti

Ausdrücke an der Tankstelle

Jag har tankat vid trean.
Jag behöver ett oljebyte.
Jag vill gärna tvätta bilen.

Einen Diebstahl melden

Jag har blivit bestulen.
Jag vill gärna anmäla en stöld.
Jag hade min plånbok och mina nycklar i väskan.

Ausdrücke des Bedauerns

Vad otäckt!
Så retligt!
Stackars dig!
Vilken otursdag!

Bra att veta

In Schweden muss man auch tagsüber mit Abblendlicht fahren. Die Hauptstraßen sind in der Regel hervorragend ausgebaut. Auf schwedischen Autobahnen (*europavägar* (E), grün beschildert) gilt die Höchstgeschwindigkeit 110 km/h, auf Reichsstraßen (*riksvägar* (RV), blau beschildert) 90 km/h und auf Nebenstraßen 70 km/h. Auf Schotterwegen (*grusvägar*) muss man vorsichtig fahren, weil sie viele Schlaglöcher haben. Die meisten Straßen verfügen über gute Serviceeinrichtungen wie Rastplätze, wo häufig Informationstafeln zu finden sind. Viele Straßen werden von Wildzäunen geschützt. Das Schild *vildstängsel upphör* weist auf das Ende eines solchen Zaunes hin. Hier ist Vorsicht geboten, da Zusammenstöße mit Elchen lebensgefährlich sind. Es empfiehlt sich, vor einer Reise eine Pannenversicherung abzuschließen. Der Pannendienst (*larmtjänst*) ist in ganz Schweden unter 020 / 91 00 40 zu erreichen. Tankstellen gibt es in regelmäßigen Abständen bis hin in den hohen Norden, auch wenn dort die Abstände größer werden. Das Tanken in Schweden setzt voraus, dass man die Oktanzahlanforderung seines Autos kennt. Normalerweise tanken fast alle Autos heute 95 Oktan, was dem Euro-Super bleifrei entspricht. In zunehmendem Maße wird „E 85" (Ethanol) angeboten, das aber nur in speziell angepassten Motoren verwendet werden darf. Bei Diesel gibt es nur eine Qualität: schwefelarmen Citydiesel. In Zapfsäulen mit *sedelautomat* gibt man 20-, 50-, 100- oder 500-Kronenscheine ein. Die mit *kort* oder *konto* beschrifteten Automaten akzeptieren die gängigen Kreditkarten wie *Visa* und *MasterCard*.

Förr och nu

ab KB 1

1 a **Suchen Sie im Internet (z. B. unter http://www.linnaeus.uu.se/online/) nach Informationen über Carl von Linné und beantworten Sie die Fragen.**

1 Wer war Carl von Linné (Beruf)? ....

2 In welchem Jahrhundert lebte er? ....

3 Wodurch ist er berühmt geworden? ....

71 b **Hören Sie zu. Wie heißen die berühmten Schweden, die hier beschrieben werden?**

A .... B ....

c **Finden Sie z. B. mit Hilfe des Internets heraus, wann die Personen gelebt haben bzw. geboren sind. Welchen Beruf hatten / haben sie?**

A .... B ....

ab KB 2

2 **Was passt zusammen? Verbinden Sie.**

a	opera	**1**	värd
b	stats	**2**	kopp
c	gärnings	**3**	doktor
d	hemma	**4**	man
e	heders	**5**	fru
f	flyg	**6**	sångerska
g	mode	**7**	typ
h	semester	**8**	minister
i	te	**9**	journalist

3 **Wie ist das Resultat? Geben Sie jeweils zwei Möglichkeiten des Passivs an.**

skadorna - reparera - igår

Skadorna blev reparerade (reparerades) igår.

a den här restaurangen - inviga - förra veckan

....

b platserna - i måndags - reservera - av ett företag

....

c proven - undersöka - utan resultat - idag

....

d deklaration - skicka - i morgon

....

4 **Setzen Sie jeweils die richtige Präposition ein: *från, med, på, till* oder *under* ?**

"Den gudomliga" jubilerar

.... (a) söndag skulle Greta Garbo ha fyllt 100 år. Den 18 september är det .... (b) dagen ett sekel sedan Greta Louisa Gustafsson föddes. När hon var arton år gammal ändrade hon sitt efternamn .... (c) Garbo, det namn hon blev känd .... (d) i hela världen. Hon dog den 15 april 1990. Hennes födelsedag uppmärksammas på många sätt. SVT (Sveriges Television) firar den .... (e) en temakväll. På lördag visas "Drottning Kristina" och .... (f) onsdag "Grand hotel". "Kameliadamen" .... (g) 1936 har nypremiär .... (h) bio i Stockholm och Göteborg. Cinemateket i Stockholm presenterar stumfilmsklassikern „Gösta Berlings saga" .... (i) 1924 och senare 13 andra filmer .... (j) Garbo.

ab KB 3

5 **Wie sagt man auf Schwedisch, wenn man ausdrücken möchte, dass ...**

a man das im Lexikon nachschaut?

....

b jemand einen erinnern soll?

....

c etwas früher anders war?

....

d etwas sehr praktisch ist?

....

e etwas nicht gerade bequem war?

....

f etwas nicht besonders gut war?

....

g man Milchprodukte meidet?

....

h man lieber Fisch isst?

....

i man sich selbst darum kümmert?

....

j man sich in seiner neuen Wohnung wohlfühlt?

....

6 **Komparativ oder Superlativ? Setzen Sie die passende Form ein.**

a Den .... svenska politikern i utlandet är kanske fortfarande Olof Palme. (känd)
b Ingvar Kamprad kan räknas till de .... svenskarna. (rik)
c De bruna hönsen har alltid lagt .... ägg än de vita. (många)
d Jag tycker en tvättmaskin är .... än en diskmaskin. (viktig)
e Det svenska samhället är kanske världens .... (modern)
f Eleverna tyckte att svenskläraren var .... än matteläraren. (sympatisk)
g Han var den .... av tre barn. (yngre)
h Kajsa är .... än sin bror. (stor)
i Den här byn är Sveriges .... (gammal)

ab KB 4

7 **Setzen Sie die richtigen Adverbien ein.**

framme • här • in • inne • nere • upp • uppe • ut • ute

Ja, ... (a) ser du vår lilla stuga. Där .... (b) har du ingången till stugan. Vi bodde .... (c) på undervåningen. På övervåningen fanns det bara en vind* som inte användes. När du kom .... (d) i stugan låg vardagsrummet till vänster. Från ingången gick en trappa .... (e) till vinden och där .... (f) var det alltid kallt på vintern. Men .... (g) i stugan var det härligt varmt. Fast när du måste gå .... (h) till utedasset var det inte mysigt, särskilt inte på nätterna när det var mörkt och kallt .... (i).

* vind = Dachboden

8 **a** **Setzen Sie ein: *tänka*, *tycka* oder *tror*?**

a Jag .... inte komma i morgon kväll därför att det blir för sent för mig.
b Hon .... att svart klär alla människor.
c De .... att Sverige också kommer att övergå till euron.
d Vi .... ge honom en flaska vin i present.
e Jag .... du ser trött ut.
f Hon .... att han heter Larsson i efternamn.
g Du har ju sagt att du .... hjälpa mig.
h Monika .... att väskan ligger i bilen.

b **Wie lauten die Regeln? Setzen Sie ein: *tänka*, *tycka* oder *tro*.**

1 .... drückt eine Absicht aus. **2** Mit .... kann man eine Vermutung aussprechen. **3** .... verwendet man, um eine Ansicht auszudrücken.

ab KB 5

9 **Bilden Sie Sätze.**

a officiella - är - i - språket - det - både - svenska - och - Finland - Sverige

....

b alla - inte - finländare - pratar - naturligtvis - svenska

....

c en - Finland - den 6 december 1917 - självständig - blev - stat

....

d en - skjuten - blev - han - på - centrala - kväll - en gata - i - Stockholm

....

e ut - Stockholm - varje - delas - den 10 december - priset - år - i

....

f inte - tyvärr - liv - hennes - räddas - kunde

....

g han - därefter - spion - försvann - som - tillfångatogs - och

....

h barndom - aldrig - sin - hon - glömde - fattiga

....

ab KB 6

10 **Tragen Sie die fehlenden Formen ein.**

Singular		Plural	
obestämd form	bestämd form	obestämd form	bestämd form
....	....	samhällen	....
....	....	universitet	....
....	människan	....	....
....	....	....	språkkällorna
....	....	män	....
ett ord	....	....	....
....	affären	....	....
....	....	....	föremålen
....	....	råd	....
en läxa	....	....	....

11 **Setzen Sie ein: *ska* oder *skulle*?**

a När .... du stiga upp imorgon?
b Jag .... vilja ha en kopp kaffe, tack.
c .... det vara för en eller två nätter?
d Barnen .... tycka att det vore kul att tälta i år.
e .... jag kunna få se din legitimation, tack?
f Jag .... vilja betala.
g .... Katarina resa i kväll?
h De .... vilja köpa en lägenhet i Stockholms centrum.

ab KB 7

12 **Bilden Sie die Passivform.**

Nobel uppfann dynamiten.
→ Dynamiten uppfanns av Nobel.

a Läkarna räddade barnets liv.
....

b De reparerar bilen i verkstaden.
....

c Amelie hade lagat maten.
....

d En journalist ska skriva boken.
....

e Katten jagar musen.
....

f En mäklare har sålt huset
....

|72

13 **Hören Sie zu und tragen Sie die fehlenden Wörter ein. Lesen Sie sich selbst den Text im Anschluss vor. Überprüfen Sie dann mit Hilfe des Schlüssels, ob Sie alle Endungen richtig eingetragen haben.**

Kära Kajsa!

Äntligen .... (a) jag tid att skriva. Efter några .... (b) här i Jokkmokk har vi etablerat oss och nu känns det skönt att skolan .... (c) efter sommaren. Barnen trivs bra och .... (d) är mycket snälla. Kim .... (e) om sitt nya jobb där han har många trevliga .... (f). Alla är tvåspråkiga med både samiska och svenska och det .... (g) fint för honom att kunna .... (h) sin egen bakgrund i yrkeslivet. Själv har jag mycket att göra på tidningsförlaget där jag .... (i) men även jag är mycket nöjd med jobbet. .... (j) av dig!

Hälsningar Aino

ab KB

14 **Setzen Sie ein: *ja, jo* oder *ju*?**

a Trivs hon bra på ålderdomshemmet? ...., det gör hon.

b Jag måste ha en ny blankett. Jag är .... inte svensk medborgare.

c Vill du inte äta något? ...., men jag måste först ringa till Kerstin.

d Har du ett paraply i bilen? ...., det har jag.

e Är inte Pascal från Belgien? ...., det är han.

f Varför tackade du .... till inbjudan? Du vet .... att jag spelar tennis idag.

15 **Was passt zusammen? Verbinden Sie.**

1 Alfred Nobel levde

2 Sverige blev självständigt

3 EU grundades

4 Astrid Lindgren levde

5 Gustav Vasa föddes

a på 1500-talet.

b på 1900-talet.

c på 1800-talet.

16 Dossier **Wählen Sie eine bekannte Persönlichkeit Ihres Landes und schreiben Sie dazu ein kleines Porträt. Die Zielgruppe Ihres Textes sind Schweden, die sich über Ihr Land informieren wollen und nur geringe Vorkenntnisse haben.**

Studiedagbok

Läs igen genom dialogen i övningarna 3 och 4 i kursboken.
Har du haft liknande upplevelser i din barndom? Notera i din dagbok!

Nyttiga uttryck

Das Geburts- bzw. Sterbejahr angeben

Hon föddes 1966.
Han dog 1955.

Zeitangaben

Hon levde på 1900-talet.
Under medeltiden ...
Sedan slutet av 1300-talet ...
Än idag ...
På min tid ..., men numera ...

Ausdrücken, dass man jemandem etwas zu verdanken hat

Tack vare dig / honom / henne ...

Sagen, dass man alleine zurechtkommt

Det sköter jag själv.

Entsetzen ausdrücken

Nej fy, vad hemskt!

Freude ausdrücken

Jag gläder mig!
Jag trivs jättebra här!

Verständnis ausdrücken

Det kan jag verkligen förstå.

Etwas betonen

Men framför allt ...

Ausdrücken, dass die Glückssträhne vorbei war

Men sedan vände lyckan.

Bra att veta

Bis vor hundert Jahren war Schweden ein reines Agrarland und eines der ärmsten Länder in Europa. Der größte Teil der Bevölkerung lebte auf dem Lande in sehr einfachen Verhältnissen. Aufgrund von Armut und Hungersnot waren viele Schweden im 19. Jahrhundert gezwungen, das Land zu verlassen. Zwischen 1850 und 1930 emigrierte ein Fünftel der Bevölkerung nach Nordamerika.
Seit Anfang des letzten Jahrhunderts hat Schweden jedoch einen dramatischen Wandel erlebt. Der Rohstoffreichtum im Norden des Landes (Erz, Holz, Wasserkraft) ermöglichte eine rasche Entwicklung der Industrie. Innerhalb von einem halben Jahrhundert wurde Schweden ein reiches Land und konnte dank der wirtschaftlichen Stärke und Stabilität einen der modernsten Wohlfahrtsstaaten der Welt aufbauen.
Bis zum zweiten Weltkrieg war die Einwanderung nach Schweden sehr gering. In den Nachkriegsjahren kamen jedoch viele arbeitssuchende Menschen nach Schweden. Die meisten stammten aus den nordischen Nachbarländern, viele aber auch aus Südeuropa, vor allem aus Italien, Griechenland, Jugoslawien und der Türkei. In den 80er Jahren wurde diese wirtschaftsbedingte Einwanderung immer mehr durch Wellen von Flüchtlingen aus Ländern außerhalb der EU abgelöst.
Heute leben ca. 550 000 ausländische Mitbürger in Schweden. Dazu kommen 700 000 Einwanderer, die schon eingebürgert worden sind. Das bedeutet, dass fast 15% der Bevölkerung in Schweden einen Migrationshintergrund haben. So hat sich Schweden in relativ kurzer Zeit von einem weitgehend homogenen protestantischen Land zu einer multikulturellen weltoffenen Gesellschaft entwickelt.

Sverige idag

ab KB 1
73

1 **Welches Wort hören Sie? Kreisen Sie ein.**

a sött – kött
b älv – älg
c skära – kära
d gård – Gud
e fjäll – Kjell
f sko – ska
g mat – matt
h ta – tag
i sjön – skön
j finna – fina
k vissa – visa
l ditt – dit

ab KB 2

2 **Wie sagt man auf Schwedisch, wenn man ausdrücken will, dass man ...**

a ... in Stockholm geboren ist? ....
b ... die Geschichte des Landes kennt? ....
c ... sich geborgen fühlt? ....
d ... bei der Firma XY angestellt ist? ....
e ... sich oft über etwas geärgert hat? ....
f ... letztes Jahr Glück gehabt hat? ....
g ... sich für den Anruf bedankt? ....

ab KB 3

3 **a** **Wie lautet das Gegenteil? Nehmen Sie gegebenenfalls ein Wörterbuch zu Hilfe.**

a bra ↔ ....
b långsam ↔ ....
c ljus ↔ ....
d hungrig ↔ ....
e öppen ↔ ....
f pigg ↔ ....
g ung ↔ ....
h tom ↔ ....
i ren ↔ ....
j ledig ↔ ....
k dyr ↔ ....

b **Mit welcher Vorsilbe lassen sich die folgenden Adjektive in das Gegenteil umwandeln?**

a bekväm ↔ .... bekväm
b typisk ↔ .... typisk
c social ↔ .... social
d intressant ↔ .... intressant

4 **Welche Konjunktion passt? Nehmen Sie gegebenenfalls ein Wörterbuch zu Hilfe.**

a Han säger att han inte reser till Tyskland .... han inte mår bättre. (om / när / trots att)
b .... hon väntade på tåget började det regna. (före / medan / därför att)
c .... hon .... han har lust att göra jobbet. (varken … eller / antingen … eller)
d Klänningen är inte rosa .... röd. (utan / innan / fast)
e Varför kommer .... Lena i kväll? (ifall / inte/ men)
f .... det stod rökning förbjudet rökte mannen. (trots att / såvitt / för att)
g .... du inte har något emot det, kommer vi i morgon. (såvida / även om / förrän)
h .... längre professorn talade, ... tröttare blev studenterna. (varken … eller / ju … desto / antingen … eller)
i Om du .... inte blir försenad, så hinner vi. (bara / när / medan)

ab KB 4

5 **Tragen Sie die Possessivpronomen ein.**

a Det sägs att Sverige beskyddar .... invånare från vaggan till graven.
b Det sägs också att svenskarna gärna berätta för andra hur de bör sköta .... angelägenheter.
c Lagen* förbjuder diskriminering av människor på grund av .... etniska bakgrund.
d .... uppfattning om Sverige är att landet är mycket mera liberalt än det land han kommer ifrån.
e Drottning Silvia och .... två döttrar Viktoria och Madeleine deltar i år.
f Selma Lagerlöf är berömd för .... omfattande litterära verk.
g Herr Lindblad träffade .... fru i Uppsala.
h I år åker Herr Lindblad och .... fru till Uppsala för att uppleva gamla minnen.
i Patrick trivs i .... arbete. Han tycker att .... arbete är intressant.
j Patrick bor tillsammans med .... sambo Lena. .... lägenhet är tyvärr mycket liten.

* lagen = das Gesetz

|74
ab KB 5

6 **Hören Sie den Radiobericht und kreuzen Sie an.**

		rätt	fel
1	Av hundra kvinnor arbetar 21.	☐	☐
2	Inom den offentliga sektorn arbetar 32% av kvinnorna.	☐	☐
3	23% av männen har inget fast arbete.	☐	☐
4	47% av kvinnorna arbetar som sjukvårdspersonal.	☐	☐
5	32% av männen är lärare.	☐	☐

7 Ersetzen Sie die direkte Rede durch indirekte Rede.

a “Ni borde rösta för kristdemokraterna.“

→ De rådde[1] oss att ……………………

b “Miljöpartiet är det bästa partiet, tycker jag. De bryr sig verkligen om miljön.“

→ Hon tyckte att ……………………

c “Men Nils är ju socialdemokrat.“

→ Han hade påpekat att ……………………

d “Jag tror att Anna kommer att engagera sig i vänsterpartiet.“

→ Hon tror att ……………………

e “Har kristdemokraterna verkligen fått majoriteten?“

→ Farfar förvånade sig över att ……………………

f “Är hon verkligen jurist till yrket?“

→ Chefen kommer att fråga om ……………………

g “De har ingen chans i politiken.“

→ Han har sagt att ……………………

h “Har du gjort din värnplikt[2]?“

→ Läkaren undrade om Lars ……………………

1 råda = raten 2 värnplikt = Wehrpflicht

8 Recherchieren Sie die entsprechenden Angaben für Ihr Land im Internet. Schreiben Sie dann vergleichende Sätze mit *än*.

		Sverige	mitt land	nyttiga uttryck
1	antal län / Bundesländer / Kantone	21		fler(a) / färre
2	antal partier i parlamentet	7		fler(a) / färre
3	valdeltagandet i sista valet	81,99%		högre / lägre
4	antal invånare	9,1 miljoner		fler(a) / färre
5	antal invånare huvudstaden	1 704 476		fler(a) / färre
6	yta	449 964 km²		större / mindre

I Sverige finns det flera län (21) än det finns Bundesländer i Tyskland (16).

eller *I Tyskland finns det färre Bundesländer (16) än det finns län i Sverige (21).*

……………………

……………………

……………………

……………………

……………………

……………………

ab KB 6

9 **Ergänzen Sie die fehlenden Formen.**

illa – ...värre... – värst

förr – ...idag... – i framtiden

a viktig – .... – viktigast

b igår – .... – i morgon

c .... – fler(a) – flest

d mycket – mer(a) – ....

e .... – andra – tredje

f aldrig – .... – ofta – alltid

g dag – vecka – .... – år

h .... – sedan – till slut

ab KB 7

10 **Setzen Sie die Adjektive in die richtige Form.**

a Stödet för kungahuset är ....(stark)

b Sverige har idag .... tronföljd. (kvinnlig)

c Det var ett .... val igår! (jättespännande)

d *Röda rummet* är nog Strindbergs .... litterära verk. (viktig)

e Det är nog inte ett .... problem. (stor)

f Är fönstret ....? (stängd)

g Det .... huset är från 1800-talet. (gammal / röd)

h Emma är .... av systrarna. (gammal)

i Är inte Sten .... än Patrick? (ung)

j Det var den .... kaninen jag någonsin sett. (liten)

ab KB 8

11 **Bilden Sie Sätze aus den vorgegebenen Wörtern.**
Schreiben Sie auf ein extra Blatt oder in Ihr Heft.

a demokratisk - det - dock - en - ett - fastän - har - konung - samhälle - Sverige - är

b kvinnor - i - infördes - Sverige - först - för - så sent som - rösträtten - 1921

c Sverige? - berättigat - att - kommit - jämställdheten - det - att - säga - har - längst - i - är

d att - områden - kvinnor - hårt - på - jämställdheten - ska - jobbar - Sveriges - mycket - för - införas - alla

e mål - fortfarande - har - är - de - övertygade - sitt - dock - nått - feministerna - om - att - inte

f kvinnor - ansvaret - män - familjeförsörjning - föreskriver - dela - att - och - lagen - ska - för - och - barn

g föräldraförsäkring - generösa - ifrån - man - av - utgå - har - kan - världens - att - Sverige en - mest

h obligatorisk - du - att - det - bra - en - om - vore - pappamånad - som - varje - land - Sverige? - anser - hade

ab KB 9

12 **Was passt zusammen? Verbinden Sie.**

1	Av 100 böcker	**a**	på 57%.
2	Andelen ligger	**b**	med 29%.
3	Genomsnittet är	**c**	firman på 15%.
4	Med 23% arbetslöshet	**d**	37%.
5	Sedan följer grannlandet	**e**	står landet på näst sista plats.
6	De har en andel av	**f**	är 20 deckare.
7	Valdeltagandet	**g**	säljer firman bara 19% av sina varor.
8	Till utlandet	**h**	låg på 82%.

ab KB 10

13 **Lesen Sie den Beitrag in einem Internetdiskussionsforum und schreiben Sie einen eigenen Kommentar.**

Diskussionsforum

#1 Kommentar från Nils (17 mars 18:40)

Hej, jag tänkte börja en diskussion kring jämställdheten av män i Sverige. Det talas alltid om kvinnornas jämställdhet, men det finns fler och fler kvinnor på toppositioner i samhället. Jag tycker att nu är det viktigt att fokusera på männens situation:

- I skolan har pojkar och unga män nästan bara kvinnor som förebilder. Det är svårt för dem att hitta sin roll i samhället, om inte också manliga synpunkter förmedlas i undervisningen.
- Idag främjas* kvinnor mycket. Det betyder att man som man har dåliga chanser att göra karriär, trots att man har bra utbildning och är bra i sitt jobb. Så måste vi inte ha ett statligt program för att hjälpa män???

#2 Kommentar från .... (................................)

....

....

....

....

....

* att främja = fördern

ab KB

14 (a) **Was gehört zusammen? Ordnen Sie zu.**

1	tycka	**a**	av
2	fråga	**b**	igenom
3	hälsa	**c**	med någon
4	hålla	**d**	om
5	klä	**e**	över / åt
6	koppla	**f**	på någon
7	läsa	**g**	på sig
8	glädja sig	**h**	om

b **Schreiben Sie zu jedem der Verben in Übung 14a einen Beispielsatz.**

....

....

....

....

c **Verbinden Sie die Wörter in der linken Spalte mit dem passenden Suffix. Tragen Sie die neuen Wörter in die rechte Spalte ein.**

1	barn	**a**	-is	....
2	bäst	**b**	-itet	....
3	förstå	**c**	-lek	....
4	modern	**d**	-dom	....
5	original	**e**	-else	....
6	stor	**f**	-het	....
7	vänlig	**g**	-skap	....
8	vän	**h**	- ism	....

d **Präfixe: Ordnen Sie die Wörter in die richtige Spalte und überlegen Sie, wie sich die Bedeutung verändert. Kontrollieren Sie mithilfe eines Wörterbuchs.**

arbete • sympatisk • följa • lycklig • del • trevlig • lojal • band • tal • klara • ändra • ordna

för-	o-	sam-
....	....	*samarbete*
....	....	....
....	....	....
....	....	....

15 Dossier

Diskutiert man in Ihrem Land auch über die Frage, ob und inwiefern man auf sein Land stolz sein kann? Schreiben Sie einen Brief an Freunde in Schweden und erläutern Sie, welche Ähnlichkeiten bzw. Unterschiede es zwischen der Diskussion in Schweden und der in Ihrem Land gibt.

Studiedagbok

Finns det ett samband* mellan patriotism och att lära sig språk? Notera dina tankar kring temat i din studiedagbok. Du kan skriva på svenska eller tyska.

* ett samband = Zusammenhang

Nyttiga uttryck

Ausdrücken, dass etwas typisch ist

Det är typiskt!
... är typisk(t) för ...

Sagen, dass man stolz auf etwas ist

Jag är stolt över ...
Det är något att vara stolt över.

Zugeben, dass etwas nicht ganz funktioniert

Det fungerar kanske inte "prickfritt" / perfekt, men ...

Ausrufe zum Anfeuern

Heja Sverige!
Heja Kalle!

Prozentangaben machen

... blev ... med ... procent det största / minsta ...
... fick ca / ungefär ... procent ...
... kom på knappt ... procent.
... fick drygt / lite över ... procent.
Däremot kom ... endast på ... procent.

Eine Grafik beschreiben

En ny undersökning visar ...
Det finns stora skillnader vad gäller ...
Som grafiken visar ...
... den högsta / lägsta andelen
På första / sista plats står ...
... har en andel av / på ...
... följd av ...
Genomsnittet ligger på ...

Bra att veta

Durch die starke Einwanderung in den letzten Jahrzehnten hat sich Schweden in ein weltoffenes Land verwandelt, muss sich aber auch mit den schwierigeren Aspekten einer multikulturellen Gesellschaft auseinandersetzen wie Ausländerfeindlichkeit, Segregation und hohe Arbeitslosigkeit unter Einwanderern. Es gibt vor allem in Südschweden starke neonazistische Gruppierungen, und bei der Wahl 2006 erhielt die nationalistisch geprägte Partei *Sverigedemokraterna* 2,93% der Stimmen (2002: 1,4%).
Trotz solcher Probleme sehen die meisten Schweden ihre Demokratie jedoch nicht als ernsthaft gefährdet an, weil sie ihren Staat als transparent empfinden. Die Behörden müssen alle schriftlichen Vorgänge dokumentieren und die Bürger haben in den meisten Fällen ein Recht auf Akteneinsicht. Eine wichtige Garantie für diese Offenheit der schwedischen Gesellschaft ist das sogenannte Ombudsmann-System, das inzwischen von vielen anderen Ländern übernommen wurde. Die Ombudsmänner werden in der Regel öffentlich finanziert und haben den Auftrag, die Interessen einzelner Bürger und Gesellschaftsgruppen zu überwachen. Jeder kann sich mit Beschwerden an sie wenden. Seit dem EU-Beitritt 1995 versucht die schwedische Regierung, die Prinzipien von Bürgernähe und Transparenz auch in der EU zu verankern.
In der Außenpolitik ist Schweden seit jeher um Neutralität bemüht. Das Land hat seit ca. 200 Jahren keinen Krieg mehr geführt, und das Neutralitätsprinzip war auch der Hauptgrund dafür, dass es Schweden gelang, sich aus den beiden Weltkriegen herauszuhalten. Die Schweden sehen ihre internationale Rolle als Friedensstifter, und sie haben oft eine wichtige Rolle als Vermittler in schweren Konflikten gespielt, wie Raoul Wallenberg, Folke Bernadotte, Dag Hammarskjöld, Olof Palme, Hans Blix und Carl Bildt.

1 **Ord och grammatik**
Läs texten om Dag Hammarskjöld och markera rätt alternativ!

Dag Hammarskjöld

Dag Hammarskjöld _1_ 1905 i Jönköping. Han var nationalekonom, diplomat och författare och spelade en _2_ roll i utformandet _3_ Sveriges ekonomiska politik. Han var _4_ ledamot i Svenska Akademin. När han utsågs till FN:s _5_ i april 1953 var han en okänd ämbetsman båda i Sverige och utomlands. Det skulle _6_ inte dröja länge förrän han _7_ i det närmaste legendarisk. När han åtta år senare omkom i _8_ flygplansolycka under ett FN-uppdrag i Kongo blev världen _9_. Dag Hammarskjöld _10_ Nobels fredspris postumt 1961.

1	**a**	föddes	**b**	föder	**c**	ska födas
2	**a**	liten	**b**	stor	**c**	oviktig
3	**a**	åt	**b**	av	**c**	under
4	**a**	förresten	**b**	emellertid	**c**	dessutom
5	**a**	författare	**b**	generalsekreterare	**c**	läkare
6	**a**	likaså	**b**	dock	**c**	alltså
7	**a**	blev	**b**	blir	**c**	är
8	**a**	en	**b**	ett	**c**	sådan en
9	**a**	chockad	**b**	chockat	**c**	chockade
10	**a**	har fått	**b**	hade fått	**c**	fick

|75

2 **Hörförståelse**
Lyssna, kryssa för och svara sedan!

a **Var ligger Susanns kamera och hennes bilnycklar?**

b Var är Susann? ....

c Var ligger stugan? ....

d Varför ser Anders fram emot semestern? ....

e När kommer Anders och Niklas? ....

3 **Läsförståelse**
Läs texten och kryssa för!

Skolsystemet i Sverige

I Sverige är alla barn skolpliktiga. Till den obligatoriska skolan räknas grundskolan, sameskolan (upp till klass 6) och special-/särskolan. Barnen börjar skolan när de fyllt 7 år – (de flesta barn börjar dock i en förskoleklass redan vid sex års ålder). Grundskolan går från klass 1 till 9 och delas in i lågstadiet (klass 1-3), mellanstadiet (klass 4-6) och högstadiet (klass 7-9). Den är avgiftsfri, och vanligen har föräldrarna heller inga kostnader för exempelvis läromedel, skolmåltider, hälsovård och skolskjuts. Efter 9 år kan man sluta skolan, men de flesta fortsätter att läsa vidare på gymnasieskolan. Gymnasieskolan har olika program som alla är på tre år, och man får välja bland olika inriktningar t.ex. naturvetenskap, samhällsvetenskap, ekonomi, frisör, fordonsmekaniker etc. Efter tre år är alla studenter och får ett avgångsbetyg, där vissa ämnen måste vara godkända. Betyg får eleverna från klass 7 ända fram till sista gymnasieklassen. Betygen går från IG (Icke Godkänd), Godkänd (G), Väl Godkänd (VG) till Mycket Väl Godkänd (MVG).

		rätt	fel
a	I Sverige är grundskolan plikt för alla barn.	☐	☐
b	Barnen får börja skolan vid 6 års ålder.	☐	☐
c	Sameskolor, special- / särskolor är inte obligatoriska.	☐	☐
d	Föräldrarna måste stå för kostnaderna för lunchen i skolan.	☐	☐
e	De flesta svenska elever slutar skolan efter 12 år.	☐	☐
f	Alla ämnen måste vara godkända.	☐	☐
g	Gymnasieskolan har många program.	☐	☐
h	Betyg får barnen från klass 1.	☐	☐
i	Efter 9 år i grundskolan är man student.	☐	☐
j	Högsta betyg är godkänd.	☐	☐

Mitt resultat		
Ord och grammatik	....	av 10 poäng.
Hörförståelse	....	av 5 poäng.
Läsförståelse	....	av 10 poäng.
SUMMA	....	av 25 poäng.

Jämför dina resultat i denna test med de tidigare testerna. Vad är du bra på? Vad borde du öva mera? Skriv upp i din studiedagbok!

Lösungsschlüssel

Lektion 1

1 z. B. a) Hej! Jag heter Kalle. Vad heter du? b) Hejsan, jag heter Lisa. Och du, vad heter du? c) Tjänare, jag heter Axel, och vad heter du? d) God morgon! Vad heter du?

2 **Waagrecht:** vad; tjänare; god; och. **Senkrecht:** hej; du; morgon; heter.

3 Kebnekaise; Åreskutan; Hällingsåfallet.

4a 1) heter, kommer; 2) heter, kommer; 3) kommer, heter.

4b z. B. Tjänare, jag heter Ulla och kommer från Kalmar. God morgon, jag heter Gun och kommer också från Kalmar.

5 z. B. a) Det här är Andrea. Hon kommer från Graz. b) Det här är Henrik. Han kommer från Stockholm. c) Det här är Gustav. Han kommer från Danmark. d) Det här är Emma. Hon kommer från Lund.

6 Stefan: Luleå; Anna: Kalmar; Jenny: Malmö; Jessica: Malmö.

Hörtext
Ja – det här är Stefan, han kommer från Luleå. Och det här är Anna, hon kommer från Kalmar. Ja, och det här … det är Jenny, hon kommer från Malmö och Jessica här kommer också från Malmö.

7 a) Hur stavar man det? b) Jag heter Gun. c) Vad heter du? d) Han kommer från Stockholm. e) Varifrån kommer du? f) Talar du svenska?

8 a) heter, kommer, talar; b) kommer, heter; c) talar; d) kommer, heter; e) heter, kommer.

9 a) och; b) också; c) också; d) och; e) Och; f) och; g) också.

10 z. B. a) Vad heter du? b) Varifrån kommer han? c) Vad talar du för språk? d) Varifrån kommer hon? e) Hur stavar man t.ex.? f) Vad heter hon?

11 a) heter; b) Vad; c) Berlin; d) från; e) stavar.

12 **Waagrecht:** 4) Nederländerna; 5) Polen; 7) Italien; 8) Tyskland; 9) Sverige.
Senkrecht: 1) Finland; 2) Frankrike; 3) Spanien; 6) Danmark.

13 a) tyska; b) spanska; c) svenska; d) engelska; e) franska.

14 a) Hon heter Lisa. b) Hon kommer från Finland. c) Hon talar finska och svenska. d) Han heter Mats. e) Han kommer från Stockholm. f) Han talar svenska och finska.

Hörtext
▲ Hej, jag heter Lisa. Vad heter du?
✚ Tjänare Lisa! Jag heter Mats.Varifrån kommer du, Lisa?
▲ Jag kommer från Finland.
✚ Jaså, från Finland, talar du också samiska?
▲ Nej, nej, jag talar bara finska och svenska naturligtvis. Och du, varifrån kommer du?
✚ Jag kommer från Stockholm men jag talar också finska.
▲ Jaha!

Lektion 2

1a z. B. 1) Hur mår du? 2) Hur är det? 3) Hur står det till? 4) Hur är läget?

1b 1d; 2e; 3f; 4g; 5b; 6a; 7c.

2 tjänare = Diener.

3a Langes a: Ja, vad, var, har, bara, jag, bra.

3b han, man und kan.

4 a) 57143; b) 070 5 827741; c) 54431; d) 070 5533942; e) 030 533774.

Hörtext
Lena, telefon: fem sju ett fyra tre; Greta, mobiltelefon: noll sju noll – fem – åtta två sju sju fyra ett; Vanja, telefon: fem fyra fyra tre ett; Carl, mobiltelefon: noll sju noll fem fem tre tre nio fyra två; Sten, telefon noll tre noll … fem tre tre sju sju fyra.

5 a) är; b) mår; c) bara; d) Själv; e) här; f) har; g) Vad; h) heter; i) har; j) Hej då! Übrig bleibt: kommer.

6 a) i, på; b) på, i; c) på; d) på, i; e) i.

7 a) Hon; b) Han; c) Hon; d) Han; e) Hon.

8 z. B. Han heter Peter och kommer från Österrike. Han bor på Sachergasse 2. Han talar tyska och engelska. Hon heter Lisa och kommer från Danmark. Hon bor på Strandvägen 4 och talar danska.

9 A+D; B+F; C+E.

10 **Waagrecht:** 1) språk; 3) stavar; 4) hon; 5) förstår; 6) betyder; 7) bor; 8) fjorton; 10) svenska; 11) hejsan. **Senkrecht:** 1) själv; 2) han; 3) sjutton; 4) heter; 5) franska; 9) vad.

11 a) är; b) allt; c) hon; d) lite; e) från; f) i; g) på; h) har; i) du; j) då.

12 a) elva; b) sjutton; c) sexton; d) tjugosju; e) tjugosex; f) trehundrasextionio; g) sjuttioåtta.

13 **Waagrecht:** kompis; själv; varifrån; bra; arton; ni; han; lite; språk; det; uttal. **Senkrecht:** de; Sverige; vi; på; heter; tack; hur; hon; åttio.

14 z. B. a) Nittio plus tio är hundra. b) Fyrtio plus sextio är också hundra. c) Tjugotvå minus åtta är inte tjugo. d) Hundra minus nittionio är ett.

15 Markus; 080 573354; 080 573357.

Hörtext
✖ Hej, det här är Magnus Bergquist.
○ Hej, Markus, det är Paul. Hur mår du?
✖ Ähm, ja det här är inte Markus – Magnus heter jag.
○ Magnus? Är det inte 080 573354?
✖ Nej, det är 080 573357.
○ Oh, nu förstår jag – förlåt!
✖ Javisst, hej då!
○ Hej då!

Lektion 3

1a **Waagrecht:** 3) bröd; 4) mjölk; 5) sked; 7) ägg; 9) skinka; 11) paket; 14) ost; 15) tallrik. **Senkrecht:** 1) smörgås; 2) glas; 3) bord; 6) kniv; 8) gaffel; 9) servett; 10) kopp; 12) stol; 13) skål.

1b **En-Wörter:** en servett, en tallrik, en skål, en kniv, en stol, en kopp, en skinka, en gaffel, en smörgås, (en) mjölk, en ost, en sked. **Ett-Wörter:** ett ägg, ett paket, ett glas, ett bröd, ett bord.

2 en kniv; en gaffel; en tallrik; ett glas; en kopp; en skål; en servett.

Hörtext
Nejmen, vad är det här … titta! En kniv, en gaffel och en tallrik och … här, nejmen oj … titta … ett glas och en kopp och här – här är en skål och en servett … Oj, o, oj

3 a) Kan jag få en kopp kaffe, tack? b) Vad betyder "skål" på tyska? c) Det här är min kompis. d) Hur mår du? e) Tack, inte så bra.

4 z. B. a) Sten äter ibland en ostsmörgås och ett ägg, han äter alltid müsli och dricker ett glas juice. Han äter aldrig en skinksmörgås. b) Camilla äter alltid en ostsmörgås och en skinksmörgås och dricker en kopp kaffe. Hon dricker ibland ett glas juice, men hon äter aldrig müsli och dricker aldrig mjölk. c) Lena dricker bara en kopp kaffe. Hon äter aldrig en ostsmörgås eller ett ägg.

5 a) köttbulle, källare, Kina; b) gärna, gymnasium; c) skinka, sked.

6 a) bröd; b) mjölk (Getränk); c) räksmörgås; d) bord; e) kaffe.

8 a) Vad kostar mjölken? Den kostar 7:50. b) Vad kostar bullen? Den kostar 12:–. c) Vad kostar osten? Den kostar 42:50. d) Vad kostar smöret? Det kostar 23:50. e) Vad kostar brödet? Det kostar 12:50.

9 z. B. ♣ Hej! Ja, tack? ✚ Hej. Jag tar en äppeljuice och en glass, tack. ♣ Tyvärr, äppeljuice har vi inte. ✚ Då tar jag en läsk. ♣ Javisst. Är det allt? ✚ Ja, tack. Vad blir det? ♣ Det blir 22 kronor, tack. ✚ Varsågod. ♣ Tack.

10 a) De är på ett kafé. b) Hon tar: wienerbröd, ostsmörgås, kaffe. c) Han tar: skinksmörgås, ostsmörgås, kaffe. d) Det blir 130:–.

Hörtext
♣ Oh, vad jag är kaffesugen. Och du?
✚ Jaa, jag är också så kaffesugen.
♣ Hej! Ja, tack?
✚ Hej! Ja, vad tar vi? Jag tar en kaffe, en ostsmörgås och en bulle … eller nej, jag tar hellre ett wienerbröd. Och du?

♣ Jag tar en skinka, en ost och en kopp kaffe.
✚ Var det bra så? Då blir det 130 kronor tillsammans!

11 a) Vad; b) Hur; c) Varifrån; d) Var; e) Vad; f) Vad; g) Vad; h) Vad; i) Vad; j) Var.

12 a) kaffe; b) mineralvattnet; c) en kopp kaffe; d) kaffet; e) mjölken.

13 a) ca. 18.57; b) 14.45; c) 16.15; d) 12.20, 13.00.

Hörtext
a) ♣ Du, vad är klockan? ✖ Klockan? Hon är strax sju.
b) ♣ När kommer du? ✚ Jag kommer kvart i tre.
c) ✚ Hur mycket är klockan? ✖ Den är kvart över 4.
d) ✚ Mamma, vad är klockan eller … hur dags äter vi lunch?
✖ Klockan är tjugo över tolv nu och vi äter lunch prick ett, Mia!

14 a) Han fikar ibland klockan 15.00. b) Du kommer aldrig klockan 11.00. c) Hon äter aldrig lunch klockan 17.30. d) Vi äter alltid middag klockan 18.15. e) Hon dricker alltid kaffe klockan 15.00. f) Jag kommer alltid klockan 12.45. g) Jag äter aldrig lunch klockan 12.00. h) Vi har alltid svenska klockan …

Lektion 4

1 **Waagrecht:** 2) simma; 3) jogga; 4) lyssna; 7) läsa; 8) spela; 9) restaurang; 11) kaffe; 12) cykla.
Senkrecht: 1) bio; 2) segla; 5) shoppa; 6) promenad; 7) laga; 10) gympa.

2 a) De dricker kaffe. / De fikar tillsammans på ett kafé. b) De går på bio. c) De cyklar. d) Hon joggar. e) Han lagar mat. f) Hon lyssnar på musik. g) Han simmar. h) De tar en promenad.

3 a) Hon tycker inte om att gå på gympa. b) De tycker om att gå på restaurang. c) Han tycker inte om att jogga. d) Hon tycker om att läsa. e) De tycker om att ta en promenad.

4 a) Nej, det gör vi inte. b) Ja, det gör de. c) Ja, det gör han. d) Nej, det gör hon inte. e) Ja, det gör de. f) Ja, det gör jag. / Nej, det gör jag inte.

5 **En-Wörter:** en restaurang, en bio, en fritid, en person, en mat, en bok, en tidning, en cykel, en djungel.
Ett-Wörter: ett kafé, ett program, ett nummer.

7a/b 1) Jag har en bra dag. 2) Pappa äter inte kall glass.

8 a) läser; b) läser; c) läsa; d) Läser; e) Läser; f) läsa; g) läsa; h) läsa; i) läser; j) läser; k) läser.

9 Frederik: måndag: hockey; torsdag: bio; fredag: middag; lördag: fotboll. Lennart: tisdag: seglar; onsdag: bio; lördag: shoppar.

Hörtext
♣ Hej Fredrik!
✚ Tjänare Lennart, hur mår du?
♣ Tack, allt okej. Själv då?
✚ Ja, bara bra. Vad gör du?
♣ Jag har alltid mycket att göra! Jag arbetar, träffar vänner, spelar tennis, joggar osv. …
Men … har du lust att spela tennis med mig på måndag kväll?
✚ Måndag kväll? Nej, tyvärr, jag kan inte, jag spelar hockey på måndag kväll.
♣ Jaha, gör du det. Men okej … onsdag då? Nej, på onsdag har jag själv inte tid, jag går på bio med Mats.
Men på torsdag har jag tid. Har du också tid på torsdag?
✚ Nej, tyvärr, på torsdag går jag på bio tillsammans med Linda.
♣ Jaha, med Linda …!
✚ Just det.
♣ Men har du tid på fredag då?
✚ Nej, på fredag äter jag middag tillsammans med mamma och pappa och på lördag spelar jag fotboll.
Men på tisdag har jag tid.
♣ Nej, tyvärr, jag kan inte på tisdag. Jag seglar med kompisar.
✚ Och på lördag?
♣ På lördag shoppar jag.
✚ Oj oj oj … vad gör vi nu, vi har aldrig tid.
♣ Nej, tyvärr men … Nu vet jag, söndag då?
✚ Javisst ja, söndag är en jättebra dag … Klockan 15.00 på tennisplanen?
♣ Utmärkt. Då ses vi!
✚ Det gör vi. Hej!

10 måndag; torsdag; fredag; onsdag; lördag; söndag; tisdag; helg.

11a a) Vad; b) Hur; c) Varifrån; d) Hur dags; e) När; f) Var.

11b z. B. **förmiddag:** 11.00, 9.45, 10.05; **eftermiddag:** 15.30, 16.25; **kväll:** 20.59, 20.15.

Hörtext
✖ Klockan är halv fyra.
✚ Nu är klockan prick elva.
✖ Hon är kvart i tio.
✚ Den är strax tjugoett.
✖ Klockan är kvart över åtta.
✚ Hon är fem över tio.
✖ Den är fem i halv fem.

12 a) jättebra; b) jättegärna; c) jättekul; d) jättegott.

14 a) en sommar, sommaren; b) en skog, skogen; c) en vinter, vintern; d) en älg, älgen; e) en människa, människan.

15 z. B. a) Hej! / Tjänare! b) Sverige / Österrike; c) svenska / franska; d) jogga / simma; e) söndag / lördag; f) sommar / höst.

16 z. B. a) Johan joggar varje dag. b) Middag äter jag klockan 18.00. c) På ett kafé fikar man. d) Müsli äter man med en sked. e) Jag går på bio. f) Vill du ha en kopp kaffe? g) En läsk är en dryck. h) Jag tycker om att lyssna på musik. i) Sverige är ett land.

17 z. B. a) Vad tycker du om att göra? b) Jag tycker inte om att cykla. c) Jag tycker om att gå på bio. d) Jag tycker också om att gå på bio. e) Jag tar en kopp kaffe. f) Jag tar också en kopp kaffe.

Wiederholung und Test 1-4

2 a) Vad heter hon? b) Varifrån kommer du? c) Kommer de från Stockholm? d) Vad talar han för språk? e) Hur mår du? f) Vad heter 'Sverige' på tyska?

3 a1; b3; c3; d2; e3; f1; g3; h2; i2; j3.

4 **richtig:** a, b, e, h, j; **falsch:** c, d, f, g, i.

Hörtext
▲ Hej Lasse!
✚ Hej Linnea!
▲ Hur är det?
✚ Tack bara bra. Och hur mår du?
▲ Utmärkt! Det här är Monika, hon kommer från Köln.
✚ Hej Monika, jag är Lasse.
✖ Hej.
✚ Talar du svenska?
✖ Ja, det gör jag.
✚ Vad bra! Då kan vi prata svenska! Bor du också här i Lund?
✖ Ja, jag studerar här. Geologi och lite svenska också.
▲ Hör ni, jag är kaffesugen. Vad ska vi ta?
✚ Jag tar bara kaffe. Monika – vet du att kaffet är med påtår?
✖ Ja, det vet jag.
▲ Där ser du Lasse! Jag tar också en kopp kaffe och sedan en bakelse.
✖ Det gör jag också, tror jag.
✚ Jag tar hellre en skinksmörgås. Jag går och beställer ...

5 **richtig:** b, e, f, g, h; **falsch:** d, i; steht nicht im Text: a, c, j.

Lektion 5

1 **Waagrecht:** 1) restaurang; 2) flygvärdinna; 3) sjukhus; 4) läkare; 5) assistent.
Senkrecht: 6) flygplan; 7) expedit; 8) universitetet; 9) skola; 10) kock.

2 z. B. En läkare arbetar inte på en skola. En läkare arbetar till exempel på ett sjukhus.

3 **Dialog 1:** a) läkare; b) Hon arbetar mycket. c) äta. **Dialog 2:** a) revisor; b) Revision AB.
Dialog 3: a) jurist; b) Lidköpings Nya bank. **Dialog 4:** a) Nej; b) journalist.

Hörtext
Dialog 1
♣ Hej Karin!
✖ Hej Göran! Ojojoj, vad klockan är mycket!
♣ Var det mycket att göra på sjukhuset?
✖ Jaa, nu är jag jättehungrig!
♣ Då gör jag middag!

Dialog 2
✖ Var arbetar Olof Larsson?
○ Han är revisor på Revision AB.
✖ Har du Olofs telefonnummer?
○ Ja, det har jag.

Dialog 3
✚ Det här är Emma, hon är jurist.
✚ Är du det? Var arbetar du?
♣ Jag jobbar på en bank. Den heter Lidköpings Nya bank.
✚ Jaha, intressant!

Dialog 4
✚ Har du lust att ta en kopp kaffe tillsammans med mig?
♣ Tyvärr, jag skriver.
✚ Vad skriver du?
♣ En artikel.

4a a) heter; b) är; c) jobbar; d) har; e) göra; f) fika; g) arbetar; h) cykla; i) läsa; j) cyklar; k) har.

4b 1c; 2e; 3a; 4f; 5b; 6d.

5b a) Jag tycke**r**‿**N**ina arbetar för mycket. b) Roger jobba**r**‿**g**ärna. c) Alexande**r**‿**t**ala**r**‿**s**venska.
d) Barnet dricke**r**‿**l**äsk och äte**r**‿**t**årta. e) Var ha**r**‿**d**u en gaffel?

6a **Waagrecht:** affärsbrev; stolar; suddgummin; pennor; telefoner. **Senkrecht:** kuvert; bord; lampor.

6b 1d; 2e; 3c; 4a; 5b; 6f.

6c a) På ett kontor har man en telefon. b) Vid skrivbord sitter man och skriver. c) Pennor behöver du när du vill skriva. d) Med suddgummin suddar man bort. e) Affärsbrev, kuvert och frimärken hör ihop.

7 en skådespelerska; en flygvärdinna; en assistent; en läkare; en ingenjör; en kock; en expedit; en advokat; en sjukskötare; en banktjänsteman; en student; en jurist.

9 **Waagrecht:** 1) varuhus; 2) bygge; 3) tjänsteman; 4) brev; 5) bank; 6) frimärken.
Senkrecht: 7) callcenter; 8) gymnasium; 9) pennor; 10) klockan.

10 a) flygvärdinna; b) banktjänsteman; c) läkare; d) journalist; e) assistent.

Hörtext
♣ Jag jobbar inte på ett kafé eller en restaurang. Men jag serverar mat och drycker – och allt annat man behöver, när man äter.
✚ Jag arbetar på kontorstid. Jag sysslar med sedlar och mynt.
✖ När människor inte mår bra, kommer de till mig. Ibland kommer de mitt i natten.
✖ När jag arbetar, behöver jag pennor, papper, en telefon och en dator. Ibland arbetar jag dag och natt.
○ Jag arbetar på ett kontor. Jag skriver brev på datorn och talar mycket i telefon.

11b gafflar; knivar; skedar; glas; tallrikar; vardagar; helger.

11c flygvärd.

12 a) Rebecca fyller år den 17 april. b) Göran fyller år den 20 april. c) Nils fyller år den 1 november.
d) Nina fyller år den 7 oktober.

Hörtext
♣ Rebecca, här på min lista står att du fyller år den 17 april, stämmer det?
✚ Javisst, det stämmer.
♣ Okej och sedan … du Göran, fyller du år den 20 mars?
✖ Ja, den 20 stämmer men inte i mars utan i april!
♣ Jaha, okej bra, då ändrar vi det … och sedan Nils … har du födelsedag den 1 december?
✖ Nej, inte den 1 december utan den 1 november.
♣ Okej då ändrar vi det också … så … och nu kommer Nina … fyller du år den 6 oktober?
○ Nej, inte den 6 utan 7 oktober!
♣ Bra, tack för hjälpen!

14 a) Många; b) många; c) många; d) mycket; e) mycket; f) många; g) mycket; h) mycket; i) mycket.

Lektion 6

1 1) godis; 2) korv; 3) potatis; 4) kött; 5) yoghurt; 6) apelsiner; 7) sill; 8) mjöl; 9) sallad; 10) tomater; 11) tårta; 12) frallor; 13) bär; 14) äpplen; 15) ris.

2 a) en korv, korvar; b) en potatis, potatisar; c) en yoghurt, yoghurt; d) en apelsin, apelsiner; e) en sill, sillar; f) en sallad, sallader; g) en tomat, tomater; h) en tårta, tårtor; i) en fralla, frallor; j) ett bär, bär; k) ett äpple, äpplen.

3 b) Han tycker om frallor men inte om tårtor och äpplen. c) Hon tycker om ris och godis men inte om potatis. d) Hon tycker om apelsiner och korvar men inte om yoghurt. e) Han tycker om bär och kött men inte om tomater.

4 a) tomater, apelsiner, äpplen; b) kött, sill, korv, mjölk, smör; c) mjölk, ost, frukt, grönsaker.

Hörtext

▲ Vad jag köper i mataffären? Jag köper alltid grönsaker och frukt. Jag tycker mycket om tomater, apelsiner och äpplen. Fisk och kött tycker jag inte om. Det köper jag aldrig.
✚ Jag köper alltid kött, sill, korv, mjölk, smör och ibland ost. Jag tycker inte om yoghurt eller fil. Det tar jag aldrig.
○ Mjölk, ost, frukt och grönsaker tar jag alltid – ibland också fil eller yoghurt. Men aldrig korv.

5 z. B. ✖ Ska vi äta falukorv med potatismos ikväll? ○ Jag vet inte. Jag tycker vi ska äta pizza. ✖ Ja, det är också gott. Med en sallad till. ○ Och lite godis till efterrätt. ✖ Det är en bra idé. ○ Då köper vi godis, pizza, tomater och sallad.

6 **Waagrecht:** 1) korvar; 2) tomater; 3) bord; 4) apelsiner; 5) stolar; 6) äpplen. **Senkrecht:** 1) köttbullar; 7) paket; 8) sallader.

9 a) Ja, det måste hon. b) Javisst, det kan de. c) Nej, det gör jag inte. d) Nej, det ska han inte. e) Ja, det måste hon. f) Ja, det gör hon. g) Nej, det gör den inte. h) Ja, det behöver jag.

11 z. B. a) Ett paket mjöl kostar bara 4.50:- på Stenbergs. På Snabbtogott kostar det 5:- kronor. b) En (plast) burk feta-ost kostar 12:- kronor på Stenbergs. På Snabbtogott kostar den bara 9:- kronor. c) Ett paket mjölk kostar 8:- kronor på Stenbergs. På Snabbtogott kostar det bara 7:- kronor. d) En back läsk kostar bara 90:- kronor på Stenbergs. På Snabbtogott kostar den 95:- kronor. e) En påse chips kostar 9:- kronor på Stenbergs. På Snabbtogott kostar den bara 7:- kronor.

12 a) Vad ska vi handla? b) Ja, tack. / Vad får det lov att vara? c) Något mera? / Något annat? d) Vad kostar salladen? e) Var det bra så?

13a a) Kan du ge mig påsen, tack? b) Känner du henne / dem? c) De frågar dem i morgon. d) Vi frågar honom i morgon. e) Jag tycker om henne/dem. f) Jag åker med er.

13b a) Hej, kan du ge mig en bit ost, tack. b) Ursäkta mig, var finns brödet? c) Kan du ge honom en servett, tack! d) Ska vi köpa lite lördagsgodis åt oss idag? e) Har du tid att handla med dem idag?

14 **Waagrecht:** 1) mjölk; 2) pengar; 3) läsk; 4) efterrätt. **Senkrecht:** 2) påse; 5) skinka; 6) yoghurt; 7) förrätt.

15 a) Vad ska vi äta till middag? b) Hur dags / När ska vi äta? c) Jag tycker vi ska äta köttbullar. d) Jag tycker vi äter klockan sex. e) Var finns det köttbullar?

Lektion 7

1 a) kammar sig; b) skyndar sig; c) klär på sig; d) går och lägger sig.

2 z. B. Först stiger jag upp. Sedan rakar jag mig. Efter det duschar jag och klär på mig. Klockan åtta äter jag frukost. Ibland tränar jag, men ofta måste jag skynda mig till jobbet.

3a a) 5.30; b) tvättar sig, klär på sig; c) c Nej; d) klockan 9; e) Nej; f) lagar mat, kopplar av och går och lägger sig.

Hörtext

Hej jag heter Liv och jag ska berätta lite om hur en vanlig vardag kan se ut för mig. Jag stiger upp klockan halv sex, tvättar mig och klär på mig. Jag äter aldrig frukost utan skyndar mig till bussen. Klockan sju börjar jag att arbeta. Jag tar en fikapaus vid niotiden. Sedan arbetar jag till klockan tolv och äter lunch tillsammans med kollegor. Klockan tre slutar jag och åker hem. Jag lagar mat, kopplar av och går och lägger mig klockan elva.

3b z. B. Hon stiger upp klockan halv sex. Sedan tvättar hon sig, kammar sig och klär på sig. Hon äter inte frukost hemma – hon måste alltid skynda sig till jobbet. Hon äter lunch klockan tolv. Klockan tre åker hon hem. Sedan äter hon middag, kopplar av och går och lägger sig.

4 a) Han kammar sig; b) De skyndar sig till bussen; c) Hon går och lägger sig.

5 a) Ulla och Ulf bor i Umeå. b) Du åker buss till skolan. c) Vad heter Ulrikas hund? d) Hon stiger upp vid lunchtid. e) Fru Lundgren är en bra kund. f) Nu är Emma sjuk. g) Jag äter frukt till lunch.

7 månader; breven; datorer; räkningar; vardagar; äpplen. Bestimmte Form Singular: deckaren.

8 **-ar:** z. B. duscha, sova, skynda sig, raka, surfa; **-er:** z. B. äta, läsa, lägga sig, åka, komma.

9a **rätt:** d; **fel:** a, b, e, f; **står inte i texten:** c.

9b z. B. ett barn, barnet, barn; en kontorist, kontoristen, kontorister; ett kontorstillbehör, kontorstillbehöret, kontorstillbehör; en morgon, morgonen, morgnar; en frukost, frukosten, frukostar; ett jobb, jobbet, jobb.

9c Eva Lindlöf kom från Umeå och hade tre barn. Hon arbetade som ekonomiassistent på ett företag i Stockholm. Företaget sålde kontorstillbehör. Varje morgon steg hon upp klockan sex. Hon duschade, klädde på sig och väckte barnen. Hon lagade frukost och gick sedan till jobbet. Hon behövde inte ta tunnelbanan eftersom det bara var tio minuter att gå. När Eva inte arbetade var hon hemmafru. Med tre barn hade hon alltid mycket att göra.

10 a) hade; b) väntade; c) kom; d) stod; e) vinkade; f) tog; g) lagade; h) pratade; i) arbetade; j) var; k) shoppade; l) tyckte.

11 a) honom; b) henne; c) dem; d) oss; e) dem; f) mig, er.

12 a) Nina och Markus kan inte komma därför att de är på Axels födelsedagsfest på lördag. b) Nina bjuder Sandra på middag. c) Hon vill laga mat hos sig. d) Hon vill gärna att Sandra kommer nästa helg.

Hörtext
Hej Sandra, det är Nina här. Tack för inbjudan! Tyvärr kan vi inte komma därför att vi är på Axels födelsedagsfest på lördag. Men vi vill gärna träffa dig igen. Vi kanske kan äta en god middag här hos oss nästa helg? Jag hör av mig. Ha det bra!

13 a) tycker; b) tycker om; c) tycker; d) tycker; e) tycker om; f) tycker om.

14 z. B. I somras arbetade jag på en restaurang. I förrgår gick jag på bio. I tisdags steg jag upp tidigt. I vintras åkte jag skidor. Igår tränade jag mycket.

16 a) man; b) barn; c) dottern; d) sonen; e) syster; f) dotter; g) kusin; h) bror (broder); i) son; j) föräldrar; k) mor (moder).

Lektion 8

1 **Waagrecht:** ett skrivbord, skrivbordet; ett dubbelrum, dubbelrummet; en bar, baren; en hiss, hissen; en restaurang, restaurangen. **Senkrecht:** en bädd, bädden; ett garage, garaget; en bastu, bastun; en telefon, telefonen; en säng, sängen. Das gleiche bedeuten bädd und säng.

2 a) Välkommen; b) ligger; c) på; d) många; e) shopping; f) sightseeingturer; g) rum; h) fast uppkoppling; i) bastu; j) italiensk; k) klockan; l) helgpriser.

3 a) tror; b) Tycker; c) tror; d) tycker; e) tycker; f) tycker.

4a a) Det vet man inte. b) Linköping; c) med familj; d) dubbelrum med barnsäng; e) har barnstolar; f) en lekhörna; g) garage, hiss, bastu, bubbelpool, frukostrum; h) för två nätter.

Hörtext
▲ Välkommen till Hotell Skanordica – mitt namn är Ulrika Jäderberg.
✚ Hej, jag heter Peter Borén och planerar en resa med min familj till Linköping nästa vecka. Och då ville jag höra om hotellet även har dubbelrum med barnsängar?
▲ Javisst, det har vi.
✚ Har frukostrummet också barnstolar?
▲ Ja, vårt frukostrum har barnstolar och en lekhörna.
✚ Så bra – en lekhörna i frukostrummet! Det är ju verkligen en fördel. Finns det något garage?
▲ Ja, vi har garage och hiss.
✚ Finns det också någon bastu?
▲ Självklart – med bubbelpool till och med.
✚ Får även barn bada bastu och bubbelpool?
▲ Barn är speciellt välkomna.
✚ Det låter bra. Finns det även en restaurang på hotellet?
▲ Nej, tyvärr, det har vi inte. Men det finns en mycket trevlig italiensk restaurang bara fem minuter ifrån oss som heter Mamma Mia.
✚ Då vill jag gärna boka ett dubbelrum med barnsäng från den 24 till den 26 augusti.

4b a) en affärskvinna; b) ett hotell; c) nätet; d) hotellet; e) hotellet f) ett dubbelrum; g) barnsäng; h) familjen; i) tunnelbana; j) buss; k): hotellet.

5 a) Tänk; b) Drick; c) Fråga; d) Boka; e) Koppla av; f) Sov; g) Ha.

6 Jakob har en ledig dag idag. Han ska gå och simma och bada bastu med en kompis. Sedan ska de gå till ett hotell där det är danskväll för alla. Han tycker om att dansa. Han går även på en danskurs varje tisdag och lär sig "Salsa".

7a **Waagrecht:** 1) hårtorken; 4) handduken; 5) duschen; 9) tvålen; 11) lampan; 12) nyckeln.
Senkrecht: 2) toaletten; 3) bordet; 6) fönstret; 7) skålen; 8) äpplet; 10) radion.

7b a) mini-bar; b) dator; c) bok; d) nycklar; e) kontorstrum; f) vi lyssnar på det; g) kväll.

8a a) God afton; b) Vad; c) Jag; d) Hur; e) Då; f) Just; g) Visst / Ja; h) Önskar; i) Ja, tack; j) Vill; k) Nej; l) Finns; m) Ja / Visst; n) Skulle.

9 radioapparaterna; duscharna; nycklarna; hissarna; bäddarna.

10 z. B. Skåpdörrarna, TVn; tvål; fönstren; lampan; skålen; äpplena; rum.

11 a7; b8; c5; d3; e4; f6; g2; h1.

12 a) en människa, människorna; b) en gata, gatorna; c) en skåpdörr, skåpdörrarna; d) ett hotell, hotellen; e) en dag, dagarna; f) en stad, städerna; g) ett rum, rummen; h) ett problem, problemen; i) en nyckel, nycklarna; j) en hälsning, hälsningarna; k) ett äpple, äpplena; l) ett yrke, yrkena; m) en stol, stolarna; n) en lampa, lamporna; o) en hiss, hissarna; p) en tvål, tvålarna; q) ett fönster, fönstren.

13 a) Du går rakt fram. b) Du svänger till vänster. c) Du svänger till höger.

14a 1) Tivoliparken; 2) Söderbergs Museum; 3) Operan.

14b 1b; 2e; 3d.

Hörtext

Dialog 1
♣ Ursäkta mig, hur kommer jag till Tivoliparken?
✚ Tivoliparken? Du går rakt fram här och svänger sedan till vänster.
Efter 500 meter kommer Tivoliparken på vänster sida.

Dialog 2
✖ Hej, jag ska till Söderbergs Museum, är det långt härifrån?
✚ Nej, inte alls. Du går rakt fram och svänger sedan till höger. Du går rakt fram en bit.
Museet ligger på höger sida.

Dialog 3
✖ Ursäkta mig, jag vill till operan, vilken buss måste jag ta?
✚ Du behöver inte ta en buss. Operan ligger alldeles i närheten. Gå rakt fram här en bit.
Då ser du den på höger sida.

Wiederholung und Test 5 - 8

2 z. B. a) Vad gör du? b) Jag fyller år i oktober. c) En bit ost, tack. d) Något mera? e) Ja, det är jag.

3 a3; b3; c3; d2; e1; f3; g3; h2; i3; j2.

4a **rätt**: 1, 2; **fel**: 3, 4.

Hörtext
Hej, det är läkarmottagningen "Madisson". Våra öppettider är måndag till fredag från klockan åtta till klockan tolv, och måndag, tisdag och onsdag från två till fem. På torsdagar från tre till sju. Tack för att du ringde!

4b **rätt:** 2, 3, 6; **fel:** 1, 4, 5.

Hörtext
♣ Du Daniel, vi måste gå och handla. ICA stänger klockan åtta!
✚ Ja, det är ju sant! Och jag ska ju också träna idag ... Vad behöver vi?
♣ Jag kan gå till systemet och köpa lite vin.
✚ Så bra! Då går jag till ICA ... Det är väl mjölk och bröd vi behöver ... Vad mera?
♣ Vi kan äta pyttipanna – det har vi i kylskåpet. Med lite sallad och tomater ...
✚ Lite grönsaker alltså, okej. Jag skyndar mig, sedan går jag och tränar.
♣ Och jag ska surfa lite och söka ett hotell i Göteborg. Måste du verkligen ha bastu?
✚ Ja, det vill jag gärna. Det är ju inte så ofta vi reser ...

5 **rätt:** e, f, j; **fel:** a, b, c, g, h, i; **står inte i texten**: d.

Lektion 9

1 a) röd; b) ljusblå; c) vit; d) lila; e) brun; f) mörkblå; g) grön; h) gul; i) grå; j) svart.

2 a) gul; b) gul / blå; c) vit; d) grön; e) svart; f) brun; g) röd; h) gul / blå; i) vit; j) grön.

3 a) skärp; b) klänning; c) byxor; d) behå; e) blus; f) kostym.

4 a) en jacka, jackan, jackor, jackorna; b) en byxa, byxan, byxor, byxorna; c) en kofta, koftan, koftor, koftorna; d) en blus, blusen, blusar, blusarna; e) en sko, skon, skor, skorna; f) en kjol, kjolen, kjolar, kjolarna; g) en skjorta, skjortan, skjortor, skjortorna; h) en tröja, tröjan, tröjor tröjorna; i) en slips, slipsen, slipsar, slipsarna.

5a **rätt:** 4; **fel:** 1, 2, 6, 8; **vet man inte:** 3, 5, 7.

Hörtext
- ✖ Hej Karolin, hur är det?
- ✖ Hej Pernilla! Bara bra och du då? Hur mår du?
- ✖ Ja, jag mår också bra. Jag var i Stockholm förra veckan och vi bodde på ett hotell mitt i stan. När man kom ut så var man direkt på Biblioteksgatan.
- ✖ Nej men oj, så bra då!
- ✖ Ja, och vilken shoppingstad! Vi shoppade en hel dag och var sedan på kvällen på operan och hade jätteroligt.
- ✖ Nja – det kan jag tänka mig. När du och Martin reser, så handlar ni ju alltid mycket.
- ✖ Ja– och vet du vad? Jag köpte äntligen en mörkröd kjol som passar utmärkt till min röda blus. Du vet den där jag köpte förra månaden när du och jag shoppade.
- ✖ Jaha, just det!
- ✖ Ja, och sedan såg jag också en ljusblå klänning och ett underbart nattlinne! Du tror inte …
- ✖ Hör du, jag måste skynda mig hem. Daniel väntar redan på mig.
- ✖ Javisst ja! Ska vi träffas i helgen?
- ✖ Gärna. Låt oss fika på lördag eftermiddag.
- ✖ Okej, jag ringer dig. Vi hörs!
- ✖ Hej då!

5b Karolin kennt Pernilla gut. Sie sagt, dass sie weiß, dass Pernilla gern shoppen geht und war außerdem letzten Monat selbst mit ihr zum Einkaufen unterwegs.

6 Jonas har inga sk<u>o</u>r och sockor. Olle tycker om ost, konst, vin och s<u>o</u>l.
När hon jobbar har hon alltid kj<u>o</u>l och kofta på sig. S<u>o</u>ver också s<u>o</u>nen?

7a a8; b3; c6; d5; e4; f1; g2; h7.

7b a) tjock tröja, tjocka byxor; b) bekväma byxor, tunn jacka; c) mörkgrön klänning, svarta skor; d) tunt rött nattlinne; e) tunga, kraftiga skor, bekväma kläder.

8a a) Kan jag hjälpa dig; b) Ja tack. c) Vilken storlek; d) Här till vänster; e) storlek; f) Passar de; g) storlek 44; h) ett ögonblick bara; i) Passar de bättre; j) Dem tar jag; k) finns; l) då går jag och betalar.

8b T.ex. a) Kan jag betala med kort här? b) Jag har storlek 44. c) Jag vet inte. d) Jag tycker inte så mycket om färgen mörkblå. e) Tack (så mycket). f) Jag är ledsen. / Nej, tyvärr.

9 a) ett nytt hus; b) en bra lärare; c) de bekväma jeansen; d) de långa byxorna; e) det röda äpplet; f) ett modernt callcenter; g) det tunga paketet; h) en trevlig helg; i) en stor offert.

10 a) stor; b) snygg; c) blåa; d) trevliga; e) lång; f) svarta; g) ljusblå; h) bruna; i) gammal; j) stor.

11 a) i; b) till; c) om; d) med; e) av; f) hos; g) per; h) vid; i) på; j) över.

12 a) henne; b) honom; c) oss; d) sig; e) henne; f) dig; g) mig; h) er.

13 T.ex. a) Strax 6; b) Kläder; c) Den är omodern. d) Ja, det gör han. e) De tar bussen.

Hörtext
- ○ Vad är klockan?
- ✚ Hon är strax sex.
- ○ Bra då hinner vi att åka in till stan. Hans & Hennes har ju öppet till klockan åtta.
- ✚ Ska du handla kläder nu igen?
- ○ Vad då igen, sista gången jag köpte något snyggt var på Kreta. Och den tröjan är verkligen inte modern längre. Den vill jag inte ha på mig mera.
- ✚ Ja, ja … Men måste jag verkligen följa med …
- ○ Snälla …
- ✚ Okej, då åker vi. Har du ditt månadskort på dig?
- ○ Javisst, det har jag väl alltid.

Lektion 10

1 **Waagrecht:** spis; ugn; nattduksbord. **Senkrecht:** frys; bokhylla; element; tavla; diskbänk; fåtölj; gardiner.

2 a) en soffa, soffan, soffor, sofforna; b) en spegel, spegeln, speglar, speglarna; c) en garderob, garderoben, garderober, garderoberna; d) ett nyckelskåp, nyckelskåpet, nyckelskåp, nyckelskåpen; e) ett matbord, matbordet, matbord, matborden; f) en diskmaskin, diskmaskinen, diskmaskiner, diskmaskinerna; g) en säng, sängen, sängar, sängarna; h) ett golv, golvet, golv, golven; i) en vägg, väggen, väggar, väggarna.

3 a) i; b) på; c) på; d) i, av; e) på; f) på, efter; g) av; h) till; i) av; j) vid.

4 a) era; b) min; c) mitt; d) hans; e) din; f) hennes; g) hans; h) deras; i) ditt.

5 a) Hon har ett nytt jobb i Östersund. b) Därför att hon flyttade. c) Hon joggade. d) Jobbet är bra. e) Det är en trea på 75 kvm. f) Ja. (Jobbet är bra och hon har en fin våning och snälla grannar.)

6 **stämmer:** a, b, d, f, g; **stämmer inte:** c, e.

7a Annons B.

Hörtext

♣ Hej, det här är Eva Nyström. Jag ringer för ... vi pratade ju om den där våningen igår och jag har fortfarande några frågor.
✚ Javisst, hej Eva, vad kan jag hjälpa dig med?
♣ Finns det egentligen ett badkar i badrummet?
✚ Javisst, det gör det.
♣ Så bra.
✚ Ja – och vad du kommer att tycka om är utsikten också. Man kan se långt över stan.
♣ Jo, det är härligt. Men sedan en annan fråga, har huset egentligen en hiss?
✚ Nej, tyvärr, det har det inte.
♣ Hm ...
✚ Men huvudsaken är ju att den ligger centralt, och det gör den ju verkligen. Det är bara några minuter att gå till bussen. Du är välkommen att titta på den när du vill.
♣ Ja, tack, det vill jag gärna. När passar det?
✚ Vad säger du om torsdag på eftermiddagen? Kanske klockan fyra?
♣ Klockan fyra är kanske lite sent.
✚ Ska vi säga två?
♣ Det låter bra.
✚ Okej, adressen är ...

7b a) Nej, det gör hon inte. b) För henne är det viktigt att det finns badkar i badrummet och en hiss. c) Nej, bara några minuter. d) Torsdag klockan två.

9 a) 65 kvm; b) ett rum och ett kök; c) Nej, det gör det inte. d) vid spisen; e) Nej, det har det inte. f) Nej, det finns bara ett utedass.

Hörtext

I min lilla stuga finns det inte mycket plats. Den är på 65 kvm men jag har bara ett rum och kök. Rummet är mycket stort, det är 55 kvm så det är ett kombinerat sov- och vardagsrum. Där har jag en säng, en soffa, en TV, ett stort bord med fyra stolar och en öppen spis. Vid den står det en mysig fåtölj. När du kommer in i stugan finns det en liten garderob till höger. Köket är mycket litet. Där finns bara en diskbänk, ett kylskåp och några skåp på väggen. Det finns inte plats för ett bord. Men det gör inget. Toaletten är ett utedass men det är inte långt att gå. Även om det är lite jobbigt på vintern så tycker jag om det så här.

10 a) litet; b) vita; c) gröna; d) lilla; e) fina; f) modern; g) stora, små; h) idylliska, härlig; i) lilla; j) varmt, kallt.

11a huvudstad; villaägare; diskbänk; västkusten; åldersgrupp; vardagsrum; bokhylla; nyckelskåp; trädgård; inredningstyp.

11b T.ex. elräkning; inredningstyp; tvättmaskin; familjeminnen; badmöjligheter; stekpanna.

13 a) Vad sysslar du med? b) Han jobbar som ekonomiassistent. c) Vilken buss kommer du med? d) Han är pilot och jobbar på SAS. e) Vilka grannar kommer på besök? f) Banken jag jobbar på heter Lidköpings Bank. g) Jag tycker en bakelse hör till kaffet. h) Vilket hus bor du i? i) Honom jobbar jag gärna tillsammans med. j) De gjorde en undersökning bland 200 barn.

Lektion 11

1 1) italienska rätter, pasta och pizza, en-två gånger i månaden; 2) restauranger som har fiskrätter, fisk och grönsaker, en gång i månaden; 3) pubar, enkel mat, öl, tre-fyra gånger i månaden.

Hörtext

✖ Vad gillar du för mat?
✖ Jag gillar italienska rätter som pasta och pizza. Vi har en mycket bra italiensk restaurang här i närheten som min man och jag brukar gå till.
✖ Hur ofta går ni på restaurang?
✖ Kanske en – två gånger i månaden.
✖ Vilken typ av mat föredrar du när du går ut och äter?
○ Jag tycker om fisk och grönsaker och lite lättare mat. Jag föredrar att gå till restauranger där de har goda fiskrätter. Men jag har ingen favoritrestaurang. Fisk finns ju alltid på matsedeln.
✖ Äter du ofta på restaurang?
○ Nej, inte så ofta, kanske en gång i månaden.
✖ Brukar du äta på restaurang ibland?
✚ Ja, fast pubbar tycker jag mera om. Där får man enkel och god mat. Det räcker för min del. När jag går på en pubb – det gör jag ungefär tre, fyra gånger i månaden – är det framför allt för att träffa mina vänner. Ibland äter vi där men för det mesta tar vi bara en öl.

3 T.ex. ✖ Hej, jag heter Veronika Lindholm och skulle gärna vilja beställa ett bord till lördag kväll. ○ Javisst, hur många personer är ni? ✖ Vi är fyra personer. ○ Och när vill ni komma? ✖ Klockan 19.00. ○ Då är ni välkomna.

4 T.ex. kött: stekt fläskfilé; fisk: pocherad rödtungafilé; frukt: jordgubbar; sallad: avocadosallad; soppa: dagens soppa.

6 T.ex. a) Vill du inte smaka? b) Rök inte här, tack. c) Har du tid på lördag kväll? d) Tack för inbjudan. e) Vad arbetar du med? f) När har du födelsedag? g) Vad ska jag handla? h) Var finns kaffet, tack? i) Har du barn? j) Var snäll och stäng dörren, tack.

7a 1) Två avocadosallader, en kalv- och en fläskfilé, två Ramlösa; 2) En risotto (bröd ingår), fasanbröst en stor stark Falcon; 3) En löjromstoast, en dagens soppa, en laxspett, en rimmad lax, ett glas vitt vin och en liten öl.

Hörtext

Dialog 1

♣ Ja, tack?
✚ Vi tar två avocadosallader och sedan en kalv- och en fläskfilé, tack.
♣ Vad vill ni dricka?
✚ Två Ramlösa tack.

Dialog 2

♣ Vad får det lov att vara?
✖ En risotto och … ingår bröd?
♣ Självklart. Det är vårt hembakade bröd som vi serverar till.
✖ Vad gott! Och som huvudrätt fasanbröst. Och en liten – eller nej en stor stark Falcon, tack.

Dialog 3

♣ Vad önskas?
○ Som förrätt tar vi en löjromstoast och en dagens soppa och som huvudrätt två laxspett eller … nej hellre bara ett laxspett och en rimmad lax, tack.
♣ Javisst, vad vill ni dricka?
○ Ett glas vitt vin och en liten öl, tack.

7b 1) Det blir 514:-. 2) Det blir 321:-. 3) Det blir 563:-.

8 a) soppa; b) huvudrätt; c) matsedel; d) chokladtårta; e) vegetarian; f) Ramlösa; g) självservering; h) jordgubbar.

9 T.ex. a) Jag jobbar mycket idag. b) Jag tycker mycket om lax. c) Vi åt på en italiensk restaurang igår. d) Jag dricker aldrig öl. e) Jag tar en soppa och fläskfilé. f) Förra veckan var jag i Tyskland. g) De sitter på ett kafé och fikar. h) Han joggar varje dag efter jobbet. i) Hon arbetar som lärare på en grundskola.

10 a) bland; b) med; c) mot; d) för; e) av; f) om; g) med; h) till; i) till; j) i; k) i.

11 **stämmer:** b, c, d, f; **stämmer inte:** a, e, g; h) spagetti bolognese (pasta med köttfärssås).

Hörtext

✖ Ann Lindqvist.
○ Hej, mamma det är jag.
✖ Hej!

- ○ Mamma, jag har mitt tjejgäng här på middag i morgon. Jag tänker göra min favoriträtt med din goda sås, du vet. Är det egentligen också socker i såsen?
- ✖ Javisst, det är det.
- ○ Och hur mycket salt och peppar?
- ✖ Inte mycket, men vi kanske tar det från början? Hämta en lapp och skriv upp.
- ○ Ett ögonblick bara … Okej?
- ✖ Skala löken, stek den hastigt i margarin eller smör och tillsätt köttfärsen. Häll över burktomaterna.
- ○ Häller jag över burktomaterna direkt?
- ✖ Nej, först måste köttfärsen vara färdigstekt. Det är viktigt. Sedan smakar du av med salt, peppar och lite socker.
- ○ Okej och sedan pastan enligt anvisningen. Det är lätt.
- ✖ Just det. Det blir säkert bra. Hälsa alla!
- ○ Det ska jag göra. Tack, mamma, hej då!

12a a) Idag har jag jobbat till klockan sju! b) Idag har vi ätit på restaurangen *Tre Änglar*. c) Idag har jag haft träningsbyxor på mig. d) Idag har jag inte druckit för mycket öl. e) Idag har hon lagat Jansons frestelse. f) Idag har de kokat te och bakat småkakor. g) Idag har jag cyklat hem. h) Idag har de spelat tennis tillsammans.

12b a) Nu har jag skrivit brevet färdigt. b) Jag vet inte, om du redan har sett honom? c) Var har du varit idag? d) Jag måste tänka efter var jag har köpt den här. e) Har du arbetat mycket i eftermiddag? f) De kommer inte idag därför att Lisa har fått feber. g) Firman har haft många problem i år. h) Jag har kokat kaffe, kommer du? i) Mats intresserar sig för konst, så han har rest till Florens för att gå på konstmuseer. j) Veronika intresserar sig inte för konst, så hon har inte åkt med.

14 a) Kalle och Kitty / De kommer till festen tillsammans med er, eller hur? b) Annika och Jesper / De spelar tennis tillsammans med dem. c) Han gav henne en bra bok. d) Vi talar engelska med dem. e) Min svåger / Han är i Stockholm med oss nästa vecka. f) De kunde inte ringa till honom. g) Hon åker till Finland tillsammans med oss. h) Tog han en öl med dig?

15 *Som* als Subjekt im Relativsatz darf nicht ausgelassen werden: a, c, e, f, g und j. *Som* als Objekt im Relativsatz kann ausgelassen werden: b, d, h, und i.

16 1) är; 2) tyckte; 3) äta; 4) fick; 5) var; 6) laga; 7) är; 8) undrar; 9) göra; 10) finns.

Lektion 12

1 a) jättesnäll; b) tråkig; c) sportig; d) trevlig; e) slarvig; f) smal; g) sur; h) opålitlig; i) bra; j) inåtvänd.

2 a) ett moget äpple; b) en rolig bok; c) ett ordentligt rum; d) en elak hund; e) en omogen banan; f) en lugn häst; g) en lat assistent.

3a **Magnus:** äldre bror, lärare i matematik, gift, tre barn, inåtvänd, bor i Australien; **Patrick:** yngre bror, ingenjör på Volvo, bor i Göteborg, sambo, inga barn, rolig och utåtriktad; **Föräldrar:** pensionärer, mamma pratsam, pappa tystlåten, tycker om att fiska.

Hörtext

- ○ Men, nej, titta! Fredrik, är det här du på fotografiet?
- ✖ Javisst, ser man inte det? Där var jag ungefär 6 år gammal.
- ○ Men vem är de här två till vänster?
- ✖ En är min äldre bror, Magnus heter han. Han är 39 år och bor i Australien nu. Jag har inte mycket kontakt med honom.
- ○ Oj – Australien! Har du varit där och hälsat på honom någon gång?
- ✖ Nja, jag var där en gång. Australien är ju mycket spännande men jag tycker min bror är lite tråkig, ganska inåtvänd …
- ○ Vad gör han där?
- ✖ Han är lärare i matematik.
- ○ Jaha … matematik. Och den andra?
- ✖ Det är Patrick, min yngre bror. Han är ingenjör på Volvo.
- ○ Är han också tråkig, tycker du?
- ✖ Nej, inte alls. Honom gillar jag. Han bor i Göteborg. Han är utåtriktad och väldigt rolig. Vi träffas ofta.
- ○ Är han gift?
- ✖ Nej, det är han inte, han är sambo. Men min äldre bror är gift och har tre barn.
- ○ Har din yngre bror också barn?
- ✖ Nej, inte än.
- ○ Och till höger här ser man dina föräldrar, inte sant?
- ✖ Ja, just det.

○ De ser trevliga ut.
✖ Ja, mamma är nog lite pratsam men pappa är motsatsen, han är ganska tystlåten.
Han tycker om att fiska och det gör han nu mycket på sin fritid. De är ju pensionärer nu.
○ Vad härligt!
✖ Och du då, har du syskon?
○ Ja, jag har ...

3b a) inåtvänd; b) tråkig; c) utåtriktad; d) rolig; e) pratsam; f) tystlåten.

4a **Waagrecht:** 1) relation; 2) bästis; 3) karaktärsdrag; 4) lojal; 5) kompis; 6) tjejsnack.
Senkrecht: 7) kön; 8) intelligent; 9) generös; 10) vårdad; 11) vänskap; 12) vacker.

4b egenskap; motsats; undersökning; karaktärsdrag; klasskamrat; favoritfärg; cykelsemester; matsedel; arbetskollega; vardag.

5 a) En god väninna ska jag kunna ringa upp när som helst. b) Han i den bruna jackan och de blåa glasögonen ser ganska intressant ut. c) Jag förmodar att han aldrig läser en bok eller en tidning. d) Han ringer henne också sent på kvällen. e) I fredags firade alla midsommar men jag måste arbeta. f) På måndag åker jag till Stockholm för att träffa min bror. g) Det hoppas jag att jag är. h) Jag tycker att vi ska äta på restaurang i kväll. i) Hon tycker att det är viktigt att ha en bästis. j) Vi förstår varandra och kan prata om allt.

6 a) 43; b) 73; c) 44; d) 74; e) 45; f) 75 g) 27; h) 77.

7a sportig / lat; ung / gammal; vänlig / ovänlig; lång / kort; stor / liten; sympatisk / osympatisk; vårdad / ovårdad; trevlig / otrevlig.

7b a) ung, yngre än, yngst, den yngsta; b) vänlig, vänligare än, vänligast, den vänligaste; c) lång, längre än, längst, den längsta; d) stor, större än, störst, den största; e) sympatisk, mer sympatisk än, mest sympatisk, den mest sympatiska; f) vårdad, mer vårdad än, mest vårdad, den mest vårdade; g) trevlig, trevligare än, trevligast, den trevligaste; h) lat, latare än, latast, den lataste; i) gammal, äldre än, äldst, den äldsta; j) kort, kortare än, kortast, den kortaste; k) liten, mindre än, minst, den minsta.

8 a) man: 1,85 lång med kort brunt hår och mörka ögon, klädd i en lång grå regnrock och bruna militärskor; b) pojke, 3 år, med blont hår och blåa ögon, har på sig bruna byxor och en grön T-shirt; c) tjej, 25 år, trevlig och pratsam.

Hörtext
a) Polisen letar efter en man som har rånat tre affärer i Skara centrum på eftermiddagen idag. Han är ungefär en meter och 85 centimeter lång, har kort brunt hår och mörka ögon. Han är klädd i en lång grå regnrock och har bruna militärskor på sig. Ring polisen 0511 54 54 54 om du kan ge uppgifter ... b) Vi har här en liten pojke på cirka tre år. Han har blont hår, blåa ögon och är klädd i bruna byxor och grön T-shirt. Vi ber hans mamma kontakta oss vid informationen. c) ✖ Hej, det här är Tina Söderbeck, tyvärr inte hemma just nu. Lämna ett meddelande efter tonen så ringer jag tillbaka. ○ Hej Tina, det är Jenny här. Vilken dag jag har haft. Jättejobbigt. Jag sitter tillsammans med en tjej på 25 år i ett litet rum. Hon är trevlig och pratsam och jag har ... nej men hör du, ring mig när du kommer hem så berättar jag mera.

9 **Adjektive:** a) äldsta; b) yngsta; c) minsta; d) smalaste; e) trevligaste.

10 a) Kalle är kortare än Acke. b) Sverige är större än Tyskland. c) Karin är blondare än Selma. d) Märta är äldre än Kajsa. e) En blus är tunnare än en tröja. f) En man är kraftigare än ett barn. g) Patrick är längre än Mats. h) Anna är yngre än Malin.

11 a) att; b) på; c) eller; d) men; e) på; f) Som; g) eftersom; h) medan; i) när; j) för att; k) fastän.

12 a) vem; b) vad; c) hur; d) vilken; e) vart; f) vilket; g) vilka; h) när; i) var; j) varifrån.

13 a) Jens har bott i Afrika i fem år. b) De har kommit nu. c) Har du varit i Amerika någon gång? d) Idag har jag arbetat utan en paus. e) Har du gjort läxan färdig nu? f) I måndags regnade det mycket. g) Jag har stått här sedan klockan fem och väntat på dig. h) De har aldrig varit i Tyskland.

14 a) inte; b) också; c) aldrig; d) ibland; e) Alltså; f) nog; g) kanske; h) verkligen; i) ju.

Repetition och test 9-12

1 T.ex. a) Vilken färg tycker du mest/bäst om? b) Vad har han på sig? c) Vilken storlek har du? d) Var finns provrummet? e) Passar den? f) Hur många rum har ni? g) Vad fattas? h) Vad får det lov att vara?

2 1a; 2c; 3b; 4a; 5b; 6b; 7a; 8c; 9c; 10a.

3 a) 10; b) 9; c) 1; d) 2; e) 8.

4 T.ex. a) Han bor i en lugn tvåa mitt i stan. b) ljusa, klara färger och pastellfärger; c) 0180 674 443; d) Lövbiff med svampsås; e) Det är lättare att hitta en våning att köpa, men priserna är höga.

Hörtext

a) ✖ Och här har vi nästa person som ringer. Hallå?
○ Ja hallå, det är Lars.
✖ Hej Lars – hur är det med dig: Trivs du i din våning?
○ Ja, jag trivs mycket bra. Jag bor mitt i stan och har inte långt att gå till jobbet.
✖ Hur många rum har du?
○ Jag har två rum plus kök och bad, våningen är mycket lugn och ligger centralt och jag tycker mycket om min lägenhet ...

b) Modemässan i Göteborg var en enorm succé: 125.000 besökare kom för att informera sig om allt som har med mode att göra. Intresset gällde framför allt frågan om vilka färger det är som kommer att vara aktuella i år. De senaste åren gick trenden mera till mörka färger som brunt, grått och svart. Men nu är det ljusa och klara färger som är aktuella. Även pastellfärger upplever en renässance.

c) Du lyssnar på radio djungel life från Stockholms centrum, och jag, Oskar Valhammar, hälsar dig hjärtligt välkommen till vårt första frågelekprogram den här veckan. Alla som har lust får delta, det är bara att ringa 0180 674 443. Idag är vår första fråga: vad heter ...

d) Bland restaurangerna vi testade bjöd hälften på äkta svensk mat som till exempel köttbullar eller pyttipanna. En restaurang som heter *Frestelse* övertygade oss mest. Deras husrätt *lövbiff med svampsås* var alldeles utsökt god och vi kan rekommendera den varmt.

e) Att hitta en våning till ett bra pris verkar inte vara lätt i våra dagar. Mäklaren Olaf Svensson säger att problemet på den svenska våningsmarknaden är att det inte finns så många våningar att hyra. Det är lättare att hitta en våning att köpa, men folk har idag inte så mycket pengar att de kan betala de dyra priserna.

Lektion 13

1a **Waagrecht:** omgivning; bagage; hotell; region; semestertyp; kontakt; resa; bakgrund; vandrarhem; sevärdhet. **Senkrecht:** karta; historia; mat; natur; cykel; fullpension.

1b en omgivning, omgivningen, omgivningar, omgivningarna; ett bagage, bagaget, bagage, bagagen; ett hotell, hotellet, hotell, hotellen; en region, regionen, regioner, regionerna; en semestertyp, semestertypen, semestertyper, semestertyperna; en kontakt, kontakten, kontakter, kontakterna; en resa, resan, resor, resorna; en bakgrund, bakgrunden, bakgrunder, bakgrunderna; ett vandrahem, vandrarhemmet, vandrarhem, vandrarhemmen; en sevärdhet, sevärdheten, sevärdheter, sevärdheterna; en karta, kartan, kartor, kartorna; en historia, historien, historier, historierna; (en) mat, maten; (en) natur, naturen, naturer, naturerna; en cykel, cykeln, cyklar, cyklarna; en fullpension, fullpensionen.

2a a) Barnen ser fram emot semestern. b) Jag hyr en cykel. c) Vi vill lära oss något om regionen. d) Jag undviker turister från mitt land. e) Mina vänner behöver en guidebok. f) Jag njuter av att koppla av på semestern. g) Lena och Markus prövar gärna olika restauranger. h) Ibland går hon på ett kafé. i) Vi måste skynda oss.

2b att lära sig; Personalpronomen + "lär" + mig / dig / sig / oss / er / sig.

3a 1g; 2f; 3e; 4b; 5c; 6a; 7d; 8h.

3b T.ex. 1) Ät äpplen! 2) Cykla! 3) Köp inte broschyren! 4) Sov inte i bilen! 5) Sätt dig inte på bänken! 6) Drick inte läsk! 7) Idrotta mera! 8) Handla inte i eftermiddag!

4 a) min; b) mitt; c) deras; d) vår; e) deras; f) hennes; g) hans; h) hans; i) era; j) vår.

5 a) hav; b) minusgrader; c) jordgubbar; d) vår; e) hus; f) strand; g) ö.

6 **rätt:** 1, 10; **fel:** 2, 3, 4, 5, 8; **det vet man inte:** 6, 7, 9.

Hörtext

♣ Hej!
✚ Hej Hej!
○ Hejsan!
♣ Är det okej om jag ställer min ryggsäck här?
○ Javisst, det är inga problem. Den ser tung ut.
♣ Det är den också. Men även när man vandrar behöver man kläder och mat.
○ Har du vandrat? Det var säkert fint.
♣ Helt fantastiskt så här på våren. Det måste jag verkligen säga. Nu ligger det fortfarande lite snö men när solen kommer fram kan det bli riktigt varmt. Jag badade fötterna i en älv till och med.
○ Usch, vad kallt.
✚ Det är säkert bra motion att vandra fast jag föredrar nog att åka skidor.
♣ Ja, det finns ju olika sätt att tillbringa en sportsemester.
○ Tältade du?

- ♣ Jajamen, mitt i den fria naturen.
- ○ Ensam? Bara du?
- ♣ Nej, nej, vi var ett helt gäng och vi hade jätteroligt. Vart är ni på väg då?
- ✚ Ja, jag är fotograf och jag har varit i Lappland och fotograferat för ett reportage. Det ska publiceras i Värmlandsposten.
- ○ Och jag var och hälsade på min familj i Östersund.
- ♣ Där var det väl inte heller så varmt, eller?
- ○ Vi hade väl ungefär 5 plusgrader som varmast och på nätterna fortfarande minusgrader. Nja en solsemester var det väl inte precis.
- ✚ Träffade du några björnar?
- ○ Nej, men några turister.
- ♣ Ja, de lär finnas här och där. Oh nu kommer konduktören ...

7 Ett högtrycksområde täckte hela Skandinavien med växlande vind och molnighet. Det var mestadels soligt och bara tidvis lätt regn. I Göta- och Svealand var det fortfarande dimmigt på morgonen men senare på dagen klarnade det upp. Även utmed Västkusten bröt solen igenom under dagen. Störst solchanser var det i sydost.

8a T.ex. I Umeå blir det fyra minusgrader. Det kommer att snöa. / I Stockholm blir det tre grader plus och regn. / I Lidköping blir det plus fyra grader och det blåser. / I Malmö blir det sex plusgrader och soligt. / I Kalmar blir det fyra plusgrader och moln.

8b **rätt:** 4, 5; **fel:** 1, 2, 3, 6, 7.

Hörtext
God morgon! Här kommer dagens väderleksrapport för Dalslandsregionen med Stella Strömberg. Ett område med sol och värme rör sig sakta över västra Götaland och sydligaste Svealand och fortsätter vidare norrut. Över hela Dalsland mestadels sol, över norra delen växlande moln och lite vind. Samtidigt kommer ett annat högtrycksområde från Finland in över norra Svealand och fortsätter mot södra Sverige. Upp till 24 plusgrader.

9a a) landskap; b) landskap; c) plats; d) kanal; e) upplevelse; f) Skogar; g) ängar; h) slussar; i) minnen; j) naturen; k) kulturliv; l) museer; m) utställningar.

9b **rätt:** 1, 5, 7; **fel:** 2, 3; **det vet man inte:** 4, 6.

10 a) väderprognos; b) järnvägsstation; c) hällristningar; d) vildmark; e) färg; f) ösregn.
Lösning: 1V; 2J; 3Ä; 4Ö; 5D; 6T; 7E; 8A; 9R; 10P; 11I; 12H; 13M; 14L; 15O; 16K; 17G; 18F; 19N; 20S.

12 **rätt:** 2, 3, 5, 9; **fel:** 1, 4, 6, 7, 8.

13 a) största; b) största; c) västra; d) färre; e) stora; f) största; g) minsta; h) längsta; i) stora; j) största; k) högsta; l) norra.

14 1a) högt, Adverb; 1b) högt, Adjektiv; 2a) nervös, Adjektiv; 2b) nervöst, Adverb; 3a) dyr, Adjektiv; 3b) dyrt, Adverb; 4a) vänlig, Adjektiv; 4b) vänligt, Adverb; 5a) vackert, Adverb; 5b) vacker, Adjektiv.

Lektion 14

1 a) vackraste; b) bästa; c) största; d) mest kända; e) högsta; f) längsta; g) mest sympatiska; h) yngsta, mest energiska; i) godaste.

2 **Waagrecht:** 1) shoppas; 2) äts; 3) besöks; 4) öppnas. **Senkrecht:** 5) stängs; 6) säljs; 7) omgives; 8) köps; 9) arbetas; 10) flaneras.

3 a) anses; b) serveras; c) renoveras; d) kallas; e) talas; f) bjuds; g) behövs; h) kokas.

4a a) därutöver; b) dessutom; c) förutom; d) bara; e) endast; f) också.
Lösning: 1D; 2S; 3O; 4Ä; 5F; 6B; 7N; 8R; 9A; 10K; 11V; 12T; 13M; 14U; 15Ö; 16C; 17Å; 18E.

4b a) förutom; b) dessutom / därutöver; c) bara; d) också.

5 **rätt:** 1, 3, 4, 6, 7; **fel:** 2, 5, 9; **vet man inte:** 8, 10.

Hörtext
Välkomna till vår guidade busstur genom Stockholm, jag heter Annika och vår busschaufför idag är Classe Olsson. Jag vill börja med att bara kort berätta hur vi kommer att åka. På den här turen passeras först Stadshusbron med Stadshuset på höger sida, sedan Vasabron och Gustav Adolfstorg. Därifrån fortsätter vi mot Hamngatan och Strandvägen. Turen avslutas på Djurgården vid Skansen. Där kan ni sedan flanera eller njuta av en god kopp kaffe innan vi åker tillbaka. Är det något ni vill veta under turen så fråga gärna. Hoppas ni får en trevlig tur. Stadshuset som ni ser här till höger byggdes ...

6a A) Kultur- och nöjespark; B) TV-torn; C) Storkyrkan.

6b förbinder, förbinds, förband, förbands; visar, visas, visade, visades; bjuder, bjuds, bjöd, bjöds; besöker, besöks, besökte, besöktes.

7 1c; 2f; 3e; 4d; 5b; 6a.

8 jag upplever, upplevde, har upplevt; du anser, ansåg, har ansett; han besöker, besökte, har besökt; hon bjuder, bjöd, har bjudit; den går, gick, har gått; det visar, visade, har visat; vi flanerar, flanerade, har flanerat; ni beskriver, beskrev, har beskrivit; de ger, gav, har givit.

9 a) Vad visas på Kungliga Slottet? b) Var säljs Stockholmskortet? c) Jag vet inte. / Jag är inte säker. d) Förlåt! / Ursäkta! e) Tack för hjälpen! f) Har du att lust att se ...? g) Vad vill ni göra imorgon? h) Hur kommer man dit? i) Varifrån går turen? j) Ingen orsak!

10a 1) turistinformationen; 2) Nationalmuseet; 3) klockan 10.00; 4) lokaltrafiken; 5) guidade båtturer.

Hörtext
✖ Stockholms turistinformation. Du talar med Lena Johansson.
○ Ja, hej, jag undrar om Nationalmuseet har öppet idag och hur länge?
✖ Nationalmuseet? Javisst. Det öppnas klockan 10.00 och stängs klockan fem.
○ Jaha, är det långt att ta sig dit från T-Centralen?
✖ Nej, det är det inte alls, det är bara några minuter att gå. Förresten: har du inte ett Stockholmskort?
○ Ett Stockholmskort? Vad är det?
✖ Det kan jag verkligen rekommendera dig att köpa. Med Stockholmskortet får du en guidebok om Stockholm med en bra karta, du har fritt inträde till de flesta museer och många evenemang och till på köpet kan du åka gratis med lokaltrafiken.
○ Det låter ju bra.
✖ Ja, och så ingår även två olika turer med en guidebåt. Då kan du se Stockholm från vattnet.
○ Var köper man det?
✖ Det kan du köpa här eller vid T-Centralen t.ex.
○ Tack för informationen. Det var ju verkligen ett bra tips.
✖ Javisst, välkommen åter. Hej då!
○ Hej då!

10b 1f; 2g; 3d; 4e; 5b; 6c; 7a.

11b T.ex. Jag heter Niklas Andersson och är 13 år gammal. Min mor heter Kerstin och är 47. Min far heter Göran och han är 43 år. Jag har en syster som heter Emma. Vi alla bor i en fyrarumslägenhet på Kyrkvägen 74 i Helsingborg. Båda mina föräldrar jobbar – Kerstin är sjuksköterska och Göran är lärare. Vi har också en hund i familjen: Kejsare.

12 apotek, apoteket, apotek, apoteken; bankomat, bankomaten, bankomater, bankomaterna; brevlåda, brevlådan, brevlådor, brevlådorna; park, parken, parker, parkerna; polisstation, polisstationen, polisstationer, polisstationerna; post, posten, poster, posterna; torg, torget, torg, torgen; fontän, fontänen, fontäner, fontänerna; trafikljus, trafikljuset, trafikljus, trafikljusen.

13a a) fönster; b) gardin(er); c) tavla; d) (tak)lampa; e) element; f) stol; g) matta; h) fåtölj; i) katt; j) tidning; k) soffa; l) vas; m) bok / böcker; n) bokhylla.

13b 1b; 2a; 3c; 4c; 5b; 6a; 7c; 8a; 9a; 10b; 11c; 12b; 13a; 14a.

14 1h; 2d; 3j; 4e; 5i; 6f; 7b; 8g; 9a; 10c.

16 **Waagrecht:** 1) Vasaloppet; 2) protestantism; 3) adelsmän; 4) bonde; 5) målare; 6) fängelse.
Senkrecht: 7) Vasa; 8) nationaldag; 9) union; 10) svåger; 11) tron; 12) krig.

Lektion 15

1 a) I sydvästra Skåne, omkring 20 kilometer från Köpenhamn; b) Stockholm, Göteborg, Malmö; c) Ca. 100; d) Danmark; e) År 1658; f) Hus från 15- och 1600-talet; g) I början av augusti.

Hörtext
Malmö ligger vid kusten mot Öresund i sydvästra Skåne, omkring 20 kilometer från Köpenhamn. Det är Sveriges tredje största stad efter Stockholm och Göteborg. Malmö är en internationell stad med ca en fjärdedel invandrare från 166 olika nationaliteter. Förutom skånska talas det här ca 100 språk. Skånska är en dialekt med starka drag från det danska språket. I många århundraden hörde Skåne till Danmark men övergick till Sverige år 1658. Malmös innerstad med vackra hus från 15- och 1600-talet visar att Malmö var en viktig handelsstad. Malmöfestivalen i början av augusti besöks av över 1,4 miljoner människor varje år.

2a en orkester, orkestern, orkestrar, orkestrarna; en biljett, biljetten, biljetter, biljetterna; en symfoni, symfonin, symfonier, symfonierna; en kassa, kassan, kassor, kassorna; en bar, baren, barer, barerna; en utställning, utställningen, utställningar, utställningarna; en konsert, konserten, konserter, konserterna; en reservation, reservationen, reservationer, reservationerna; en ändring, ändringen, ändringar, ändringarna; ett föredrag, föredraget, föredrag, föredragen.

2b a) orkestern; b) biljetter; c) kassan; d) en utställning; e) konserter; f) reservationer; g) föredraget; h) ändringar.

3 a) hellre; b) inte; c) hellre; d) inte vi heller; e) inte; f) hellre; g) hellre; h) inte jag heller.

4 a) katastrof; b) låtar; c) akustiken; d) pengarna; e) biografer; f) föredrag; g) operan.

5 a) underhållande; b) fascinerande; c) sjungande; d) fängslande; e) skrattande; f) skrämmande.

6 a) helt botten; b) djurpark; c) revisor; d) långdragen; e) matta; f) tidning; g) kött.

7 1d) frågesport; 2f) Östersundsbron; 3a) konserthus; 4c) turistkort; 5e) biljettkassa; 6g) livskamrat; 7h) jazzkonsert; 8b) teaterstycke.

8 a) romantisk komedi; b) gammal och ung, män som kvinnor; c) underhållande, rolig, originell, charmig, romantisk.

10 a) det där / det här; b) denna; c) den där / den här; d) denna; e) de här / där; f) den där / den här; g) denna; h) den där / den här; i) det där / det här; j) dessa.

11 1c; 2d; 3e; 4a; 5f; 6g; 7b.

12 a) honom; b) dig; c) dem; d) er; e) henne; f) oss; g) dem; h) oss.

13a orkesterdike; parkett; rad; balkong; textmaskin; program; paus; toalett; biljetter.

13b a) pauser; b) toalett; c) biljetter; d) rad; e) balkongen; f) textmaskin; g) orkesterdiket; h) parkett.

14a in, inne; upp, uppe; hem, hemma; bort, borta; dit, där; fram, framme; hit, här; ner, nere; ut, ute.

14b a) in; b) upp; c) hemma; d) borta; e) där; f) inne; g) hem; h) framme; i) uppe; j) bort.

15a **rätt:** 7; **fel:** 1, 2, 3, 4, 6; **vet man inte:** 5.

15b a) var; b) har ... varit; c) har semestrat; d) ser; e) Var; f) var; g) bodde; h) låter; i) var; j) räckte; k) hann; l) är; m) talar; n) behövde; o) var; p) är; q) fungerade; r) säga; s) måste; t) var; u) kan; v) gå; w) vill; x) har ... sett; y) rekommendera; z) ringer.

16 a) litet; b) små; c) stora svarta; d) gröna; e) stor, blå; röda; f) rutiga; g) söta; h) vita; i) fantastisk; j) varm; k) fina.

17 a) Vad händer i stan idag? b) Vem har skrivit den här boken? c) Det får du bestämma. d) Det förstår du väl. e) Ska vi ta ett glas vin tillsammans? f) Får jag bjuda dig på en öl? g) Jag är väldigt upptagen just nu. h) Vad går på teatern nu på lördag? i) Har du hört talas om den nya svenska filmen?

18a a) ny; b) full; c) by; d) lys; e) fur; f) mys; g) russ; h) tyg; i) bur.

Lektion 16

1 **Waagrecht:** öron; ansikten; händer; panna; tänder. **Senkrecht:** axlar; mun; knä; fötter; armar; näsa; ögon.

2 T.ex. 1d; 2e; 3h; 4i; 5g; 6b; 7j; 8f; 9c; 10a.

3 a) vilka; b) vilket; c) vilka; d) vilket; e) vilket; f) vilken; g) vilka; h) vilken; i) vilken; j) vilken.

4 T.ex. a) Ta trappan! b) Ät frukost! c) Drick mera! d) Sov tillräckligt! e) Sola mindre! f) Rök inte! g) Ät inte godis varje dag! h) Rör mer på dig!

5 **rätt:** 1, 4, 5; **fel:** 2, 3, 8; **vet man inte:** 6, 7.

Hörtext

+ Vad är det med dig då? Du ser trött ut.
○ Ja, det är jag också, jag är jättetrött.
+ Varför då?
○ Jag vet inte, jag mår inte så bra.
+ Har du inte sovit tillräckligt?
○ Jo, det har jag. Jag vet inte heller vad det är för fel på mig. Jag har också lite ont i huvudet.
+ Vill du ha en huvudvärkstablett?
○ Nej tack, jag tycker inte om att ta medicin, det vet du ju. Det går nog bort av sig själv.
+ Har du det stressigt på jobbet?
○ Ja, det har varit mycket på sistone.
+ Mm, har du rört på dig tillräckligt?
○ Du menar motionerat? Nej, det har jag verkligen inte haft tid med.

- ✚ Men just när det är stressigt tycker jag att det känns bra med frisk luft – att ta en promenad eller jogga … Man behöver ju inte överdriva!
- ○ Ja ja, det stämmer nog.
- ✚ Och så är det viktigt att äta rätt mat. Det glömmer man ju lätt när det är stressigt.
- ○ Äsch, jag behöver en ordentlig semester. Sedan blir allt bra igen.
- ✚ Ska vi boka något trevligt? En stuga vid vattnet eller uppe i fjällen?
- ○ Ja, det gör vi. Vänta, jag har den där broschyren om Härjedalen någonstans. Jag tycker vi vandrar i fjällen …

6 a) tacka; b) var; c) talar; d) fick / har fått; e) njöt; f) att bada; g) kommer att tänka; h) gick; i) satt; j) märkte; k) saknades; l) hade glömt; m) talade; n) hade; o) hade informerat; p) (hade) lämnats; q) kunde; r) måste; s) ska äta; t) har lagat; u) luktar.

7 a) huvud; b) läsk; c) tandläkaren; d) baksmälla; e) trappan; f) sax; g) benet; h) halsen; i) grönsaker; j) ansiktet, k) fötterna. Lösenord: värktablett.

8 a) deras; b) mitt; c) hennes; d) mitt; e) dina; f) din; g) hans; h) era; i) deras.

9 sjuksköterska: b, c, d; patient: a, e, h, j; läkare: f, g, i.

10 a) min; b) sina; c) sin; d) dina; e) hennes; f) hennes; g) sin; h) din; i) din.

11 1g; 2e; 3h; 4b; 5d; 6c; 7a; 8f.

12 T.ex. a) Jag känner mig stressad. b) Jag rekommenderar mer motion. c) Vad är det för fel på dig? d) Jag har tandvärk. e) Krya på dig! / God bättring! f) Är du allergisk? g) Jag behöver ett plåster. h) Jag ringer i morgon. i) Jag studerar biologi vid universitet i Wien. j) Andas djupt in och ut!

13 **rätt:** 1, 3, 6; **fel:** 4, 5, 7, 8; **vet man inte:** 2.

Hörtext

- ✖ Vem känner inte till det? Efter en lång arbetsdag har man ont i ryggen och man vet inte vad man ska göra så att smärtorna försvinner. Vi har pratat med fysioterapeuten Angela Sparre.
- ○ Ja, idag sitter ju de flesta i många timmar framför datorn utan att resa på sig emellanåt. Det tycker ryggen inte om.
- ✖ Vad kan du rekommendera?
- ○ Det viktigaste är att man rör sig ofta och inte sitter stilla längre än en timme. Då undviker man på ett effektivt sätt att ryggen intar fel hållning.
- ✖ Ska man då jogga i korridorerna på kontoret?
- ○ Nej, självklart inte. Det räcker att man ställer sig upp och sträcker på armarna. Stretching är alltid bra. Och man ska andas in och ut djupt, gärna framför ett öppet fönster så att kroppen får syre.
- ✖ Men om det inte hjälper och man har kroniskt ont i ryggen. Vad gör man då?
- ○ Ja, då måste man faktiskt gå till en läkare. Han kan rekommendera rätt form av sjukgymnastik och den måste man då göra regelbundet. Hos sjukgymnasten lär man sig också lätta övningar som man kan göra själv hemma.
- ✖ Och det betyder självdisciplin!
- ○ Javisst, men så farligt är det ändå inte. Man kan lätt integrera gymnastikövningar i vardagen. Stretcha medan du kokar kaffe, läsa en tidning i rätt kroppsställning och böja på knäna när du tar upp något från golvet …
- ✖ Ja, det låter ju inte så farligt – faktiskt. Tack Angela för dina goda råd för vardagslivet! Och vi fortsätter vårt program med väderleksrapporten som nu läses av Martin Nordström …

14 Socialdepartementet.

15 T.ex. 1j; 2i; 3f; 4b; 5c; 6e; 7h; 8g; 9a; 10d.

16 a) svår; b) svar; c) fyra; d) fira; e) mor; f) mår; g) men; h) min; i) tåg; j) tog.

17 a) om; b) utan; c) i; d) av; e) per; f) med; g) under; h) från; i) på; j) med.

Repetition och test 13 - 16

1 1j; 2f; 3h; 4a; 5d; 6e.

2 1c; 2b; 3a; 4c; 5c; 6b; 7c; 8c; 9c; 10b.

3 a) 2; b) 4; c) Buss nr. 42; d) Hon har hosta och feber och ont i huvudet. e) Baren ligger på den högra sidan mitt emot posten.

Hörtexte

a) Malmö SymfoniOrkesters biljettkassa, goddag. Tyvärr är biljettkassan stängd. Våra öppettider är måndag till onsdag från 9.30 till 12.00 och torsdag från 14.00 till 18.00. Fredag och lördag har vi öppet från 9.00 till 13.00. Söndag har vi stängt. Tack för att du ringde.

b) ✖ Hej, du har kommit fram till Charlotte. Tyvärr är jag inte hemma just nu men lämna gärna ett meddelande så ringer jag tillbaka. ○ Hej Charlotte, det är Max här. Jag ville bara lämna besked angående vår cykeltur. Jag har kollat väderleksrapporten. Det ska bli molnigt men inget regn och riktigt varmt, upp till 23°. Vi kommer alltså att svettas ordentligt. Ta med dig tillräckligt att dricka. Jag ser fram emot vår tur. Vi ses! Hej då.
c) Vi ber vänligen alla resenärer om uppmärksamhet. På grund av reparationer kommer tunnelbanetrafiken mot T-Centralen att vara inställd idag mellan klockan 9.00 och 10.30. Alla resenärer mot T-Centralen ombeds att ta buss nr 42, som avgår från denna station.
d) ✖ Hej, det är Lars – tyvärr inte personligen men lämna gärna ett meddelande. ○ Hej Lars, det är Maja. Du, jag kan tyvärr inte komma på din födelsedagsfest. Jag mår inte bra och läkaren säger att jag måste ligga till sängs i minst tre dagar. Jag har hosta och feber och ont i huvudet. Jag är mycket ledsen, jag skulle så gärna ha kommit. Vi hörs, hej då!
e) ✖ Hej! Du har ringt 43 43 388. Är för tillfället inte hemma men lämna gärna ett par ord. ○ Hej Anna, det är Petra. Roligt att du kommer och hälsar på. Kan vi redan träffas i morgon kväll? Jag jobbar ganska sent men vi kan väl ses på Antons jazzbar klockan 20.30? Jag ska förklara vägen. När du kommer ut från tunnelbanestationen Petruskyrkan går du bara rakt fram. Sedan svänger du in till vänster på Kajgatan. Baren ligger på den högra sidan mitt emot posten. Jag hoppas du har tid så vi kan ses där! Hör av dig och trevlig resa!

Lektion 17

1 a) banktjänsteman; b) reseledare; c) webdesigner; d) läkare; e) kock.

2 bilmekaniker, bilmekanikern, bilmekaniker, bilmekanikerna; kypare, kyparen, kypare, kyparna; webdesigner, webdesignern, webdesigner, webdesignerna; översättare, översättaren, översättare, översättarna; reseledare, reseledaren, reseledare, reseledarna; arkitekt, arkitekten, arkitekter, arkitekterna; civilekonom, civilekonomen, civilekonomer, civilekonomerna; flygvärdinna, flygvärdinnan, flygvärdinnor, flygvärdinnorna.

3a a) hans; b) sin; c) sitt; d) sin; e) sina; f) deras; g) sin; h) hennes; i) hennes; j) sina.

3b **rätt:** a, b, e, g; **fel:** c, d, f.

4 a) Jag hade tur. Allt var sparat på ett USB-minne. b) Till mina uppgifter hör att ta emot telefonsamtal. c) Jag tog studenten år 2006. d) Han har läst finska i Uppsala och arbetar nu som översättare vid EU. e) Han har alltid haft bra kontakt med kunder. f) Hon hade otur och blev arbetslös. g) Som bilmekaniker måste hon förstås kunna hantera maskiner. h) Jag är ansvarig för de ingående räkningarna. i) Trivs du bra på ditt jobb?

5 a) dvd-spelare; b) rättigheter; c) it-avdelning; d) jurist; e) sjökapten; f) kunder; g) regelbunden arbetstid; h) biograf.

6 a) man; b) dem; c) ditt; d) som; e) mycket; f) vilken; g) den här; h) sådan; i) många; j) er.

7 T.ex. a) Jag retar mig på att en av mina kollegor inte vill delta i vår kaffekassa. b) Benny, som hade varit sysselsatt på ICA i över 10 år, blev arbetslös i höstas. c) Han tycker inte om att arbeta hårt fysiskt. d) Jag tror inte att jag skulle kunna klara av dessa oregelbundna arbetstider mera. e) Du måste ta studenten för att kunna studera på universitetet. f) Vem är det som är ansvarig för den här räkningen? g) Inom denna bransch spelar möten en viktig roll i arbetslivet. h) Vad för sorts utbildning har du?

8 **stämmer:** a, c, f, g; **stämmer inte:** b, d, e.

Hörtext
✖ Designpartners, du pratar med Rasmus Söderström, Goddag.
○ Hej, det är Linda Dahl. Kan jag få tala med Hans Lundgren?
✖ Javisst, ett ögonblick bara.
✖ Hallå?
○ Ja?
✖ Hör du – jag är ledsen, men Hans sitter i möte just nu. Ska han ringa tillbaka?
○ Jaså. Hm, det är faktiskt lite bråttom. Vem är det som sköter Lingon & Blåbär-projektet då?
✖ Det är nog Aino Berg. Ska jag koppla dig till henne?
○ Ja, gärna.
✚ Aino Berg.
○ Hej, det är Linda Dahl.
✚ Hej. Vad kan jag hjälpa dig med?
○ Jag ringer på grund av Lingon & Blåbär-projektet.
✚ Jaha.
○ Det var inte möjligt att prata med Hans just nu, men vi måste ju bestämma oss hur vi går vidare nu och ...
✚ Ja, det är ju Hans som vet mycket mera om saken. Är det inte enklast om jag meddelar honom att du har ringt? Så kan han ringa tillbaka ...?
○ Ja, kanske det är bäst. Han har mitt nummer.
✚ Så bra! Då hör han av sig. Hej då.
○ Ja, hej då och tack för hjälpen!

9 1f; 2g; 3b; 4d; 5h; 6e; 7c; 8a.

10 a) utbildning; b) Lämnas på begäran; c) snabel-a; d) Ansökan skickas till ...; e) personuppgifter; f) personliga egenskaper; g) Läkare söks!

11 1h; 2e; 3g; 4b; 5f; 6a; 7d; 8c.

12 **rätt:** a, b, d, g; **fel:** c, e, f.

13 Hon ... a) tog emot telefonsamtal. b) var tvungen att / måste hantera stress. c) skrev räkningar ibland. d) var ansvarig för marketing. e) hade bra kontakt med kunder. f) meddelade sin chef resultaten. g) satt regelbundet i möten. h) jobbade på kvällarna ibland. i) pratade engelska i telefon.

14 **stämmer:** a, e, f; **stämmer inte:** b, c, g; **vet man inte:** d.

Hörtext

♣ Polis, bilmekaniker, dataexpert – frågar man ungdomar idag vad de vill bli så är det ofta svaret. Men den 23-årige Samuel Mattson har valt en annan väg. Han jobbar som marionettspelare och är frilansare. Varför bestämde han sig för ett så ovanligt yrke?

✚ När jag var liten hade mina föräldrar fått gratisbiljetter till en Faust-uppsättning på en marionett-teater. De tog med mig och jag blev oerhört fascinerad av den pittoreska dockvärlden som jag fick se där. Efter det visste jag: Detta är vad jag vill göra när jag blir stor.

♣ Och så blev alltså marionettvärlden din värld ...

✚ Ja, jag trivdes så bra i den miljön och gick regelbundet på alla möjliga marionettmuseer och dockteatrar.

♣ Marionettspelare – ett intressant och konstnärligt arbete. Samuel lärde sig snabbt att göra sina egna marionettdockor. På det sättet kunde han utveckla sin konstnärliga sida.

✚ Redan som barn tyckte jag om att jobba med olika material. Att kombinera trä och olika tyger är ju en mycket intressant process. Att först snida dockorna och sedan klä dem. Varje marionett måste ju ha en egen personlighet!

♣ Om du vill veta mer om Samuel Mattsons arbete som marionettspelare fortsätt då att lyssna efter nyheterna ...

15 a) djupfrysta; b) bakade; c) lagat; d) reparerad; e) utfört; f) målade; g) spruckna.

16 a) fira / fyra; b) sill /syll; c) tåg / tog; d) ris / ryss; e) mått / mat; f) var / vår; g) bädd / bett; h) har / hår; i) bita / byta; j) laga / logga.

17 a) Vem är det som tar hand om skaldjursprojektet? b) Vem var det (som) du ville tala med? c) Vem är det som jobbar i databranschen? d) Vem var det som alltid hade jeans på sig? e) Vem var det som sa att han kommer? f) Vem är det som ska skriva protokollet? g) Vem är det som har tagit studenten år 2003? h) Vem var det som inte tyckte om att jobba i team? i) Vem är det som har haft influensa?

18 a) sina; b) deras; c) sitt; d) deras; e) hans; f) sin; g) deras; h) sina.

Lektion 18

1 T.ex. klädesplagg: byxor, skjortor, lång kjol, sockor, tröja; toalettartiklar: tvål, solkräm, tandborste, handduk, myggolja; sportutrustning: sportskor, fotboll, golftillbehör; dokument: pass, körkort, bankomatkort.

2a a) byxor; b) kamera; c) ficklampa; d) necessär; e) paraply; f) handdukar; g) sportskor; h) strumpor; i) hårtork; j) schackspel; k) reseradio; l) solkräm; m) plastpåse; n) strykjärn; o) skjortor.

2b a) mellan; b) bredvid / till vänster om; c) på; d) I; e) I; f) framför; g) I; h) under; i) mellan; j) under; k) bakom.

3 a) Han går och fixar mackor. b) De har gått och handlat mat. c) Hampus ska gå och hämta tidningen. d) Hon hade gått och köpt mjölk. e) Barnen gick och badade i går kväll. f) De ska gå och hälsa på dem i morgon. g) Han går och stänger dörren.

4a a) som; b) (som); c) (som); d) (som); e) som; f) som.

4b a) Vad hette stan där det fina konstmuseet låg? b) Har du en bra plats där jag kan lägga broschyrerna? c) Var är ryggsäcken där du la legitimationerna? d) Biografen där jag träffade min bror heter *Bobs Bio*.

6a 1g; 2f; 3h; 4c; 5d; 6b; 7e; 8a.

6b Akzent 2.

7 T.ex. ♣ Hej! ✚ Hej! Jag har tankat vid fyran. ♣ Då blir det 550 kronor. Var det bra så? ✚ Nej, jag skulle också vilja tvätta bilen. Vad kostar det? ♣ 150 kronor. ✚ Okej. ♣ Då kör du bilen dit fram till höger. ✚ Tack för det!

8 **stämmer:** 3, 6; **stämmer inte:** 1, 2, 5, 8; **vet man inte:** 4, 7.

9 a) så att; b) varken ... eller; c) eftersom; d) och; e) inte bara ... utan också; f) såväl ... som; g) varken ... eller; h) för att; i) att.

10 a1; b3; c2; d2/3; e1/3; f1; g1.

Hörtext

✖ Hej, det här är Radio Stadsdjungel. Idag vill vi diskutera om allemansrätten. Jag står framför busshållplatsen Fredriksberg och här har vi vårt första intervjuoffer. Hej, vad heter du? Och vad tycker du om den svenska allemansrätten?

○ Jag heter Maj-Britt hm ja och jag tycker verkligen att allemansrätten borde avskaffas. Det är ju inte bara turister som missbrukar den utan även svenskar. Ungdomarna är värst. De slänger sin skit överallt när de har tältat och gjort eld och det ser för jävligt ut efter dem. Nej, bort med allemansrätten!

✖ Jaha, tack för det och så har vi här en ung kvinna. Hej, vad tycker du om allemansrätten?

▲ Allemansrätten? Det är ju en fantastisk sak vi har här i Sverige. Jag tycker det är underbart att kunna röra mig fritt i naturen och på vattnet. Vi seglar mycket på somrarna och vi älskar att kunna lägga till överallt där vi vill utan att ta hänsyn till någon eller behöver fråga någon. Var annars i världen kan man det?

✖ Ja, just det, det är bra. Låt höra vad den här mannen säger om det.

✚ Ja, jag tycker också att allemansrätten är en fin sak. Men jag tycker också att den innebär en viss fara, folk utnyttjar den ibland lite för mycket. Det vore nog bättre om man satte upp ett par regler, i alla fall ute i skogen så att naturen skyddas mera.

✖ Jaha, det är uppenbart att det finns olika åsikter om allemansrätten.

11 T.ex. a) Han frågar om hon har tänkt på allt. b) Han frågar om hon inte har glömt hans körkort. c) Han undrar också om hon har packat sina toalettartiklar. d) Han undrar om hon har sagt till verkstan att oljan i deras bil måste bytas. e) Han frågar (också) om hon har packat hans kamera.

12 1) Varannan helg träffar jag mina föräldrar. 2) Min leasingbil byts ut vartannat år mot en ny. 3) Vi åker till Gotland varje sommar. 4) Vart tredje år måste trädörrarna målas. 5) Var fjärde vecka spelar vi fotboll mot ett annat lag.

13 a) länder; b) söner / döttrar; c) tänder; d) bokstäver; e) nätter; f) böckerna; g) fötter; h) städerna; i) händer.

14 1h; 2d; 3i; 4f; 5e; 6b; 7g; 8a; 9c.

16a **stämmer:** 1, 2, 4; **stämmer inte:** 5, 6; **vet man inte:** 3.

16b a) information; b) billig, miljöriktig; c) eftersom, för att, när; d) av, på, med, genom, förutom, för, om, över.

Lektion 19

1a 1) Carl von Linné 1707-1778; 2) Professor der Medizin, Naturforscher; 3) berühmt durch sein Werk *Systema naturæ*.

1b / c ✖ Carl Larsson, Maler, 1853 – 1919; ○ Silvia Sommerlath, Königin, 23. Dezember 1943.

Hörtext

a) Han växte upp under fattiga förhållanden, men idag är hans hem ett berömt museum. Här porträtterade han sin hustru Karin och deras sju barn vid olika sysselsättningar inom hemmet och ute i naturen. Hans verk samlades i boken *Ett hem i Dalarna* som har haft stort inflytande på inredning och hantverk i Sverige fram till idag.
b) Hon är född i Heidelberg och träffade sin blivande man under de Olympiska spelen i München 1972. Med honom har hon tre barn. Hon är mycket populär i sitt nya hemland och engagerar sig internationellt för barnens rättigheter.

2 a6; b8; c4; d5; e3; f1; g9; h7; i2.

3 a) Den här restaurangen blev invigd (invigdes) förra veckan. b) Platserna blev reserverade (reserverades) av ett företag i måndags. c) Proven blev undersökta (undersöktes) idag utan resultat. d) Deklarationen blir skickad (skickas) i morgon.

4 a) på; b) på; c) till; d) under; e) med; f) på; g) från; h) på; i) från; j) med.

5 T.ex. a) Jag kollar det i ett lexikon. b) Påminn mig om ... c) Det var annorlunda förr i tiden. d) Allt är så praktiskt. e) Bekvämt var det inte. f) Det var inget vidare. g) Jag undviker mjölkprodukter. h) Jag äter hellre fisk. i) Det sköter jag själv. j) Jag trivs i min nya lägenhet.

6 a) mest kände / kändaste; b) rikaste; c) fler; d) viktigare; e) mest moderna / modernaste; f) mer sympatisk / sympatiskare; g) yngsta; h) större; i) äldsta.

7 a) här; b) framme; c) nere; d) in; e) upp; f) uppe; g) inne; h) ut; i) ute.

8a a) tänker; b) tycker; c) tror; d) tänker; e) tycker; f) tror; g) tänkte; h) tror.

8b 1) tänka; 2) tro; 3) tycka.

9 T.ex. a) Svenska är det officiella språket i både Sverige och Finland. b) Naturligtvis pratar inte alla finländare svenska. c) Finland blev en självständig stat den 6 december 1917. d) En kväll blev han skjuten på en gata i centrala Stockholm. e) Priset delas ut varje år den 10 december i Stockholm. f) Hennes liv kunde tyvärr inte räddas. g) Han tillfångatogs som spion och försvann därefter. h) Hon glömde aldrig sin fattiga barndom.

10 ett samhälle, samhället, samhällen, samhällena; ett universitet, universitetet, universitet, universiteten; en människa, människan, människor, människorna; en språkkälla, språkkällan, språkkällor, språkkällorna; en man, mannen, män, männen; ett ord, ordet, ord, orden; en affär, affären, affärer, affärerna; ett föremål, föremålet, föremål, föremålen; ett råd, rådet, råd, råden; en läxa, läxan, läxor, läxorna.

11 T.ex. a) ska; b) skulle; c) Ska; d) skulle; e) Skulle; f) skulle; g) Ska; h) skulle.

12 a) Barnets liv räddades av läkarna. b) Bilen repareras i verkstaden. c) Maten hade lagats av Amelie. d) Boken ska skrivas av en journalist. e) Musen jagas av katten. f) Huset hade sålts av en mäklare.

13 a) finner; b) månader; c) börjar; d) lärarna; e) tycker; f) arbetskollegor; g) känns; h) integrera; i) arbetar; j) Hör.

14 a) ja; b) ju; c) jo; d) ja; e) jo; f) ja, ju.

15 1c; 2a; 3b; 4b; 5a.

Lektion 20

1 a) kött; b) älv; c) kära; d) Gud; e) Kjell; f) sko; g) matt; h) tag; i) skön; j) finna; k) visa; l) dit.

2 T.ex. a) Jag är född i Stockholm. b) Jag känner till landets historia. c) Jag känner mig trygg. d) Jag är anställd hos firma(n) XY. e) Jag har ofta retat mig på ... f) Jag hade tur förra året. g) Tack för att du ringde.

3a a) dålig; b) snabb; c) mörk; d) mätt; e) stängd; f) trött; g) gammal; h) full; i) smutsig; j) upptagen; k) billig.

3b a) obekväm; b) otypisk; c) osocial; d) ointressant.

4 a) om; b) medan; c) varken ... eller; d) utan; e) inte; f) trots att; g) såvida; h) ju ... desto; i) bara.

5 a) sina; b) sina; c) deras; d) Hans; e) hennes; f) sitt; g) sin; h) hans; i) sitt, hans; j) sin, deras.

6 **rätt:** 2, 3; **fel:** 1, 4, 5.

Hörtext
Som en ny undersökning av befolkningen på ön visar arbetar 71 kvinnor av 100. Inom den offentliga sektorn jobbar 32 av 100 kvinnor. Av männen har 77% fast arbete, 27% av dem inom den offentliga sektorn. 24% av kvinnorna arbetar inom sjukvården, de flesta som sjukvårdspersonal. Av männen är det 32%, varav de flesta är läkare. Allt som allt ser man att ...

7 T.ex. a) De rådde oss att rösta för kristdemokraterna. b) Hon tyckte att miljöpartiet var det bästa partiet därför att de verkligen bryr / brydde sig om miljön. c) Han hade påpekat att Nils var ju socialdemokrat. d) Hon tror att Anna kommer att engagera sig i vänsterpartiet. e) Farfar förvånade sig över att kristdemokraterna verkligen hade fått majoriteten. f) Chefen kommer att fråga om hon verkligen är jurist till yrket. g) Han har sagt att de inte har någon chans i politiken. h) Läkaren undrade om Lars hade gjort sin värnplikt.

8 T.ex. I Tyskland finns det färre partier i parlamentet (5) än i Sverige (7). I Sverige finns det flera partier i parlamentet (7) än i Tyskland (5). / Valdeltagandet i Österrike (78,9%) var lägre än i Sverige (81,99%) år 2006. I Sverige var valdeltagandet (81,99%) högre än i Österrike (78,9%). / Schweiz har färre invånare (ca. 7,4 miljoner) än Sverige (ca. 9,1 miljoner). Sverige har flera invånare (ca. 9,1 miljoner) än Schweiz (ca. 7,4 miljoner). / Sveriges huvudstad har färre invånare (ca. 1,7 miljoner) än Berlin (ca. 3,4 miljoner). Berlin har flera invånare (ca. 3,4 miljoner) än Stockholm (ca. 1,7 miljoner). / Österrikes yta (83858 km2) är mindre än Sveriges (449 964 km2). Sveriges yta (449 964 km2) är större än Österrikes (83858 km2).

9 a) viktigare; b) idag; c) många; d) mest; e) första; f) ibland / sällan; g) månad; h) först.

10 a) starkt; b) kvinnlig; c) jättespännande; d) viktigaste; e) stort; f) stängt; g) gamla röda; h) äldst; i) yngre; j) minsta.

11 a) Fastän Sverige har en konung är det dock ett demokratisk samhälle. b) I Sverige infördes rösträtten för kvinnor först så sent som 1921. c) Är det berättigat att säga att jämställdheten har kommit längst i Sverige? d) Sveriges kvinnor jobbar mycket hårt för att jämställdheten ska införas på alla områden. e) Feministerna är dock övertygade om att de fortfarande inte har nått sitt mål. f) Lagen föreskriver att män och kvinnor ska dela ansvaret för familjeförsörjning och barn. g) Kan man utgå ifrån att Sverige har en av världens mest generösa föräldraförsäkring. h) Anser du att det vore bra om varje land hade en obligatorisk pappamånad som Sverige?

12 1f; 2a; 3d; 4e; 5b; 6c; 7h; 8g.

14a 1h; 2d; 3f; 4c; 5g; 6a; 7b; 8e.

14b T.ex.: 1) Jag frågade honom om det. 2) Han hälsade på sin mor i lördags. 3) Det håller jag med dig om. 4) Barnet kan ju inte klä på sig självt. 5) I min fåtölj kopplar jag av bäst. 6) Har du äntligen läst igenom dokumentet? 7) De gläder sig åt att vi kommer. 8) Vi hörs!

14c 1d; 2a; 3e; 4h; 5b; 6c; 7f; 8g.

14d **för-:** förfölja, förändra, fördel, förklara; **o-:** olycklig, otrevlig, olojal, osympatisk: **sam-:** samarbete, samband, samtal, samordna.

Repetition och test 17-20

1 1a; 2b; 3b; 4c; 5b; 6b; 7a; 8a; 9a; 10c.

2 a) 3; b) Hon är i semesterstugan. c) Stugan ligger på landet. d) Han känner sig stressad. e) De kommer i helgen.

Hörtext

✖ Anders Mellander.
○ Hej älskling, hur är läget?
✖ Nejmen hej Susann! Hur har du det där ute på landet? Ligger vår lilla semesterstuga fortfarande kvar?
○ Jo då, allt är bra här. Men du, jag har glömt min kamera hemma och mina reservnycklar till bilen. Kan du ta dem med dig när du och Niklas kommer i helgen?
✖ Javisst! Var ligger de?
○ Jag tror att kameran ligger på mellersta hyllan till vänster om TV:n. Och reservnycklarna ligger på det lilla bordet bredvid soffan.
✖ Okej, det ordnar sig, jag ska ta med mig allt. Ring igen om du kommer på något mer som saknas. Jag ser verkligen fram emot semestern. Jag känner mig ganska stressad.

3 **rätt:** a, b, e, g; **fel:** c, d, f, h, i, j.

Alphabetische Wortliste

Hinter jedem Wort sind Lektion und Übungsnummer angegeben.

A

abdikera -r -de -t 19(K)	abdanken
acceptab/el -elt -la 18(K-a)	akzeptabel
acceptera -r -de -t 12(4a)	akzeptieren
accessoarer 9(9a)	Accessoirs
adels/man -mannen -män 14(K-a)	Adelsmann
adjektiv -et – 9(3c)	Adjektiv
adress -en -er 5(7a)	Adresse
advent -et jul (1)	Advent
advokat -en -er 5(3a)	Rechtsanwalt/in
affär -en -er 8(1a)	Geschäft
aft/on -onen -nar 15(K-a)	Abend
aktivitet -en -er 16(8)	Aktivität
aktuell -t -a 9(7a)	aktuell
aktör -en -er 18(K-a)	Akteur, Handelnder
akustik -en 15(4)	Akustik
akut – -a 16(K-a)	akut, dringend
akuten = akutmottagning -en -ar 16(3a)	Notaufnahme
akvari/um -et -er 15(2)	Aquarium
akvedukt -en -er 13(6a)	Aquädukt
alarm -et – 16(K-a)	Alarm
aldrig 3(2a)	niemals, nie
alkohol -en -er 16(2a)	Alkohol
all, allt, alla 2(1a)	alle/r/s
alla tiders 15(4)	super, außergewöhnlich
alldeles 9(6c)	völlig, ganz und gar
allemansrätt -en -er 18(5a)	Jedermannsrecht
allergisk -t -a 11(3b)	allergisch
allergivänlig -t -a 10(7a)	allergiefreundlich
allmän -t -na 17(5a)	allgemein
allra 12(3c)	aller
alltfler 16(K-a)	immer mehr
alltid 3(2a)	immer
allting 18(6a)	alles
alltsomoftast 20(7a)	öfter
alltså 12(13a)	also
allvar -et 15(5a)	Ernst
allvarlig -t -a 16(K-a)	ernsthaft, ernstlich
alternativ -et – 18(K-a)	Alternative
alternativ -t -a 18(K-a)	alternativ
ambition -en -er 17(6a)	Ambition
ambitiös -t -a 12(K)	ehrgeizig
ambulans -en -er 16(K-a)	Ambulanz, Rettungswagen
amerikansk -t -a 20(K)	amerikanisch
analytisk -t -a 12(K)	analytisch
anda -n 16(9a)	Atem
andas andas andades andats 16(9a)	atmen
andetag -et – 16(9a)	Atemzug
andra 4(5b)	der, die, das andere/ zweite
an/falla -faller -föll -fallit 19(K)	anfallen, angreifen
ange (angiva) anger angav angivit 7(5a)	angeben
angelägenhet -en -er 20(4)	Angelegenheit
an/gripa -griper -grep -gripit 16(6b)	angreifen
anhörig -t -a 16(K-a)	Angehörige/r
aning -en -ar 20(4)	Ahnung
ankomstdag -en -ar 8(6)	Ankunftstag
anlän/da -der -de -t 15(K-a)	ankommen
anmäl/a -er -de -t 18(6a)	anmelden, anzeigen
anmälningsblankett -en -er 8(5a)	Anmeldeformular
annan, annat, andra 1(4c)	ein/e andere/r/s
annars 13(6b)	sonst
annons -en -er 12(8c)	Annonce
annorlunda 19(3a)	anders
anonym -t -a 20(4)	anonym
anropsnr. 12(7a)	Chiffre
anse anser ansåg ansett 11(K-b)	ansehen, einschätzen
ansikte -t -n 16(1a)	Gesicht
ansjovis -en -ar 20(3a)	Anchovis
anslute/n -t -na 10(5a)	angeschlossen
anslutning -en -ar 10(5a)	Anschluss
ansträngande 12(10a)	anstrengend
anställ/a -er -de -t 5(7b)	anstellen
anställ/d -t -da 5(3a)	angestellt, Angestellte/r
anställning -en -ar 17(5b)	Anstellung
ansvar -et – 6(11a)	Verantwortung
ansvarig -t -a 17(2a)	verantwortlich
ansvarstagande -t -n 20(8a)	Übernahme von Verantwortung
ansök/a -er -te -t 17(5b)	sich bewerben
ansökan – -ansökningar 17(5b)	Bewerbung
an/ta -tar -tog -tagit 10(5c)	annehmen
antagligen 19(2a)	vermutlich, wahrscheinlich
antal -et – 14(1)	Anzahl
antiseptisk -t -a 16(3b)	antiseptisch, steril
an/vända -vänder -vände -vänt (sig av) 5(11)	benutzen, anwenden
användning -en -ar 18(K-a)	Anwendung
anvisning -en -ar 11(9a)	Anleitung
apelsin -en -er 6(1a)	Orange
apotek -et – 6(K)	Apotheke
apparat -en -er 8(7)	Apparat
applåder (Pl.) 15(5a)	Applaus
applådera -r -de -t 15(K-a)	applaudieren
aprikos (aprikosfärga/d -t -de) 9(K-a)	aprikosenfarben
april 5(K-a)	April
arabvärld -en -ar 15(2)	arabische Welt
arbeta -r -de -t 4(8a)	arbeiten
arbete -t -n 5(7b)	Arbeit
arbetsförmedling -en -ar 6(K)	Arbeitsvermittlung
arbetsgivare -n – 17(3a)	Arbeitgeber
arbetskraft -en -er 17(K-a)	Arbeitskraft
arbetsmarknad -en -er 20(K)	Arbeitsmarkt
arkitekt -en -er 17(1a)	Architekt/in
arm -en -ar 16(1a)	Arm
armbåg/e -en -ar 16(1a)	Ellenbogen
arrogant – -a 12(K)	arrogant
artig -t -a 18(8)	höflich
arvsroll -en -er 19(2a)	etwa: vererbte Rolle

assistent -en -er 5(1a) — Assistent/in
atmosfär -en -er 13(K-a) — Atmosphäre
attraktion -en -er 14(1) — Attraktion
augusti 5(K-a) — August
av 5(7a) — von, aus, vor
avbilda -r -de -t 19(2a) — abbilden
avbrott -et – 20(K) — Abbruch, Unterbrechung
avdelning -en -ar 17(2b) — Abteilung
av/hålla -håller -höll -hållit (sig från) 16(2a) — Abstand nehmen von
av/njuta -njuter -njöt -njutit 15(2) — genießen
avocadosallad -en -er 11(6) — Avokadosalat
avresedag -en -ar 8(6) — Abreisetag
avskaffa -r -de -t 18(5c) — abschaffen
avslappning -en -ar 16(8) — Entspannung
avsluta -r -de -t 7(9) — beenden
av/stå -står -stod -stått 18(K-b) — verzichten
avstäng/d -t -da 18(2a) — zugedreht, abgeschlossen
av/sätta -sätter -satte -satt 19(K) — absetzen
ax/el -eln -lar 16(1a) — Achsel, Schulter

B

back -en -ar 6(6) — Kasten
bad -et -en 10(7b) — Bad
bada -r -de -t 8(3a) — baden
badkar -et – 10(5a) — Badewanne
bagage -t -n 13(1a) — Gepäck
bageri -et -er 6(4) — Bäckerei
baguette -n -r 6(5a) — Baguette
bakdäck -et – 18(3d) — Hinterreifen
bakelse -n -r 3(5) — Gebäck
bakgrund -en -er 13(1a) — Hintergrund
bakom 14(7b) — hinter
baksmäll/a -an -or 16(3a) — Kater (nach zu viel Alkohol)
bakåtsträva -r -de -t 18(K-a) — sich zurück orientieren
balans -en -er 17(K-a) — Balance
balett -en -er 15(10) — Ballett
balkong -en -er 10(2a) — Balkon
bank -en -er 5(2) — Bank (Geld)
bankett -en -er 14(3a) — Bankett, Festmahl
bankomat -en -er 14(7a) — Geldautomat
banktjänste/man -mannen -män 5(1a) — Bankangestellte/r
bar -en -er 8(1a) — Bar, Kneipe
bara 2(3a) — nur
bark -en 11(4a) — Rinde
barn -et – 7(5a) — Kinder
barnbarn -et – 7(K-d) — Enkelkind
barndom -en 15(K-a) — Kindheit
barnfamilj -en -er 8(1b) — Familie mit Kind(ern)
barnomsorg -en -er 20(3a) — Kinderbetreuung
barock -en 14(3a) — Barock
basera -r -de -t 11(K-a) — basieren
basfärg -en -er 9(9a) — Basisfarbe
basmat -en 6(1a) — Grundnahrungsmittel
bastu -n -r (bada bastu) 8(2a) — Sauna (in die Sauna gehen)
be ber bad bett 11(5a) — bitten
bedöm/a -er -de -t 16(K-a) — beurteilen
befolkning -en -ar 13(1a) — Bevölkerung
befria -r -de -t 14(K-a) — befreien
begeistra -r -de -t 13(K-a) — begeistern
begrav/a -er -de -t 14(K-a) — begraben
begravning *flaggdag* (1) — Begräbnis
behå -n -ar 9(2b) — BH
be/hålla – håller – höll – hållit 15(K-a) — behalten
behöv/a -er -de -t 5(8) — benötigen, brauchen, müssen
beige beige beige (ugs. beiga beigt beiga) 9(K-a) — beige
bejubla/d -t -de 15(2) — bejubelt
be/kämpas -kämpas -kämpades -kämpats 20(3a) — bekämpfen
bekämpningsmed/el -let -len 6(11a) — Bekämpfungsmittel
beklaga -r -de -t 8(5a) — bedauern
bekväm -t -a 9(3a) — bequem
belastning -en -ar 16(K-a) — Belastung
Belgien 1(K) — Belgien
bemöda -r -de -t (sig om) 11(K-a) — (sich) bemühen (um)
be/möta -möter -mötte -mött 16(4b) — behandeln, aufnehmen
ben -et – 16(1a) — Bein
benämning -en -ar 20(4) — Benennung, Meinung
bensin -en 18(3a) — Benzin
bensinmack -en -ar 18(3a) — Tankstelle
berätta -r -de -t 7(5a) — erzählen, berichten
berättelse -n -r 13(K-a) — Erzählung
bere/dd -tt -dda 17(K-a) — bereit
berg -et – 4(4) — Berg
bero beror berodde berott (på) 13(6b) — abhängen von
beroende -t -n 18(K-a) — Abhängigkeit
beroende på 16(K-a) — abhängig von
beröm/d -t -da 14(K-a) — berühmt
besegra -r -de -t 14(K-a) — besiegen
besked -et – 18(K-a) — Bescheid
be/skriva -skriver -skrev -skrivit 9(3c) — beschreiben
beskur/en -et -na 20(K) — beschnitten, eingeschränkt
beskydda -r -de -t 20(4) — beschützen
besluta -r -de -t 13(6a) — beschließen, entscheiden
bestick -et – 3(1b) — Besteck
bestul/en -et -na 18(6a) — bestohlen
bestyr -et – 17(K-a) — Beschäftigung, Aufgabe, Angelegenheit
bestå består bestod bestått (av) 16(K-a) — bestehen (aus)
beställ/a -er -de -t 5(7a) — bestellen
beställa tid 16(3a) — einen Termin vereinbaren
beställning -en -ar 5(7a) — Bestellung, Reservierung
bestäm/ma -mer -de -t 15(6a) — bestimmen, entscheiden, festlegen
besvär -et – 16(6a) — Beschwerde
besvärlig -t -a 10(2a) — beschwerlich

besök -et – 11(Ü)	Besuch
besök/a -er -te -t 13(1a)	besuchen
besökare -n – 15(1a)	Besucher
betala -r -de -t 9(6c)	bezahlen
betala var för sig 11(8a)	jeder zahlt für sich
betalningsvillkor -et – 5(7a)	Zahlungsbedingungen
beteckna -r -de -t 20(K)	bezeichnen
betrakta -r -de -t 16(K-a)	betrachten
bety/da -der -dde -tt 2(1c)	bedeuten
betydelse -n -r 20(7a)	Bedeutung
beundra -r -de -t 19(2a)	bewundern
bevara/d -t -de 14(1)	bewahrt, erhalten
bevis -et – 11(K-a)	Beweis
bevisa -r -de -t 15(5a)	beweisen
bidra bidrar bidrog bidragit (till) 15(5a)	beitragen zu
bidrag -et – 20(K)	Beitrag
bifoga -r -de -t 17(5b)	beilegen, hier: anhängen
bil -en -ar 16(6b)	Auto
bila -r -de -t 13(1a)	mit dem Auto fahren
bild -en -er 4(1b)	Bild
bilda/d -t -de 12(7a)	gebildet
bilist -en -er 18(4)	Autofahrer/in
biljett -en -er 15(2)	Ticket, Eintrittskarte
billig -t -a 16(K-a)	billig
Bingo 15(10)	Bingo
biograf (bio) -en -er 4(1a)	Kino
biologi -n 12(10a)	Biologie
bjuda bjuder bjöd bjudit (på / till) 8(1a)	anbieten / einladen zu
bland 1(4c)	unter
bland annat (bl.a.) 1(4c)	unter anderem (u.a.)
blanda -r -de -t 11(9a)	vermischen
blandning -en -ar 13(1b)	Mischung
bli blir blev blivit 3(6)	werden
blodbad -et – (ställa till med ett blodbad) 14(K-a)	ein Blutbad anrichten
blomm/a -an -or 13(2)	Blume
blommig -t -a 9(7c)	geblümt
blomstra -r -de -t 19(K)	(auf)blühen
blon/d -t -da 9(5)	blond
blus -en -ar 9(2a)	Bluse
blyg -t -a 20(4)	schüchtern
blå blått blåa 9(6c)	blau
blåbär -et – 9(9a)	Blaubeere
blås/a -er -te -t 13(3a)	windig sein, blasen
bröllop *flaggdag* (1)	Hochzeit
bo bor bodde bott 2(6)	wohnen
bo -et -n 16(4a)	hier: Nest
bo/stad -staden -städer 10(Ü)	Wohnung, Unterkunft, Wohnsitz
bod -en -ar 19(3a)	Schuppen
bok -en böcker 7(5a)	Buch
boka -r -de -t 8(2a)	buchen
bokföring -en -ar 17(2a)	Buchführung
bokhand/el -eln -lar 6(K)	Buchgeschäft
bokhyll/a -an -or 10(1a)	Bücherregal
bokstav -en bokstäver 18(7c)	Buchstabe
boll -en -ar 16(1b)	Ball
bomull -en 16(5)	Baumwolle
bond -en -ar 14(K-a)	Bauer

boningshus -et – 18(5b)	Wohngebäude
bonuserbjudan – – 14(2a)	Bonusangebot
bord -et – 3(1a)	Tisch
borde ➜ böra 10(8)	sollte
bordsbeställning -en -ar 11(1a)	Tischreservierung
borst/e -en -ar 18(1a)	Bürste
bort 15(7b)	weg
bostadsbeskrivning -en -ar 10(5a)	Wohnungsbeschreibung
botanisk -t -a 15(1a)	botanisch
bott/en - -nar (det är botten) 15(4)	Boden, Grund (es ist superschlecht)
bra bra bra 2(1a)	gut
bragd -en -er 15(K-a)	große Tat
brand -en bränder 18(5b)	Brand
bransch -en -er 17(2b)	Branche
bre/d -tt -da 11(1a)	breit
bredband 10(5a)	Breitband
bredvid 14(7a)	neben
brev -et – 5(11)	Brief
brevlåd/a -an -or 14(7a)	Briefkasten
brinna brinner brann brunnit 17(7a)	brennen
bro -n -ar 12(10a)	Brücke
broder (bror) -n bröder 7(7a)	Bruder
brorsdotter -n brorsdöttrar 7(K-a)	Nichte
bruk -et – 20(2a)	Brauch
bruka -r -de -t 9(2c)	pflegen, für gewöhnlich machen
brun -t -a 9(1)	braun
bry bryr brydde brytt (sig om) 17(K-a)	hier: sich interessieren für
brygg/a -an -or 18(5b)	Steg
bryta bryter bröt brutit 10(K-a)	brechen
brådskande 16(K-a)	dringlich
bråttom (det är bråttom) 17(4a)	eilig sein
bränsle -t -n 18(K-a)	Brennstoff
bröd -et – 6(1a)	Brot
bröllop -et – 15(K-a)	Hochzeit
bröst -et – 16(1a)	Brust
bubbelpool -en -er 8(1a)	Whirlpool
budget -en -er 18(K-a)	Budget, Haushalt
buffé -n -er 11(5c)	Büfett
buffert -en -ar 17(K-a)	Puffer
buk -en -ar 16(K-a)	Bauch
bull/e -an -ar 3(5)	Zimtschnecke
bur -en -ar 11(4a)	Käfig
burk -en -ar 11(4a)	Dose
bus -et 11(4a)	Krach, Unfug
buss -en -ar 7(4a)	Bus
busschaufför -en -er 19(6a)	Busfahrer/in
busstation -en -er 8(1a)	Bushaltestelle
busvissla -r -de -t 15(K-a)	„Buh rufen"
butik -en -er 9(9b)	Laden, Geschäft
by -n -ar 13(K-a)	Stadt, Dorf
bygg/a -er -de -t 13(K-a)	bauen
bygg/d -t -da 14(1)	gebaut
bygge -t -n 5(2)	Bau
byggnad -en -er 14(3a)	Gebäude

byt/a -er -te -t 8(9a)	tauschen, wechseln, umsteigen
byx/a -an -or 9(2a)	Hose
båda 8(2a)	beide
både … och 9(6a)	sowohl … als auch
båt -en -ar 14(2a)	Boot, Schiff
bädd -en -ar 8(1a)	Bett
bädda -r -de -t 18(2d)	betten, hier: machen
bänk -en -ar 14(7b)	Bank (zum Sitzen)
bär -et – 6(1a)	Beere
bäst 7(5a)	am besten
bästis -en -ar 12(3a)	beste(r) Freund/in
bättre → god 8(2a)	besser
böra bör borde bort 16(K-a)	sollen
börja -r -de -t 11(7c)	beginnen, anfangen
början - 13(6a)	Anfang, Beginn

C

ca. = cirka 3(8)	ungefähr
campa -r -de -t 13(1a)	campen
CD-skiv/a -an -or 10(2a)	CD
centern 20(5)	Zentrumspartei
central -en -er 16(4a)	Zentrale
central -t -a 10(5a)	zentral
centrum -et – 8(2a)	Zentrum
ceremoniell -t -a 20(7a)	zeremoniell
chans -en -er 13(4)	Chance
charkuterivar/a -an -or 6(1a)	Fleischprodukt
charmig -t -a 11(1a)	charmant
chef -en -er 5(7b)	Chef/in
chefredaktör -en -er 10(K-a)	Chefredakteur
choklad -en -er 11(5c)	Schokolade
city -(t) -n 10(5a)	Innenstadt
civilekonom -en -er 17(1a)	Diplomkaufmann/-frau
civilstånd -et – 17(5a)	Familien-, Zivilstand
crème fraiche 11(9a)	Crème fraiche
Curriculum vitae 17(5a)	Lebenslauf
cyk/el -eln -lar 13(1a)	Fahrrad
cykelsemestra -r -de -t 12(10a)	einen Fahrradurlaub machen
cykla -r -de -t 4(1a)	Rad fahren

D

dag -en -ar 3(8)	Tag
dag/bok -boken -böcker 15(K-a)	Tagebuch
dagens sopp/a -an -or 11(6)	Tagessuppe
dagligen 11(1a)	täglich
dalkarl -en -ar 14(K-a)	Bauer aus Dalarna
dam -en -er 10(5c)	Dame
dammsugare -n – 19(3a)	Staubsauger
Danmark 1(7a)	Dänemark
dansa -r -de -t 8(3a)	tanzen
dansk -t -a 2(3a)	dänisch
dass -et – 19(3a)	Toilette
dataexpert -en -er 17(1a)	IT-Fachmann/-frau
dataspel -et – 18(2d)	Computerspiel
dator -n -er 5(7a)	Computer
datum -et – 17(5a)	Datum
de 2(8)	sie (Plur.)
de flesta 10(K-a)	der/die/den meisten
december 5(K-a)	Dezember
decilit/er -ern -rar 11(9c)	Deziliter
deckare -n – 7(2a)	Krimi
dekoratör -en -er 17(1a)	Dekorateur/in
del -en -ar 13(4)	Teil
dela -r -de -t 12(4a)	teilen
dels 13(1b)	teils
del/ta -tar -tog -tagit 17(1b)	teilnehmen
deltagande -t -n 20(9a)	Teilnahme
delvis 12(2)	teilweise
dem 6(10c)	sie (Akk. Pl.)
demokrati -n -er 20(3a)	Demokratie
demonstrera -r -de -t 19(2a)	demonstrieren
den / det 1(4c)	der, die, das, es
den / det här 9(6c)	dieser, diese, dieses
deras 10(2c)	ihr
design -en 9(9a)	Design
dessa 15(K-a)	diese
dessutom 8(2a)	außerdem
det går fort 8(2a)	es geht schnell
det vill säga (d.v.s.) 1(4c)	das heißt
detsamma 12(3c)	das Gleiche
detta 14(2b)	dies
diagnostisera -r -de -t 16(4b)	diagnostizieren
diarré -n 16(3a)	Durchfall
diesel -n dieslar 18(3a)	Diesel
diffus -t -a 16(K-a)	diffus
dill -en 11(9a)	Dill
dillfrö -et -n 11(9a)	Dillsamen
din, ditt, dina 2(7c)	dein
diplomat -en -er 19(1a)	Diplomat/in
diplomatisk -t -a 12(K)	diplomatisch
direkt 9(9a)	direkt
disciplinera/d -t -de 12(K)	diszipliniert
diskbänk -en -ar 10(1a)	Spüle
diskmaskin -en -er 10(1b)	Spülmaschine
diskussion -en -er 18(K-b)	Diskussion
diskutera -r -de -t 14(4a)	diskutieren
dit 14(3b)	dort, dorthin
djup -t -a 13(K-a)	tief
djupgående 15(5b)	tiefgehend
djur -et – 4(4)	Tier
dock 16(K-a)	doch, aber
doktor -n -er 16(4a)	Doktor, Arzt
dokument -et -ar 17(2b)	Dokument, Datei
dominerande 12(K)	dominierend
donera -r -de -t 19(2a)	spenden
dop -et – *flaggdag* (1)	Taufe
dos -en -er 20(4)	Prise, hier: ein bisschen
dotera -r -de -t 19(2a)	dotieren
dotter -n döttrar 7(K-a)	Tochter
dra drar drog dragit 18(6a)	ziehen
drabbas drabbas drabbades drabbats 18(K-a)	betroffen sein, getroffen werden
dramatisk -t -a 14(3a)	dramatisch
dressin -en -er 13(6a)	Draisine
dricka dricker drack druckit 3(2a)	trinken
dropp -en -ar 16(3b)	Tropfen

drottning -en -ar 5(K-b)	Königin
dryck -en -er 3(1b)	Getränk
dryg -t -a 20(5b)	knapp
dräkt -en -er 9(2b)	Kostüm
dröj/a -er -de -t 17(4b)	sich gedulden, dauern
du 1(2a)	du/Sie
dubbdäck -et – 18(4)	Reifen mit Spikes
dubbelrum -met – 8(1a)	Doppelzimmer
duglig -t -a 20(4)	geschickt, tauglich
duktig -t- a 11(7c)	fleißig, gut
dum -t -ma 10(7d)	dumm
dusch -en -ar 8(1a)	Dusche
duscha -r -de -t 7(1a)	duschen
dyka dyker dök dykt (upp) 15(5a)	auftauchen
dynamik -en 17(5b)	Dynamik
dynamit -en 19(2a)	Dynamit
dynasti -n -er 19(K)	Dynastie
dyr -t -a 10(6a)	teuer
då 2(2a)	da, dann
dålig -t -a 9(5)	schlecht, schlimm
däck -en – 18(3a)	Reifen
dämpa/d -t -de 9(K-a)	gedämpft
där 2(1a)	dort, wo
där borta 9(6c)	dahinten
därefter 7(3)	danach
däremot 9(3a)	dagegen
därför (att) 5(7b)	deshalb, weil, darum, daher
därmed 13(K-a)	damit
därpå 19(K)	daraufhin
därutöver 14(2a)	darüber hinaus
dö dör dog dött 14(K-a)	sterben
döda -r -de -t 19(K)	töten
dörr -en -ar 10(2a)	Tür

E

effektiv -t -a 17(K-a)	effizient, effektiv
efter 4(6a)	nach
efterlämna -r -de -t 18(5b)	hinterlassen
efternamn -et – 8(6)	Nachname
eftersom 16(8)	nachdem, da, weil
efterträ/da -der -dde -tt 19(2a)	nachfolgen
efterträdare -n – 19(K)	Nachfolger
efteråt 15(6c)	danach
eg/en -et -na 13(6a)	eigen
egenskap -en -er 17(5a)	Eigenschaft
egentligen 2(8)	eigentlich
ej 10(7a)	nicht
ekonomiassistent -en -er 7(2a)	Wirtschaftsassistent/in
ekonomisk -t -a 12(7a)	ökonomisch, wirtschaftlich
el -en 10(2a)	Strom
elak -t -a 12(1b)	böse
elda -r -de -t 18(5b)	Feuer machen
elegant – -a 9(7a)	elegant
elektricitet -en 10(5a)	Elektrizität
elektriker -n – 17(7a)	Elektriker/in
element -et – 10(1a)	Heizung, Element
eller 1(4c)	oder
elräkning -en -ar 10(2a)	Stromrechnung
elverk -et – 14(3a)	Elektrizitätswerk
emellertid 20(7a)	inzwischen
emot (siehe auch: mot) 13(1a)	gegen
en / ett 3(1a)	ein, einer, eine, eines
en del 13(4)	ein bisschen, ein paar, ein Teil
en hel del 15(K-a)	etwa: jede Menge
enbart 17(K-a)	nur, lediglich, einzig
enda 4(9a)	einzig
endast 10(5a)	nur
energi -n 14(4f)	Energie
energisk -t -a 12(10a)	energisch
enfärga/d -t -de 9(7c)	einfarbig
engagera -r -de -t (sig) 17(5a)	(sich) engagieren
engelsk -t -a 1(8)	englisch
England 1(10)	England
enhet -en -er 17(5b)	Einheit
enk/el -elt -la 11(1a)	einfach, einzel
enkät -en -er 12(9)	Umfrage
enligt 5(7a)	entsprechend
enligt min uppfattning 9(7c)	meiner Meinung nach
ensak 17(K-a)	Privatsache
ensam -t -ma 12(7a)	einsam
ensamhet -en 4(9a)	Einsamkeit
ensamstående 7(K-c)	alleinstehend
ensidig -t -a 18(K-a)	einseitig
enskilde 18(K-a)	der/die/das Einzelne
entertainment 15(4)	Unterhaltung
entré -n -er 14(2a)	Eintritt, Eingang
entusiastisk -t -a 15(5a)	enthusiastisch
envis -t -a 12(K)	uneinsichtig
envälde -t -n 19(K)	Alleinherrschaft
epok -en -er 9(4a)	Epoche
e-post -en 8(6)	E-Mail
er 6(10c)	euer, euch
er/bjuda -bjuder -bjöd -bjudit 13(K-a)	anbieten, bieten
erbjudande -t -n 14(2a)	Angebot
erfarenhet -en -er 16(4b)	Erfahrung
erkän/d -t -da 11(1a)	anerkannt
erkän/na -ner -de -t 19(5a)	anerkennen
erövra -r -de -t 19(5a)	erobern
Estland 1(K)	Estland
etablera -r -de -t 11(K-a)	etablieren
etablering -en -ar 11(K-a)	Etablierung
ett 2(4)	ein
ett tag sedan 7(7a)	eine Weile her
ett/a -an -or 10(3)	Einzimmerwohnung
euro -n – 19(2a)	Euro
europé -n -er 19(2a)	Europäer/in
europeisk -t -a 8(1a)	europäisch
evenemang -en -er 14(1)	Veranstaltung
evighet -en -er 20(3a)	Ewigkeit
exakt 7(2a)	exakt
excentrisk -t -a 12(K)	exzentrisch
exemp/el -let -el (till/ t.ex.) 1(4c)	Beispiel, z. B.
exklusiv -t -a 10(6a)	exklusiv
exotisk -t -a 15(5a)	exotisch
expedit -en -er 5(1a)	Verkäufer/in

expert -en -er 12(10a)	Experte/-in
exportmarknad -en -er 18(K-a)	Exportmarkt
extas -en -er 15(K-a)	Extase

F

fader (ugs. far) -n fäder 7(K-a)	Vater
faderskap -et – 15(K-a)	Vaterschaft
faktiskt 10(2a)	tatsächlich, in der Tat, wirklich
faktor -n -er 17(K-a)	Faktor
fall -et – 13(4)	Fall
falla faller föll fallit 15(5a)	fallen
falsk -t -a 20(K)	falsch, verkehrt
falukorv -en -ar 6(2c)	schwed. Fleischwurst
familj -en -er 7(K)	Familie
familjeförsörjning -en -ar 20(8a)	Familienversorgung, Haushaltsführung
familjekär -t -a (vara familjekär) 12(K)	Ein Familienmensch sein
familjeterapeut -en -er 15(2)	Familientherapeut
fantasifull -t -a 12(K)	fantasievoll
fantastisk -t -a 8(9a)	fantastisch
far: siehe fader	Vater
far/a -an -or 18(5b)	Gefahr
farbroder (farbror) -n farbröder 7(K-a)	Onkel (väterlicherseits)
farfader (farfar) -n farfäder 7(K-d)	Opa (väterlicherseits)
farföräldrar 7(K-d)	Großeltern (väterlicherseits)
farmakologi -n 17(5a)	Pharmakologie
farmoder (farmor) -n farmödrar 7(K-d)	Oma (väterlicherseits)
fascinerande 15(2)	faszinierend
fast 12(6b)	jedoch, obwohl
fast - -a 8(10)	fest
fastän 20(8a)	obwohl
faster -n fastrar 7(K-d)	Tante (väterlicherseits)
fastighet -en -er 10(5a)	Grundstück
fat -et – 3(1a)	größerer Teller, Fass
fatta -r -de -t 18(6a)	begreifen
fattas fattas fattades fattats 10(7c)	fehlen
fattig -t -a 15(K-a)	arm
fauna -n 12(10a)	Fauna
favorit -en -er 10(K-a)	Favorit
favoritplagg -et – 12(11)	Lieblingskleidungsstück
feber -n 16(3a)	Fieber
februari 5(K-a)	Februar
fel (det är fel) 14(4b)	falsch, verkehrt sein
fel -et -en 16(6a)	Fehler
felskriv/en -et -na 17(4b)	enthält Fehler
fenomen -et – 10(K-b)	Phänomen
fest -en -er 2(9)	Feier, Fest
festival -en -er 15(1a)	Festival
fett -et 6(1a)	Fett
ficklamp/a -an -or 18(1a)	Taschenlampe
fika -r -de -t 3(9a)	Kaffee trinken
fika -t (-n) 11(1a)	Kaffee und Kuchen
fil -en 11(4a)	Sauermilch
fil -en -er 17(2a)	Datei
film -en -er 4(6a)	Film
fin -t -a 11(2a)	gut, fein, schön
fing/er -ret -rar 16(1a)	Finger
Finland 1(K)	Finnland
finlandsvensk -en -ar 19(4a)	Finne/in mit Schwedisch als Muttersprache
finna finner fann funnit 15(2)	finden
finnas finns fanns funnits 6(5a)	es gibt
finsk -t -a 1(10)	finnisch
fira -r -de -t 14(K-a)	feiern
firm/a -an -or 5(3a)	Firma
fisk -en -ar 6(1a)	Fisch
fiska -r -de -t 18(5b)	fischen
fiske -t 12(7a)	Angeln
fiskehamn -en -ar 11(1a)	Fischhafen
fisksoppa 11(3a)	Fischsuppe
fixa -r -de -t 15(6a)	organisieren, reparieren
fjäll -en – 12(7a)	Berg, Gebirge
fjälltrakt -en -er 13(5b)	Berggegend
fjällvandring -en -ar 20(1a)	Bergwanderung
fjärde 10(K-a)	vierte/r/s
fjärdedel -en -ar 11(9a)	Viertel
fjärrvärme -n 18(K-a)	Fernwärme
flaga -r -de -t 17(7a)	abblättern
flagga -r -de -t *flaggdag* (2)	Flagge hissen
flanera -r -de -t 14(1)	spazieren, flanieren
flask/a -an -or 6(6)	Flasche
flera ➜ många 14(3a)	mehr, mehrere
flexibel -t -a 12(K)	flexibel
flexibilitet -en 17(5b)	Flexibilität
flextid -en -er 17(K-a)	flexible Arbeitszeit
flick/a -an -or 14(4d)	Mädchen
flirtig -t -a (vara flirtig) 12(K)	gerne flirten
flora -n 12(10a)	Flora
fly flyr flydde flytt 14(K-a)	flüchten
flygvärdinn/a -an -or 5(1a)	Flugbegleiterin
flygplan -et – 5(2)	Flugzeug
flyta flyter flöt flutit 14(7b)	fließen
flytande 17(5a)	flüssig
flytta -r -de -t 10(2a)	umziehen
flyttning -en -ar 10(2a)	Umzug
folk -et – 13(1a)	die Leute
folklig -t -a 19(2a)	volkstümlich
folkpartiet 20(5)	die Volkspartei
fontän -en -er 14(7a)	Brunnen
form -en -er 9(9a)	Form
forskning -en -ar 18(K-a)	Forschung
fort 16(4b)	schnell
fortfarande 10(2a)	noch immer
fort/sätta -sätter -satte -satt 13(5b)	fortsetzen
fossil -et -er 18(K-a)	Fossil
fot -en fötter 16(1a)	Fuß
fotboll -en -ar 4(2)	Fußball
fotbollspelare -n – 5(K-b)	Fußballspieler/in
foto -t -n 10(6a)	Foto
fotograf -en -er 19(6a)	Fotograf/in
fotografera -r -de -t 13(2)	fotografieren
frall/a -an -or 6(1a)	Brötchen
fram 13(1a)	nach vorne, vor

Alphabetische Wortliste

fram emot (se fram emot) 12(7a)	sich auf etwas freuen
framför 14(7b)	vor
framgång -en -ar 17(6a)	Erfolg
framgångsrik -t -a 17(K-a)	erfolgreich
framme (där framme) 14(7d)	vorn (dort vorne)
framsteg -et – 18(K-a)	Fortschritt
framstående 19(2a)	hervorragend, berühmt
framställ/a -er -de -t 20(K)	hervorheben
framtid -en 17(6a)	Zukunft
Frankrike 1(K)	Frankreich
fransk -t -a 1(8)	französisch
frasvåffl/a -an -or 11(1a)	Knusperwaffeln
fred -en -er 19(2a)	Frieden
fredag -en -ar 4(6a)	Freitag
fri -tt -a 14(2a)	frei, gratis
frid/lysa -lyser -lyste -lyst 18(5b)	unter Naturschutz stellen
frihet -en -er 18(5a)	Freiheit
friluftsliv -et – 12(8c)	Leben bzw. Aktivitäten an der frischen Luft
frimärke -t -n 5(7c)	Briefmarke
frisk -t -a 17(K-a)	gesund, frisch
frisör -en -er 6(K)	Friseur
fritid -en (-er) 4(Ü)	Freizeit
fru -n fruar 7(K-d)	Frau, Ehefrau
frukost -en -ar 3(Ü)	Frühstück
frukt -en -er 6(1a)	Obst
frys -en -ar 10(1a)	Gefrierschrank
fråg/a -an -or 2(8)	Frage
fråga -r -de -t (efter / om) 2(5a)	fragen (nach, ob)
frågespel -et – 1(10)	Fragespiel
frågesport -en -er 15(1a)	Quiz
från 1(5)	aus, von
från och med 8(1a)	von, ab
fräck -t -a 20(4)	frech
främmande språk 5(7b)	Fremdsprachen
fräsch -t -a 11(6)	frisch
ful -t -a 7(4a)	hässlich
full -t -a 8(9a)	voll
fullpension -en 13(1a)	Vollpension
fundera -r -de -t (på) 16(2a)	überlegen, nachdenken (über)
fungera -r -de -t 10(7c)	funktionieren
funka -r -de -t 20(3a)	funktionieren
funktion -en -er 17(K-a)	Funktion
fy (ugs.) 19(3a)	pfui (ugs.)
Fy tusan! (ugs.) 18(6a)	Pfui Teufel! (ugs.)
fyll/a -er -de -t 19(2c)	füllen, hier: ausfüllen
fylla år 5(K-b)	Geburtstag haben
fyr -en -ar 12(10a)	Leuchtturm
fysik -en 19(2a)	Physik
fysisk -t -a 16(8)	physisch
få 16(K-a)	wenige
få får fick fått 3(1c)	bekommen, dürfen, müssen, werden
få tag på 15(K-a)	etwas ergattern
får -et – 19(3a)	Schaf
fåtölj -en -er 10(1a)	Sessel
fängslande 15(5b)	spannend

färd -en -er 13(K-a)	Fahrt, Reise
färdas färdas färdades färdats 16(K-a)	fahren
färdig -t -a 10(2a)	fertig
färdigställ/d -t -da 17(4b)	fertig gestellt
färdtjänst -en -er 16(K-a)	Fahrdienst
färg -en -er 9(1)	Farbe
färggla/d -tt -da 15(5a)	farbenfroh
färgstark -t -a 15(5a)	farbenprächtig
färgton -en -er 9(K-a)	Farbton
färsk -t -a 11(1a)	frisch
fö/da -der -dde -tt 14(K-a)	gebären
födelse -n födslar *flaggdag* (1)	Geburt
födelsedag -en -ar 5(K-b)	Geburtstag
följ/a -er -de -t 9(7a)	folgen
följande 5(7a)	folgende/r/s
följd -en -er 17(K-a)	Folge
fönst/er -ret -er 8(4a)	Fenster
för 1(8)	für, denn
för att 4(5b)	um zu
för tio minuter sedan 7(7d)	vor zehn Minuten
för övrigt 11(7e)	übrigens
föra för förde fört 13(K-a)	führen
förband -et – 16(3a)	Verband
förbi 14(7c)	vorbei, hier: vorbei an
förbinda förbinder förband förbundit 17(K-a)	verbinden
förbjud/en -et -na 10(7a)	verboten
för/bliva -bliver -blev -blivit 19(5a)	bleiben, verbleiben
förbränna förbränner förbrände förbränt (sig) 16(3a)	(sich) verbrennen
förbund -et -er 19(K)	Verbund
förbättra -r -de -t 16(2a)	verbessern
för/driva -driver -drev -drivit 19(K)	vertreiben
förfölj/a -er -de -t 20(3a)	verfolgen
för/hålla -håller -höll -hållit (sig) 18(5a)	sich verhalten
förklara -r -de -t 20(9b)	erklären
för/svinna -svinner -svann -svunnit 16(6d)	verschwinden
föräldrapenning -en -ar 20(8a)	Elterngeld
fördel -en -ar 8(2a)	Vorteil
fördela -r -de -t 20(K)	verteilen
fördelaktig -t -a 18(K-a)	vorteilhaft
fördelningspolitik -en 20(K)	Verteilungspolitik
fördärva -r -de -t 14(4f)	verderben
fördöm/a -er -de -t 19(2a)	verdammen
före 16(K-a)	bevor, vor
förebild -en -er 18(K-a)	Vorbild
före/dra -drar [-drager] -drog -dragit 7(5a)	vorziehen
föredrag -et – 15(2)	Vortrag
föregångs/land - landet -länder 20(8a)	Vorreiterland
före/komma -kommer -kom -kommit 6(11a)	vorkommen
före/ligga -ligger -låg -lagt 18(5b)	vorliegen

föreläsare -n – 15(2)	Vortragender
föremål -et – 19(6a)	Gegenstand
före/slå -slår -slog -slagit 11(7a)	vorschlagen
föreskrift -en -er 18(5c)	Vorschrift
föreställning -en -ar 15(2)	Vorstellung
företag -et – 7(2d)	Firma, Unternehmen
före/träda -träder -trädde -trätt 19(5a)	vertreten
författare -n – 5(K-b)	Autor/in, Schriftsteller/in
förgiftning -en -ar 16(4b)	Vergiftung
förgätmigej -en -er 13(6a)	Vergissmeinnicht
förgäves 19(2a)	vergeblich
förhållande -t -n 19(2a)	Verhältnis
förintelse -n -r (Förintelsen) 19(2a)	Vernichtung (Holocaust)
förlag -et – 5(2)	Verlag
förlora -r -de -t 19(K)	verlieren
för/låta -låter -lät -låtit (Förlåt!) 8(5a)	verzeihen (Entschuldigung!)
förmåg/a -an -or 17(5b)	Vermögen, Fähigkeit
förmån -en -er 16(K-a)	Vorzug, Vorteil
förmoda -r -de -t 10(5c)	vermuten
förmögenhet -en -er 19(2a)	Vermögen
förnamn -et – 1(11)	Vorname
förnybar -t -a 18(K-a)	erneuerbar
förorsaka -r -de -t 18(5a)	verursachen
förpackning -en -ar 11(9a)	Verpackung
förr 10(2a)	vorher, früher
förra 7(5a)	vorherig, letzte
förresten 7(7a)	übrigens
förrän 17(4b)	vor
förrätt -en -er 6(5b)	Vorspeise
försiktig -t -a 12(K)	vorsichtig
förskräcklig -t -a 15(4)	schrecklich, erschreckend
först 7(3)	zuerst, erst
förstå förstår förstod förstått 1(11)	verstehen
förstås 7(2a)	natürlich
försynt – -a 18(5a)	rücksichtsvoll
försäkring -en -ar 10(5a)	Versicherung
försök -et – 19(2a)	Versuch
försök/a -er -te -t 11(K-a)	versuchen
försörjning -en -ar 18(K-a)	Versorgung
förtrogen med 20(2a)	vertraut mit
förtryck -et 20(3a)	Unterdrückung
förutom 14(2b)	außerdem, außer
förvandla -r -de -t 15(K-a)	verwandeln
förvånande 20(K)	verwunderlich
förvärva -r -de -t 14(2a)	erwerben
förvärvsarbete -t -n 19(3a)	Erwerbstätigkeit
föräldrar 7(K-d)	Eltern
förändra -r -de -t (sig) 17(K-a)	(sich) verändern

G

gaff/el -eln -lar 3(1a)	Gabel
gal/en -et -na 15(K-a)	verrückt
gamla (människor) 16(K-a)	alte Leute
gam/mal -malt -la 8(11)	alt
Gamla stan 8(11)	Altstadt
ganska 12(10a)	ganz schön, ziemlich
gapskratt -et – 15(K-a)	schallendes Gelächter
garage -t – 8(1a)	Garage
garantera -r -de -t 9(9a)	garantieren
garderob -en -er 10(1b)	Garderobe, Kleiderschrank
gardin -en -er 10(1b)	Gardine
gas -en 10(5a)	Gas
gasbind/a -an -or 16(5)	Mullbinde
gastronomisk -t -a 11(K-a)	gastronomisch
gat/a -an -or 3(3a)	Straße
gatuadress -en -er 8(6)	Straßenname
ge (giva) ger gav gett (givit) 13(1a)	geben
ge sig iväg 13(6b)	sich aufmachen, weggehen
gemensam -t -ma 11(7a)	gemeinsam
genast 8(8a)	sofort
generös -t -a 12(3a)	großzügig
genmodifiera/d -t -de 6(11a)	genetisch verändert
genom 9(9a)	durch
genomblöt -t -a 16(6b)	durchnässt
genomföra 16(K-a)	durchführen
genomsnitt -et -en 20(9a)	Durchschnitt
geologi -n 15(2)	Geologie
gestalt -en -er 14(K-a)	Gestalt
geting -en -ar 16(3b)	Wespe
getingbo -et -n 16(4a)	Wespennest
getingstick -et – 16(3b)	Wespenstich
gift – -a 7(K-c)	verheiratet
gifta gifter gifte gift (sig) 15(K-a)	heiraten
gilla -r -de -t 4(3a)	mögen
givande 19(7a)	fruchtbar, lohnend, ergebnisreich
gla/d -tt -da 12(1a)	fröhlich, froh
glansig -t -a 15(2)	glänzend
glas -et – 3(1a)	Glas
glass -en -ar 3(5)	Speiseeis
glasögon -en 9(2a)	Brille
glädja gläder gladde glatt (sig åt något) 10(K-a)	(sich auf etwas) freuen
glöm/ma -mer -de -t 18(2c)	vergessen
god gott goda 1(1)	gut, lecker
God morgon! 1(1)	Guten Morgen!
godaste 11(1a)	beste, leckerste
Goddag! 8(5a)	Guten Tag!
godis -et – 6(1a)	Süßigkeiten
golfspelare -n – 5(K-b)	Golfspieler/in
golftillbehör -et – 18(1b)	Golfsachen
gott humör 7(8)	gute Laune
gottegris -en -ar 6(2a)	„Schleckermäulchen"
grabb -en -ar 12(7a)	Mann, Bursche
grad -en -er 13(3b)	Grad
grafik -en -er 20(9a)	Grafik
grafisk designer -n – 19(6a)	Grafikdesigner
gram -met – 11(9c)	Gramm
grann/e -en -ar 10(2a)	Nachbar
gratis gratis gratis 14(2a)	gratis

Grattis! 15(1a)	Gratulation! Glückwunsch!
gratulera -r -de -t 15(K-a)	gratulieren
grav -en -ar 20(4)	Grab
gravad lax 11(7c)	gebeizter Lachs
grekisk -t -a 15(K-a)	griechisch
grillplats -en -er 10(7b)	Grillplatz
gripa griper grep gripit 19(2a)	greifen, ergreifen
gripande 15(5b)	ergreifend
grunda -r -de -t 19(K)	(be)gründen
grundare -n – 5(K-b)	Gründer
grundmura/d -t -de 20(K)	grundfest
grundprincip -en -er 16(K-a)	Grundprinzip
grupp -en -er 6(1c)	Gruppe
gryt/a -an -or 10(7c)	Topf
grå grått gråa 9(1)	grau
grå/blå -blått -blåa 9(K-a)	graublau
grågrön -t -a 9(K-a)	graugrün
gräns -en -er 9(7a)	Grenze
gräsgrön -t -a 9(K-a)	grasgrün
gräsmatt/a -an -or 18(2d)	Rasen
gröd/a -an -or 18(5b)	Saat, Ernte
grön -t -a 9(1)	grün
grönsak -en -er 6(1a)	Gemüse
guide -n -r 12(10a)	Führer
guidning -en -ar 13(6b)	Führung
gul -t -a 9(1)	gelb
guld -et 13(6a)	Gold
guldfärga/d -t -de 9(K-a)	goldfarben
guldgul -t -a 9(K-a)	goldgelb
guldvaskning -en -ar 13(6b)	Gold waschen
gyllene 14(3a)	gülden
gymnasi/um -et -er 3(3a)	Gymnasium
gymnasieutbildning -en -ar 17(5a)	gymnasiale Ausbildung
gymnastik -en 16(8)	Gymnastik
gympa -n 4(1a)	Sport, Gymnastik
gå går gick gått 3(10)	gehen
gå sönder 17(2b)	kaputtgehen
gång -en -er 10(6a)	Mal
gård -en -ar 19(3a)	Hof
gåt/a -an -or 19(2a)	Rätsel
gäll/a -er -de -t 11(K-a)	gelten, betreffen
gäng -et – 12(10a)	Gruppe
gärnings/man -mannen -män 19(2a)	Täter
gäst -en -er 10(6a)	Gäste
gästgivargård -en -ar 11(K)	Gasthof
gästspel -et – 15(2)	Gastspiel
gärna 3(3a)	gerne
göra gör gjorde gjort 4(1b)	machen
göra klokt i 16(K-a)	klug daran tun
göra om 15(K-a)	wiederholen
göra sig av med 16(8)	etwas loswerden
göteborgarna 10(K-a)	die Göteborger

H

Ha det bra! 10(2a)	Mach's gut!
ha har hade haft 2(3a)	haben
ha på sig 9(2a)	etwas anhaben
hacka -r -de -t 11(9a)	hacken
hak/a -an -or 16(1a)	Kinn
hall -en -ar 10(1b)	Flur, Halle
hals -en -ar 16(1a)	Hals
hals/hugga -hugger -högg -huggit 14(K-a)	enthaupten
halsont -et 16(7)	Halsweh
halv 3(K)	halb
halvljus -et – 18(4)	Abblendlicht
hamna -r -de -t 10(K-a)	landen
han 1(7a)	er
hand -en händer 14(2a)	Hand
hand om (ta hand om) 7(2a)	sich kümmern um
handduk -en -ar 8(4a)	Handtuch
handikappanpassa/d -t -de 10(7a)	behindertengerecht
handla -r -de -t 3(4)	einkaufen, handeln
handling -en -ar 15(5a)	Handlung
handskas handskas handskades handskats 17(1b)	etwas handhaben
han/e -en -ar 12(3a)	ein „Er"
hans 10(2c)	sein/e
hansa/stad -staden -städer 19(K)	Hansestadt
hantera -r -de -t 17(1b)	umgehen mit
harmonisk -t -a 12(K)	harmonisch
hata -r -de -t 19(2a)	hassen
hav -et – 13(2)	Meer, (die) See
headset -et – 5(7a)	Headset
hedersdoktor -n -er 19(2a)	Ehrendoktor/in
Hej! 1(Ü)	Hallo! Guten Tag!
Hej då / Hej hej 1(12)	Tschüss
heja -r -de -t (på) 20(2a)	zurufen, anfeuern
Hejsan! 1(1)	Hallo, Hi!
hekto -t (-n) 11(9c)	hundert Gramm
hel -t -a 8(2c)	ganz, alles, das Ganze
hela året runt 18(4)	das ganze Jahr über
helg -en -er 4(4)	Wochenende, Feiertag
helhetssyn -en -er 17(K-a)	ganzheitliche Sichtweise
hellre ... än 7(5a)	lieber ... als
helst 10(K-a)	am liebsten
helt 10(2a)	ganz
hem -met – 6(10a)	(das) Zuhause
hembaka/d -t -de 11(1a)	selbstgebacken
hemförsäljning -en -ar 9(9a)	Direktverkauf zu Hause
hemlaga/d -t -de 11(1a)	selbstgemacht
hemlighetsfull -t -a 12(K)	geheimnisvoll
hemma 9(2c)	zu Hause
hemma/dotter -dottern -döttrar 19(2a)	etwa: Tocher aus gutem Hause
hemskt -t -a 14(K-a)	schrecklich
hemtjänst -en -er 16(K-a)	häusliche Betreuung bzw. Pflege
hemtrakt -en -er 19(2a)	Gegend, aus der man stammt
herravdelning -en -ar 9(6a)	Herrenabteilung
herrgård -en -ar 19(2a)	Landgut
herrkläder 9(9a)	Herrenbekleidung
het/a -er -te -at 1(2a)	heißen
him/mel -len -lar 13(4)	Himmel
hinna hinner hann hunnit 15(6a)	etwas schaffen

hiss -en -ar 8(1a)	Lift, Aufzug
historia 13(1a)	Geschichte
hit 15(7b)	hierher
hitta -r -de -t (på) 8(1a)	finden (sich ausdenken)
hjälp -en 12(5a)	Hilfe
hjälp/a -er -te -t 4(4)	helfen
hjält/e -en -ar 19(K)	Held/in
hjärta -t -n 17(5a)	Herz
hjärtlig -t -a 8(9a)	herzlich
hobby -n -er (hobbies) 11(7a)	Hobby
hoj -en -ar 13(1a)	Drahtesel
Holland 1(K)	Holland
hon 1(7a)	sie (Sing.)
hon/a -an -or 12(3a)	eine „Sie"
hoppa -r -de -t (av) 18(8)	hüpfen (aussteigen)
hoppas hoppas hoppades hoppats 8(9a)	hoffen
hos 13(5c)	bei
hosta -n 16(3a)	Husten
hosta -r -de -t 16(6b)	husten
hotell -et – 8(1a)	Hotel
hud -en -ar 9(9a)	Haut
humör -et – (ha humör) 12(4a)	Laune (Temperament haben)
humoristisk -t -a 12(K)	humorvoll
hund -en -ar 4(9a)	Hund
hundra 7(4a)	hundert
hundratals 14(1)	Hunderte von
hundspann -et – 13(K-a)	Hundegespann
hungrig -t -a 11(8a)	hungrig
hur 1(4c)	wie
Hur dags? 3(K)	Wann (um wieviel Uhr)?
Hur mår du? 2(Ü)	Wie geht es dir?
Hur mycket blir det? 6(8a)	Wie viel macht das?
Hur stavar man det? 1(4c)	Wie buchstabiert man das?
hus -et – 7(4a)	Haus
hushåll -et – 17(K-a)	Haushalt
huvud -et -en 14(1)	Haupt, Kopf
huvudrätt -en -er 6(5b)	Hauptspeise
huvudvärkstablett -en -er 16(3b)	Kopfschmerztablette
hygglig -t -a 20(4)	nett, freundlich
hylla -r -de -t 20(K)	verehren
hyra hyr hyrde hyrt 13(1a)	mieten
håll -et – 19(K)	hier: Richtung
hålla håller höll hållit 9(9a)	halten, stattfinden
hålla med någon 12(4b)	jemandem zustimmen
hålla på med något 11(7c)	mit etwas beschäftigt sein
hår -et – 9(K-a)	Haare
hår/d -t -da 17(1b)	hart
hårddisk -en 17(2b)	Festplatte
hårtork -en -ar 8(4a)	Föhn
häftig -t -a 14(4c)	heftig
hälft -en -er 19(4a)	Hälfte
hällristning -en -ar 13(6a)	Felsenzeichnung
hälsa -n 6(11a)	Gesundheit
hälsa på 7(7a)	besuchen
hälsa -r -de -t 7(7c)	grüßen
hälsning -en -ar 4(8a)	Gruß
hälsokontroll -en -er 16(2a)	Gesundheitsüberprüfung
hälsoproblem -et – 16(K-a)	Gesundheitsproblem
hämta -r -de -t 7(9)	holen
hän/da -der -de -t 15(2)	geschehen, passieren
häng/a -er -de -t (på) 10(6a)	hier: aufhängen
hängig -t -a 16(6b)	schlapp
hänsyn -en 18(5a)	Rücksicht
hänvisa -r -de -t 18(K-a)	hinweisen, angewiesen sein auf
här 1(7a)	hier
härifrån 8(11)	von hier
härlig -t -a 5(5a)	herrlich, toll
härmed 5(7a)	hiermit
höft -en -er 16(1a)	Hüfte
hög -t -a 10(5a)	hoch
höger 14(7c)	rechts
höns -et -en 19(3a)	Huhn
Hör av dig! 5(7a)	Lass von dir hören!
höra hör hörde hört 2(5a)	höra
höra sig för 15(6a)	sich erkundigen
höra talas om 15(1a)	von etwas hören
hörn -et – 14(7b)	Ecke
höst -en -ar 4(9a)	Herbst

I

i 2(8)	in, im, an
i alla fall 14(4c)	auf alle Fälle
i alla väder 12(4a)	unter allen Umständen
i förrgår 7(7d)	vorgestern
i förväg 15(9)	im Voraus
i morse 7(7d)	heute Morgen
i stället för 16(2a)	anstelle von
i takt med 18(K-a)	im selben Takt wie
ibland 3(2a)	manchmal, ab und zu
idag / i dag 3(7a)	heute
idé -n -er 13(6a)	Idee
idrott -en -er 12(8c)	Sport
idyllisk -t -a 10(7b)	idyllisch
ifall 20(3a)	wenn, falls, ob
igen 14(4c)	neu, erneut, wieder
igenom 11(7c)	durch, hindurch
igår / i går 7(6)	gestern
ihop 7(9)	zusammen
ikväll / i kväll 6(2a)	heute Abend
illa 10(7d)	schlecht, schlimm, böse
illamående -t 16(3b)	Übelkeit
in 11(1a)	drinnen, herein, hinein
inbjuda inbjuder inbjöd inbjudit 4(8b)	einladen
inbjudan – inbjudningar 7(4c)	Einladung
incitament -et – 18(K-a)	Anreiz
infektion -en -er 16(6b)	Infekt, Infektion
inflammera/d -t -de 16(6b)	entzündet
inflytande -t -n 19(5a)	Einfluss
information -en -er 11(1a)	Information
inför 15(2)	vor
in/föra -för -förde -fört 14(K-a)	einführen
införande 19(2a)	Einführung
ingen, inget, inga 6(11a)	kein/e/er/es
ingenjör -en -er 5(1a)	Ingenieur/in
ingenting 13(K-a)	nichts

in/gå -går -gick -gått 14(2a)	inklusive sein, beinhalten
inhemsk -t -a 13(1a)	einheimisch
inklusive 8(1a)	inklusiv
inkläm/d -t -da 18(6a)	eingeklemmt
inkommande 17(2b)	eingehend, hereinkommend
inle/da -der -dde -tt 7(9)	einführen, beginnen
innan 16(6d)	vorher, vor, letzte
inne 11(1a)	innen, drinnen
inne/bära -bär -bar -burit 16(K-a)	beinhalten
inne/hålla -håller -höll -hållit 9(9a)	beinhalten
inom 9(7b)	innerhalb
inrama/t -d -de 10(6a)	eingerahmt
inre/dd -tt -dda 10(7b)	eingerichtet
inredning -en -ar 10(3)	Einrichtung
inrikta -r -de -t (sig) 17(K-a)	sich einrichten auf, sich konzentrieren auf
inrättning -en -ar 19(2a)	Einrichtung
insats -en -er 19(2a)	Einsatz, Leistung
insatt i 20(2a)	vertraut mit
in/se -ser -såg -sett 15(6b)	einsehen
institut -et – 17(5a)	Institut
inställning -en -ar 17(K-a)	Einstellung
in/ta -tar -tog -tagit 17(K-a)	einnehmen
inte 2(1a)	nicht
Inte alls! 14(7d)	Gar nicht!
inte bara ... utan även 13(1a)	nicht nur ... sondern auch
inte heller 14(4c)	auch nicht
integrera -r -de -t 19(7a)	integrieren, einbinden
intelligent – -a 12(3a)	intelligent
intensiv -t -a 13(4)	intensiv
interiör -en -er 14(3a)	Interieur, Einrichtung
internationell -t -a 11(K-a)	international
internationella planet 20(3a)	internationale Ebene
internet -et 7(5a)	Internet
intervjua -r -de -t 7(5a)	interviewen
intressant – -a 13(6b)	interessant
intresse -t -n 12(11)	Interesse
intressera -r -de -t 13(K-b)	interessieren
intressera/d -t -de 13(6b)	interessiert
intyg -et – 16(4b)	Bescheinigung
intåg -et – 14(K-a)	Einzug
invandrare -n – 19(4a)	Einwanderer/in, Migrant/in
investering -en -ar 18(K-a)	Investition
invigningsfest -en -er 10(2a)	Einweihungsfest
invånare -n – 20(4)	Einwohner
inåtvän/d -t -da 12(1c)	introvertiert
Iran 19(6a)	Iran
Irland 1(K)	Irland
irritera -r -de -t (sig) 15(K-a)	sich ärgern
is -en -ar 13(K-a)	Eis
iscensättning -en -ar 15(4)	Inszenierung
ishockey -n 20(1a)	Eishockey
Island 1(K)	Island
istället (i stället) 7(5a)	anstatt
Italien 1(10)	Italien
italiensk -t -a 1(10)	italienisch

J

ja 2(1a)	ja, jawohl
jack/a -an -or 9(2a)	Jacke
jag 1(2a)	ich
Jajamän! 14(4c)	Ja, na klar!
jakt -en -er 8(3a)	Jagd
januari 5(K-a)	Januar
jaså 1(11)	ach so, ach ja
javisst 1(8)	selbstverständlich, na klar
jeans -en – 9(2c)	Jeans
jo 9(4c)	doch
jobb -et – 5(11)	Job, Arbeit
jobba -r -de -t 5(3a)	arbeiten, jobben
jobbig -t -a 14(4c)	anstrengend
jogga -r -de- t 4(1a)	joggen
jordgubb/e -n -ar 11(6)	Erdbeere
jourapotek -et – 6(K)	diensthabende Apotheke, Notfallapotheke
journalist -en -er 5(1a)	Journalist/in
ju 3(7a)	ja (wie man weiß)
jud/e -en -ar 19(2a)	Jude
juice -n -r 3(1a)	Saft
jul -en -ar *jul* (Ü)	Weihnachten
julafton *jul* (1)	Heiligabend
juldag *jul* (1)	1. Weihnachtsfeiertag
juli 5(K-a)	Juli
julklapp -en -ar 15(K-a)	Weihnachtsgeschenk
julprydnad -en -er 10(6a)	Weihnachtsschmuck
jungfru -n -r 12(7a)	Jungfrau
juni 5(K-a)	Juni
jurist -en -er 5(3a)	Jurist/in
just 13(6a)	genau, gerade
Just det! 14(4c)	Genau!
jädrans kul (ugs.) 14(4c)	superlustig
jäm/föra -för -förde -fört 18(K-b)	vergleichen
jämförbar -t -a 20(K)	vergleichbar
jämlik -t -a 20(8a)	gleichermaßen
jämlikhet -en -er 20(8a)	Gleichheit
jämställdhet -en -er 20(8a)	Gleichberechtigung, Gleichstellung
järnväg -en -ar 13(6b)	Eisenbahn
järnvägsspår -et – 13(6b)	Eisenbahnschiene
järnvägsstation -en -er 13(6b)	Bahnhof
jättebra 4(6a)	sehr gut
jättekul 4(6a)	super, cool
jättetråkigt (ugs.) 4(7a)	superlangweilig

K

kabel tv (Kabel TV) 8(1a)	Kabelfernsehen
kaffe -t 3(1a)	Kaffee
kaffekonsumtion -en 3(8)	Kaffeekonsum
kaffesug/en -et -na 3(9a)	Lust auf Kaffee haben
kaki -n 9(K-a)	kakifarben
kall -t -a 8(3a)	kalt
kalla -r -de -t (för) 10(K-a)	nennen
kalorisnål -t -a 11(3b)	kalorienarm
kalsonger 9(2b)	Unterhose/n

kamer/a -an -or 18(2c) Kamera
kamma -r -de -t (sig) 7(1a) (sich) kämmen
kamomillte -et -er 16(3b) Kamillentee
kämpa -r -de -t 20(3a) kämpfen
kampanj -en -er 19(2a) Kampagne
kamrat -en -er 4(5b) Kamerad/in
kan ➜ kunna 2(8) siehe *kunna* (können)
kanal -en -er 14(4c) Kanal
kandidat -en -er 15(K-a) Kandidat
kanonväd/er -ret – (ugs.) 14(4c) super Wetter
kanot -en -er 10(7b) Kanu
kanotpaddlare -n – 13(6b) Kanufahrer
kanske 6(2a) vielleicht
kapitalism -en 20(K) Kapitalismus
kapp/a -an -or 9(2b) Mantel
kappsäck -en -ar 18(1a) Koffer
karaktärsdrag -et – 12(3a) Charaktereigenschaft
karriär -en -er 17(K-a) Karriere
kart/a -an -or 13(1a) Karte
karusell -en -er 15(1a) Karussell
kass -t -a 15(4) mies, schlecht
kass/a -an -or 15(2) Kasse
kastrull -en -er 11(9a) Topf
katalognum/mer -ret -mer 5(7a) Katalognummer
katastrof -en -er 15(4) Katastrophe
kavaj -en -er 9(2b) Jacke, Sakko
kemi -n 19(2a) Chemie
kemisk -t -a 6(11a) chemisch
kg (kilo) 3(8) kg (Kilo)
kill/e -en -ar 12(10a) Junge
kilo -t -n 6(7) Kilo
kilometer -n – 19(4a) Kilometer
kind -en -er 18(8) Wange, Backe
kinesisk -t -a 4(7b) chinesisch
kiosk -en -er 14(7a) Kiosk
kjol -en -ar 6(3a) Rock
klar -t -a 9(7a) klar, natürlich
klara -r -de -t (av) 17(1b) aushalten, zurechtkommen mit
klara -r -de -t (upp) 19(2a) aufklären
klass -en -er 19(4a) Klasse
klassisk -t -a 9(9a) klassisch
klimatförändring -en -ar 18(K-a) Klimaveränderung
klipp/a -er -te -t 18(2d) schneiden, mähen
klock/a -an -or 3(K) Uhr
klok -t -a 14(4c) klug
klyva klyver klöv kluvit 20(K) aufspalten
klä (kläda) klär klädde klätt (på sig) 7(1a) (sich) anziehen
kläder 9(3b) Kleidung
klädesplagg -et – 9(Ü) Kleidungsstück
klädesstil -en -er 9(3c) Kleidungsstil
klädmärke -t -n 9(9b) Kleidermarke
klänning -en -ar 9(2a) Kleid
klättra -r -de -t (i berg) 13(6b) bergsteigen
knappast 10(2a) kaum, knapp
kniv -en -ar 3(1a) Messer
kniv/hugga -hugger -högg -huggit 19(2a) mit dem Messer niederstechen
knyta knyter knöt knutit 15(K-a) knoten, flechten
knä -et -n 16(1a) Knie
knäckebröd -et – 14(K-a) Knäckebrot
ko -n -r 19(3a) Kuh
kock -en -ar 5(1a) Koch
koft/a -an -or 9(2a) Strickjacke
koka -r -de -t 11(9a) kochen (Wasser, Flüssigkeiten)
kol -et(en) – 9(4c) Kohle
kolla -r -de -t 14(4c) (nach)schauen
kolleg/a -an -or 17(2a) Kollege/-in
kollektion -en -er 9(9a) Kollektion
kollektiv -et – 10(5a) Wohngemeinschaft
kombinera -r -de -t 9(K-a) kombinieren
komedi -n -er 15(2) Komödie
komfortab/el -elt -la 10(7b) komfortabel
komma ihåg 18(2c) denken an, sich an etwas erinnern
komma kommer kom kommit 1(5) kommen, werden (Zukunft)
kommentar -en -er 20(3a) Kommentar
kommunikativ -t -a 12(K) kommunikativ
kommunism -en 20(K) Kommunismus
kommunistisk -t -a 20(K) kommunistisch
kommun(al)val -en -er 20(5b) Kommunalwahlen
kompetens -en -er 19(6a) Kompetenz
kompis -en -ar 2(8) Kumpel, Kamerad/in
komponist -en -er 15(5b) Komponist
kompromiss -en -er 20(K) Kompromisse
kompromissa -r -de -t 20(3a) Kompromisse schließen
konflikt -en -er 15(5a) Konflikt
konflikt/skygg -t -a 20(3a) konfliktscheu
konkurrenskraft -en -er 18(K-a) Konkurrenzfähigkeit
konsert -en -er 15(Ü) Konzert
konst -en 9(4a) Kunst
konstgöds/el -eln -lar 6(11a) Kunstdünger
konstnär -en -er 14(3a) Künstler
konstnärlig -t -a 17(1a) künstlerisch
konsulent -en -er 9(9a) Berater / Verkäufer
konsult -en -er 17(1a) Berater/in
kontakt -en -er 13(1a) Kontakt
kontakta -r -de -t 17(5b) kontaktieren, sich wenden an
kontinent -en -er 11(K-a) Kontinent
kontor -et – 5(2) Büro
kontorstillbehör -et -en 5(7a) Bürozubehör
kontrast -en -er 9(K-a) Kontrast
kontroll -en -er 2(1a) Kontrolle
kontrollera -r -de -t 8(8a) kontrollieren
konung -en -ar 14(3a) König
konvertering -en -ar 18(K-a) Konvertierung
kopp -en -ar 3(1a) Tasse
kopparfärga/d -t -de 9(K-a) kupferfarben
koppla -r -de -t (av) 7(1a) sich entspannen
koppla till 17(4b) verbinden mit
koppling -en -ar 8(1a) Verbindung, Anschluss
korsning -en -ar 14(7c) Kreuzung
kort – -a 9(5) kurz
kort -et – 5(5a) Karte
korv -en -ar 6(1a) Wurst
kosta -r -de -t 3(7a) kosten
kostnad -en -er 20(7b) Kosten

Alphabetische Wortliste

kostym -en -er 9(2b)	Anzug
kraftig -t -a 18(K-a)	kräftig
kram -en -ar 13(5c)	Umarmung
krav -et – (krav på) 20(8a)	Forderung, Anspruch auf
kravmärkt – -a 9(9a)	mit Gütesiegel
kreditkort -et – 18(1b)	Kreditkarte
krig -et – 19(2a)	Krieg
kring 17(K-a)	um (herum)
kristdemokraterna 20(5)	Christdemokraten
kritisera -r -de -t 20(3a)	kritisieren
krog -en -ar 11(1a)	Bar, Kneipe, Gaststätte
kron/a -an -or 3(5)	Krone
kronprinsess/a -an -or 5(K-b)	Kronprinzessin
kropp -en -ar 16(Ü)	Körper
krydd/a -an -or 11(5a)	Gewürze
kryddstark -t -a 11(3b)	stark gewürzt
krypa kryper kröp krupit (in) 13(K-a)	kriechen in
krångla -r -de -t 18(3c)	Schwierigkeiten machen, nicht in Ordnung sein
kräft/a -an -or 12(K)	Krebs
kräftskiva skål (1a)	Krebsfest, Krebsessen
kräftstjärt -en -ar 11(9a)	Krebsschwanz
kräkas kräks kräktes kräkts 16(3a)	sich übergeben
kräm -en -er 18(1b)	Creme
kränk/a -er -te -t 15(2)	kränken
kräv/a -er -de -t 18(K-a)	fordern
kul 7(4a)	lustig, prima, klasse
kultur -en -er 3(3a)	Kultur
kulturell -t -a 13(1a)	kulturell
kulturlandskap -et – 13(6b)	Kulturlandschaft
kund -en -er 5(3a)	Kunde
kundförfrågning -en -ar 7(2a)	Kundenanfrage
kung -en -ar 5(K-b)	König
kunglig -t -a 14(1)	königlich
kunna kann kunde kunnat 2(8)	können
kunskap -en -er 17(5a)	Kenntnisse, Wissen, Können
kurort -en -er 13(1a)	Kurort
kurs -en -er 18(2d)	Kurs
kusin -en -er 7(K-d)	Cousin/e, Vetter / Base
kuvert -et – 5(7a)	Briefumschlag
kvalificera/d -t -de 17(K-a)	qualifiziert
kvalitet -en -ar (=kvalité -n -er) 15(K-a)	Qualität
kvar 11(7e)	übrig
kvart -en -ar (aber: tre kvart) 3(K)	Viertel
kvinn/a -an -or 7(5a)	Frau
kvinnlig -t -a 19(2a)	weiblich
kväll -en -ar 4(6a)	Abend
kyckling -en -ar 6(5a)	Hühnchen
kyla -n 19(3a)	Kälte
kylskåp -et – 6(10a)	Kühlschrank
kypare -n – 11(7a)	Bedienung / Kellner
kyrk/a -an -or 13(2)	Kirche
kåldolm/e -en -ar 11(3a)	Kohlroulade
käll/a -an -or 19(6a)	Quelle
källare -n – 3(3a)	Keller
kän/d -t -da (kändis -en -ar) 12(6b)	bekannt (berühmte Person)
kän/na -ner -de -t (sig) 13(K-b)	(sich) fühlen, kennen
kännas känns kändes känts 9(9a)	sich (an)fühlen
kännedom -en 20(K)	Kenntnis
kär -t -a 8(9a)	lieb
kärleksfull -t -a 15(2)	liebevoll
kärn/a -an -or 14(1)	Kern
kö -n -er 17(4b)	Schlange (bildlich)
kök -et – 10(1b)	Küche
köksgrej -en -or 10(7d)	Küchenzeug
köksredskap -et – 10(7d)	Küchengerät
köld -en 13(K-a)	Kälte
kön -et – 9(8b)	Geschlecht
köp -et – 14(2b)	Kauf
köp/a -er -te -t 8(2c)	kaufen
köra kör körde kört 18(4)	fahren
körkort -et – 18(1b)	Führerschein
kött -et 6(1a)	Fleisch
köttbull/e -en -ar 3(3a)	schwed. Hackfleischbällchen

L

ladda -r -de -t (sina batterier) 16(9b)	aufladen, auftanken (seine Batterien)
ladda/d -t -de 15(2)	geladen
lag -en -ar 18(5a)	Gesetz
laga mat 4(1a)	Essen kochen
laga -r -de -t 4(1a)	machen, kochen, reparieren
lagom 14(4f)	nicht zu viel und nicht zu wenig
lagstiftning -en -ar 20(7a)	Gesetzgebung
lamp/a -an -or 5(7a)	Lampe
land -et länder 1(K)	Land
landskap -et – 13(6a)	Landschaft / Region in Schweden
landstingsval -et – 20(5b)	Landtagswahlen
lantställe -t -n 18(7a)	Landsitz, Ferienhaus
lapp -en -ar 3(5)	Schein, Zettel
lappkåt/a -an -or 13(6b)	Hütte der Samen
lasta -r -de -t 13(1a)	laden, aufladen
lat – -a 12(1a)	faul
latmask -en -ar 14(4c)	Faulpelz
leda leder ledde lett 17(5b)	führen, leiden
leda/mot -moten -möter 19(2a)	Abgeordnete/r, Mitglied
ledig -t -a 7(5b)	frei
ledighet -en -er 7(5b)	Urlaub von der Arbeit, Freizeit
ledning -en -ar 14(K-a)	Leitung, Führung
leds/en -et -na 7(7a)	traurig
leg. = legitimerad 17(5b)	staatlich geprüft
legitimation -en -er 18(1b)	Ausweis
lejon -et – 6(K)	Löwe
lejonkul/a -an -or 14(3a)	Löwenhöhle
lek -en -ar 15(5a)	Spiel
lekhörn/a -an -or 8(1a)	Spielecke
Lettland 1(K)	Lettland

lev/a -er -de -t 5(10a)	leben
levande 12(8c)	lebendig
leverans -en -er 5(7a)	Lieferung
leveransvillkor -et – 5(7a)	Lieferbedingungen
lexikon -et – 14(4c)	Lexikon
licens -en -er 18(5b)	Lizenz
ligga ligger låg legat 8(1a)	liegen
lika 10(2a)	gleich, genauso
lika ... som 12(8b)	genauso ... wie
liknande 16(6d)	ähnlich
lila lila lila 9(1)	lila
lilla (best. Form von liten) 14(3a)	klein
lindra -r -de -t 16(3a)	lindern
lingon -et – 9(9a)	Preiselbeere
linjal -en -er 5(7a)	Lineal
linje -n -r 14(5)	Linie
list/a -an -or 14(2a)	Liste
lita -r -de -t (på) 12(4a)	sich verlassen auf
Litauen 1(K)	Litauen
lite 1(8)	ein bisschen, etwas
liten litet små 9(5)	kleine/r/s
liter -n – 6(7)	Liter
litterär -t -a 20(2a)	literarisch
litteratur -en -er 11(K-a)	Literatur
liv -et – 8(9a)	Leben
livskamrat -en -er 15(2)	Lebenspartner/in
ljud -et – 15(K-a)	Laut, Ton
ljus -et – 4(4)	Licht
ljus -t -a 7(4a)	hell
locka -r -de -t 15(1a)	locken
logisk -t -a 12(K)	logisch
lojal -t -a 12(3a)	loyal
lokal -en -er 13(1a)	Lokal, Räumlichkeit
lokal -t -a 11(K-a)	lokal, regional
lokalpatriotisk -t- a 10(K-a)	lokalpatriotisch
lopp -et – 14(K-a)	Lauf
lov -et – 9(4c)	Erlaubnis, Urlaub, Ferien
lova -r -de -t 14(4c)	versprechen
lovande 13(6b)	vielversprechend
lovord -et – 11(K-a)	Lob
luci/a -an -or *jul* (1)	Lucia
lugn -et 9(9a)	Ruhe, Stille
lugn -t -a 10(5a)	ruhig
lukta -r -de -t 19(4a)	riechen
lunch -en -er 3(K)	Mittagessen
lunchstäng/d -t -da 6(K)	Mittagspause
lung/a -an -or 16(6b)	Lunge
lust -en 4(5b)	Lust
lustig -t -a 15(5a)	lustig
Luxemburg 1(K)	Luxemburg
lycka -n 4(5a)	Glück
Lycka till! 4(5a)	Viel Glück!
lyckas lyckas lyckades lyckats 14(K-a)	gelingen, glücken
lyckligtvis 17(2b)	zum Glück
lyckopill/er -ret -er 15(K-a)	Glückspille
lyda lyder lydde/löd lytt 19(K)	lauten, gehorchen
lyf/ta -ter -te -t (fram) 11(K-a)	(hervor)heben
lyssna -r -de -t 4(1a)	hören
lyx 8(1a)	Luxus
låg -t -a 13(4)	tief, niedrig
lågtrycksområde -t -n 13(4)	Tiefdruckgebiet
lång -t -a 8(11)	lang, weit
långdrag/en -et -na 15(5a)	in die Länge gezogen
långsam -t -ma 11(K-a)	langsam
långtråkig -t -a 15(4)	langatmig
låt -en -ar 15(4)	Lied, Song
låta låter lät låtit 3(7a)	klingen, anhören, lassen
läck/a -er -te -t 17(7a)	lecken
läck/er -ert -ra 11(1a)	lecker
läge -t -n 2(1a)	Lage
lägenhet -en -er 10(2a)	Wohnung
lägga lägger la(de) lagt 18(2a)	legen
lägga näsan i blöt 20(3a)	sich einmischen
läkare -n, – 5(1a)	Arzt / Ärztin
läkarmottagning -en -ar 5(2)	Arztpraxis
läkemedelsupplysningen 6(K)	Auskunft zu Medikamenten
lämna -r -de -t 16(6b)	verlassen, abgeben, hinterlassen
Lämnas på begäran. 17(5a)	Werden auf Anfrage nachgereicht.
längd -en -er 14(4f)	Länge, Dauer
länge 14(K-b)	lange
längesedan 15(6a)	lange her
längre → lång 12(7a)	länger
lär (lär vara) 11(1b)	soll (soll sein)
lära lär lärde lärt (sig) 13(1a)	lernen, sich aneignen
lärare -n – 5(1a)	Lehrer/in
lärk/a -an -or 5(7a)	Lerche
läs/a -er -te -t 4(2)	lesen
läsk -en – (läskedrycker) 3(5)	Limonade
lätt lätt lätta 6(8a)	leicht
lättöl -en – 11(6)	leichtes Bier
läx/a -an -or 19(6a)	Hausaufgabe
löjrom -men 11(6)	Maränenrogen
lön -en -er 17(2a)	Lohn, Gehalt
löna -r -de -t (sig) 17(K-a)	sich lohnen
lönenivå -n -er 20(10a)	Lohnniveau
lönsam -t -ma 17(K-a)	lohnend
lördag -en -ar (lör) 4(6a)	Samstag
lösa löser löste löst 19(2a)	lösen
lösning -en -ar 17(1b)	Lösung
lövbiff -en -ar 11(3a)	Minutensteak

M

m.fl. (med flera) 14(3a)	und viele andere
mack/a -an -or 18(2a)	belegtes Brot, Stulle
mag/e -en -ar 15(5a)	Bauch, Magen
magdansersk/a -an -or 15(5a)	Bauchtänzerin
magnifik -t -a 14(3a)	erstklassig, großartig
maj 5(K-a)	Mai
makt -en -er 19(K)	Macht
malmöitisk 15(2)	malmöisch
mamm/a -an -or 2(3a)	Mama
man 1(4c)	man
man -nen män 7(5a)	Mann
manlig -t -a 20(7a)	männlich

Alphabetische Wortliste

mans systerson 7(K-a)	Neffe
mantalsskriv/en -et -na 20(5b)	in die Einwohnerliste eingetragen
mark -en -er 18(5a)	Grund, Boden, Erde
marknadsavdelning -en -ar 5(7a)	Marketingabteilung
marknadsekonomi -n -er 20(K)	Marktwirtschaft
mars 5(K-a)	März
marskalk -en -er 19(K)	Marschall
maskeradbal -en -er 19(K)	Maskenball
maskin -en -er 17(1b)	Maschine
massa (en massa) 16(4b)	Masse (eine Menge)
mat -en 3(1b)	Essen
matallergi -n -er 11(3b)	Lebensmittelallergie
matcha -r -de -t 9(9a)	passen
matematik -en 17(2b)	Mathematik
material -et – 5(7a)	Material
matpyramid -en -er 6(1a)	Nahrungsmittel-pyramide
maträtt -en -er 11(K-a)	Gericht
matsed/el -eln -lar 3(5)	Speisekarte
matsked -en -ar (msk) 11(9c)	Esslöffel
matt/a -an -or 10(1a)	Teppich
med 1(4c)	mit
med reservation för 15(2)	mit Vorbehalt für
med/el -let -el 16(5)	Mittel
medan 7(5a)	während
medarbetare -n – 5(7b)	Mitarbeiter/in
medborgare -n – 20(2a)	Mitbürger
meddela -r -de -t 17(4b)	mitteilen
meddelande -t -en 17(4b)	Mitteilung
medelhav -et -en 16(6d)	Mittelmeer
medeltid -en 14(3a)	Mittelalter
medeltida 14(1)	mittelalterlich
medelvärd -et -en 20(9b)	Mittelwert
medicin -en -er 16(3a)	Medizin, Medikament
medier 19(6c)	Medien
medlem -men -mar 5(K-b)	Mitglied
medryckande 15(5b)	mitreißend
medvet/en -et -na 18(K-a)	bewusst
mejerivar/a -an -or 6(1a)	Milchprodukt
mejl -et – 4(8a)	E-Mail
mejla -r -de -t 4(8a)	E-Mail schreiben / mailen
mekaniker -n – 17(1a)	Mechaniker/in
Mekka 13(6b)	Mekka
mellan ... och 8(5a)	zwischen ... und
men 2(6)	aber
mena -r -de- t 10(K-b)	meinen
meningsfull -t -a 17(K-a)	sinnvoll
mental -t -a 16(8)	mental
meny -n -er 11(1a)	Menü
mer[a] 7(5a)	mehr
merit -en -er 17(5a)	Verdienst, Qualifikation
merpart -en 9(9a)	Hauptteil
mest 4(9a)	am meisten
mestadels 13(4)	meist, zumeist
met/er -ern -rar 14(3a)	Meter
metod -en -er 19(6a)	Methode
middag -en -ar 3(K)	Abendessen
midsommaraft/on -onen -nar 6(K)	Mittsommerabend

midsom/mar -maren -rar 6(K)	Mittsommer
mig 7(2c)	mich
mikro -n 10(5a)	Mikrowelle
mil -en – 12(10a)	schwed. Meile (10 km)
miljö -n -er 6(11a)	Umgebung, Umwelt, Milieu
miljömärke -t -n 6(11a)	Umweltzeichen
miljon -en -er 18(K-a)	Million
min, mitt, mina 2(8)	mein
mindre 13(5b)	kleiner, weniger
mineralvatt/en -net 3(5)	Mineralwasser
minibar -en -er 8(1a)	Minibar
minnas minns mindes mints 14(4c)	sich erinnern
minne -t -n 14(K-a)	Erinnerung, Gedächtnis
minoritet -en -er 19(5a)	Minorität, Minderheit
minst 5(7b)	mindestens
minus 2(K)	minus
minut -en -er (min) 15(2)	Minute
mitt emot 14(7b)	gegenüber
mitt i 8(1a)	mitten in, inmitten
mjuk -t -a 16(8)	weich
mjöl -et 6(1a)	Mehl
mjölk -en 3(1a)	Milch
mjölprodukt -en -er 11(3b)	Mehlprodukt
mobbning -en 17(2a)	Mobbing
mobil = mobiltelefon 4(5b)	Handy
mod -et 20(3a)	Mut
mode -t 9(7a)	Mode
modejournalist -en -er 9(7a)	Modejournalist
modellstat -en -er 20(4)	Modellstaat
moder (ugs. mor) -n mödrar 7(K-a)	Mutter
moderaterna 20(5)	Partei „Die Moderaten“
modern -t- a 9(5)	modern
modernisera -r -de -t 20(7a)	modernisieren
modersmål -et – 19(6c)	Muttersprache
modetrend -en -er 12(11)	Modetrend
mog/en -et -na 12(1a)	reif
moln -et – 13(3a)	Wolke
molnig -t- a 13(3a)	bewölkt
molnighet -en 13(4)	Bewölkung
monarki -n -er 20(7a)	Monarchie
monolog -en -er 15(4)	Monolog
moralist -en -er 20(3a)	Moralist
mor: siehe moder	Mutter
morbroder (morbror) -n morbröder 7(K-d)	Onkel (mütterlicherseits)
mord -et – 19(2a)	Mord
morfader (morfar) -n morfäder 7(K-d)	Opa (mütterlicherseits)
morföräldrar 7(K-d)	Großeltern (mütterlicherseits)
morg/on -onen -nar 1(1)	Morgen
morgondagen 13(4)	der morgige Tag
mormoder (mormor) -n mormödrar 7(K-d)	Oma (mütterlicherseits)
moster -n mostrar 7(K-a)	Tante (mütterlicherseits)
mot 11(3b)	gegen, in Richtung ...
motion -en – 12(10a)	Bewegung
motionera -r -de -t 16(2a)	sich bewegen

motiv -et – 19(2a)	Motiv
motor -n -er 18(3c)	Motor
motorhuv -en -ar 18(3a)	Motorhaube
motorväg -en -ar 18(3d)	Autobahn
motsats -en -er 9(5)	Gegenteil
motsatsen till 9(5)	das Gegenteil von
motta[ga] mottar mottog mottagit 11(K-a)	entgegenehmen
mottagning -en -ar 16(K-a)	Sprechstunde
motto -t -n 14(4f)	Motto
motverka -r -de -t 18(K-a)	entgegensteuern
motvilj/a -an -or (mot) 20(K)	Abneigung (gegen)
mountainbikecyk/el -eln -lar 12(10a)	Mountainbike
mugg -en -ar 10(7c)	Becher
mul/en -et -na 13(4)	bedeckt, bewölkt
mullig -t -a 12(1b)	mollig
mums 11(7c)	„lecker"
mun -nen -nar 16(1a)	Mund
muntra -r -de -t (upp) 12(4a)	aufmuntern
mura -r -de -t (om) 17(7a)	„erneut" maurern
murare -n – 17(7a)	Maurer/in
mus -en möss 5(7a)	Maus
muse/um -et -er 8(11)	Museum
musik -en 4(1a)	Musik
musikal -en -er 15(10)	Musical
musikalisk -t -a 12(K)	musikalisch
musiker -n – 15(1a)	Musiker/in
müsli -n 3(1a)	Müsli
mycket 3(7a)	viel, sehr
myggolj/a -an -or 18(1b)	Mückenöl
myndighet -en -er 17(K-a)	Behörde
mynt -et – 3(5)	Münze
mysig -t -a 10(7b)	gemütlich
myskväll -en -ar 12(8c)	gemütlicher Abend
mytbild -en -er 20(K)	mythisches Bild
må mår mådde mått 2(Ü)	sich fühlen
må bättre 16(2b)	sich besser fühlen
mål -et – 18(K-a)	Ziel
måla -r -de -t 17(7b)	malen, anstreichen
målare -n – 14(K-a)	Maler/in
målinrikta/d -t -de 17(5a)	zielorientiert
målning -en -ar 15(4)	Gemälde, Malerei
måltid -en -er 11(K-a)	Mahlzeit
månad -en -er 5(K-a)	Monat
måndag -en -ar 4(7a)	Montag
många 4(8a)	viele
mångfald -en 15(2)	Vielfalt
måste 5(7b)	müssen
mått -et – 11(9c)	Maß
måttfull -t -a 14(4f)	maßvoll
mäktig -t -a 15(5a)	mächtig
människ/a -an -or 4(9a)	Menschen
mänskliga rättigheter 20(3a)	Menschenrechte
märke -t -n 9(9b)	Marke
mätt – -a 11(8a)	satt
möb/el -eln -ler 3(1b)	Möbel
möjlig -t -a 16(K-a)	möglich
möjlighet -en -er 8(1a)	Möglichkeiten
möjligtvis 15(K-a)	möglicherweise, vielleicht
mönstra/d -t -de 9(7c)	gemustert
mörk -t -a 9(1)	dunkel
mörk/blå -blått -blåa 9(1)	dunkelblau
mörkbrun -t -a 9(2a)	dunkelbraun
möss/a -an -or 13(K-a)	Mütze
möte -t -n 13(K-a)	Treffen, Besprechung, Begegnung, Sitzung
mötesplats -en -er 13(K-a)	Treffplatz, Treffpunkt

N

nack/e -en -ar 16(1a)	Nacken
nackdel -en -ar 8(2a)	Nachteil
namn -et – 1(11)	Name
nation -en -er 20(2a)	Nation
nationaldag -en -ar 14(K-a)	Nationalfeiertag
nationalitet -en -er 9(8b)	Nationalität
nationalsång -en -er 20(2a)	Nationalhymne
nationell -t -a 18(K-a)	national
natt -en nätter 13(K-a)	Nacht
nattduksbord -et – 8(7)	Nachttisch/-kästchen
nattlinne -t -n 9(2b)	Nachthemd
natur -en -er 4(9a)	Natur
naturlig -t -a 13(K-a)	natürlich
naturligtvis 10(K-a)	natürlich, klar, natürlicherweise
naturreservat -et – 10(7b)	Naturschutzgebiet
nedanstående 5(7a)	untenstehend
nederbörd -en 13(4)	Niederschlag
Nederländerna 1(K)	die Niederlande
nedlag/d -t -da 13(6b)	aufgelassen, nicht mehr in Benutzung
nedsättande 16(6b)	senkend
nedärv/d -t -da 20(K)	vererbt, überliefert
negativ -t -a 12(4a)	negativ
nej 2(9)	nein
Nej tack! 4(7a)	Nein danke!
ner 13(6b)	hinunter, runter
nere 15(7b)	unten
nervös -t -a 15(K-a)	nervös
ni 2(8)	ihr (2. Pers. Pl.)
nikotin -et 16(2a)	Nikotin
nivå -n -er 18(K-a)	Niveau
nja 13(6b)	na ja, nun ja
njuta njuter njöt njutit (av) 11(1a)	etwas genießen
NK = Nordiska kompaniet 19(2a)	Nordische Kompanie (Kaufhaus)
nobelpris -et -er 19(2a)	Nobelpreis
nobelpristagare -n – 11(K-a)	Nobelpreisträger
nog 12(3a)	genügend, schon, wahrscheinlich, wohl
noggrant 16(K-a)	genau, präzise
nord 13(4)	Norden
Norden 14(1)	Norden
Norge 1(10)	Norwegen
norr 13(4)	nördlich, Norden
norr om 13(K-a)	nördlich von
norrlänning -en -ar 10(K-a)	Norrländer
norrut 13(4)	nach Norden
norsk -t -a 1(10)	norwegisch

nostalgi -n 15(K-a)	Nostalgie
not/a -an -or 11(8a)	Rechnung
november 5(K-a)	November
nu 1(11)	jetzt
num/mer -ret -mer 2(5a)	Nummer
numera 16(K-a)	heutzutage, jetzt
nuvarande 17(6a)	jetzig, derzeit
ny nytt nya 4(5b)	neu
nyans -en -er 9(K-a)	Nuance
nybaka/t -d -de 19(4a)	frisch gebacken
nyck/el -eln -lar 8(4a)	Schlüssel
nyckelskåp -et – 10(1b)	Schlüsselkasten
nyfik/en -et -na (på) 12(7a)	neugierig (auf)
nyhet -en -er 17(4b)	Neuigkeit, Nachricht
nyligen 10(K-a)	neulich
nynazist -en -er 19(K)	Neonazi
nyrenovera/d -t -de 10(5a)	frisch renoviert
nyttig -t -a 16(2a)	nützlich
nyårsafton *jul* (1)	Silvesterabend
nyårsdag *jul* (1)	Neujahrstag
nå når nådde nått 18(K-b)	erreichen
någon något några 8(1a)	irgendein/e/r
någonstans 16(6b)	irgendwo
när 4(6a)	wann, wenn, als
när som helst 12(4a)	wann auch immer, jederzeit
nära 8(1a)	in der Nähe (von), nahestehend
närhet -en 14(7d)	Nähe
närma -r -de -t (sig) 13(4)	sich nähern
närmare 11(K-a)	nahezu, beinahe
närmaste 10(7b)	der, die, das Nächste
näs/a -an -or 16(1a)	Nase
näsborr/e -en -ar 16(9a)	Nasenloch
näsduk -en -ar 18(1b)	Taschentuch
nästa 2(9)	nächste/r
nästan 7(5a)	fast, beinahe
nät -et – 7(2a)	Internet, Netz
nödutgång -en -ar 15(7a)	Notausgang
nödvändig -t -a 17(K-a)	notwendig
nöj/d -t -da 10(K-a)	zufrieden
nöje -t -en 10(K-b)	Spaß, Vergnügen

O

obebo/dd -tt -dda 17(7b)	unbewohnt
obefoga/d -t -de 15(K-a)	unbefugt
obehindra/d -t -de 19(6a)	ungehindert
oberoende 12(7a)	unabhängig
obilda/d -t -de 12(7b)	ungebildet
obligatorisk -t -a 20(8a)	obligatorisch
och 1(2a)	und
och så vidare 1(4c)	und so weiter
också 1(6)	auch
oerhört 19(2a)	sehr, unerhört
off/er -ret -er 14(K-a)	Opfer
offert -en -er 5(7a)	Angebot
officiell -t -a 14(3a)	offiziell
oförglömlig -t -a 14(2a)	unvergesslich
ofta 7(2d)	oft
ofullkomlig -t -a 20(K)	unvollkommen
Oh så bra! 2(5a)	Oh super!
Oj! 15(1a)	Ach je!
oktober 5(K-a)	Oktober
olik -t -a 13(1a)	verschieden, unterschiedlich („ungleich“)
olivgrön -t -a 9(K-a)	olivgrün
olj/a -an -or 18(2a)	Öl
oljepris -et -er 18(K-a)	Ölpreis
olyck/a -an -or 16(3b)	Unglück, Unfall
om 4(8a)	ob, wenn, falls
omedelbar -t -a 16(K-a)	unmittelbar
omgiva omger omgav omgivit 14(1)	umgeben
omgive/n -t -na (av) 10(7b)	umgeben von
omgivning -en -ar 11(K-a)	Umgebung
omhändertagande -t 20(8a)	Betreuung
omkring 18(6a)	um ... herum
omodern -t -a 9(5)	altmodisch
omog/en -et -na 12(1b)	unreif
omrusta -r -de -t 18(K-b)	umrüsten
område -t -n 13(4)	Gebiet
områdesbeskrivning -en -ar 10(5a)	Beschreibung der Umgebung
omsorg -en -er 17(K-a)	Sorgfalt, Fürsorge
omställning -en -ar 18(K-a)	Umstellung
omvårdnadsprogram -met – 17(5a)	Pflegeprogramm
omöjlig -t -a 13(K-a)	unmöglich
onsdag -en -ar 4(7a)	Mittwoch
ont (göra ont / ha ont) 16(3a)	böse (weh tun / Schmerzen haben)
oper/a -an -or 15(2)	Oper
operasångersk/a -an -or 15(1a)	Opernsängerin
operation -en -er 16(K-a)	Operation
opålitlig -t -a 12(1b)	unzuverlässig
orange (orangefärga/d -t -de) 9(K-a)	orange
ord -et – 19(6a)	Wort
ordenssal -en -ar 14(3a)	Saal der Orden
ordentlig -t -a 5(7a)	ordentlich
ordna -r -de -t 5(5a)	organisieren, erledigen
ordningsföljd -en -er 20(9b)	Ordnungsfolge
ordningstal -et – 5(K-a)	Ordnungszahl
oregelbund/en -et -na 17(1b)	unregelmäßig
organisationskänsl/a -an -or 17(5b)	Organisationstalent
organism -en -er 6(11a)	Organismus
original -t -a 15(K-a)	Original
orka -r -de -t 11(8a)	etwas schaffen können
orkesterdike -t -n 15(7a)	Orchestergraben
oro -n 15(K-a)	Unruhe
orolig -t -a 12(1c)	unruhig
orsak -en -er 14(5)	Ursache
ort -en -er 9(4a)	Ort
osäk/er -ert -ra 17(7b)	unsicher
osensibel -t -a 12(K)	unsensibel
oskriv/en -et -na 18(5a)	ungeschrieben
osocial -t -a 12(7b)	unsozial
oss 8(1a)	uns
ost 13(4)	Osten
ost -en -ar 3(1a)	Käse

osun/d -t -da 16(2a)	ungesund
otäckt 18(6a)	unangenehm, schrecklich
otät -t -a 17(7a)	undicht
otrevlig -t -a 12(1c)	unangenehm
otrog/en -et -na 12(7b)	untreu
otrolig -t -a 14(4c)	unglaublich
otur -en 8(9a)	Pech, Unglück
outtömlig -t -a 19(6a)	unerschöpflich
ovanlig -t -a 19(2a)	ungewöhnlich
ovårda/d -t -de 12(1b)	ungepflegt
ovänlig -t -a 12(1b)	unfreundlich

P

packa -r -de -t 18(1a)	packen
paddla -r -de -t 13(6a)	paddeln
paj -en -er 11(1a)	Quiche
paket -et – 3(1a)	Packung, Paket
pann/a -an -or 16(1a)	Stirn, Bratpfanne
pannkak/a -an -or 6(2c)	Pfannkuchen
papp/a -an -or 15(K-a)	Papa, Vater
papp/er -ret -er 5(10a)	Papier
pappamånad -en -er 20(8a)	Vatermonat (Erziehungszeit)
par -et – 12(10a)	Paar, paar
paraply -et -er 16(6b)	Schirm
park -en -er 14(7a)	Park
parkera -r -de -t 8(5a)	parken
parkering -en -ar 15(1a)	Parken, Parkplatz
parkett -en -er 15(6a)	Parkett
parlament -et – 20(9a)	Parlament
parlamentsleda/mot -moten -möter 20(9a)	Parlamentsmitglied, Abgeordnete/r
parti -et -er 20(5)	Partei
partner -n – 7(K-c)	Partner
pass -et 18(2a)	Pass
passa -r -de -t 6(2a)	passen
past/a -an -or 6(2c)	Nudeln, Pasta
pastellfärga/d -t -de 9(K-a)	pastellfarben
patient -en -er 16(4b)	Patient
patriotisk -t -a 10(K-a)	patriotisch
paus -en -er 7(2a)	Pause
pedantisk -t -a 12(K)	pedantisch
pengar (Pl.) 15(4)	Geld
penn/a -an -or 5(7a)	Stift
pension -en -er 20(K)	Pension
pensionärshem -met – 17(5a)	Seniorenheim
peppar -n 11(5a)	Pfeffer
per 3(8)	pro
person -en -er 1(10)	Person
personal -en 16(K-a)	Personal
personlig -t -a 17(5a)	persönlich
pigg -t -a 14(4c)	munter, wach, gesund
pincett -en -er 16(5)	Pinzette
pingst -en -ar *flaggdag* (1)	Pfingsten
pinnsoff/a -an -or 19(3a)	Holzsofa
pittoresk -t -a 10(5a)	pittoresk
pizz/a -n -or 6(2a)	Pizza
pjäs -en -er 15(2)	(Theater-)Stück
planera -r -de -t 14(4a)	planen
plastburk -en -ar 6(6)	Plastikdose
plats -en -er 13(6b)	Platz, Ort
platt 12(10a)	platt
plocka -r -de -t 18(5b)	pflücken
plugg (ugs.) -et – 14(4c)	Schule
plus 2(K)	plus
plusgrad -en -er 13(4)	Plusgrad
plån/bok -boken -böcker 18(1a)	Brieftasche
plåst/er -ret – 16(3a)	Pflaster
plötsligt 18(6a)	plötzlich
poet -en -er 11(K-a)	Poet
polack -en -er 19(K)	Pole/in
polcirkel -n 13(K-a)	Polarkreis
Polen 1(K)	Polen
polis -en -er 15(1a)	Polizei, Polizist
polisstation -en -er 14(7a)	Polizeiwache
politik -en 18(K-a)	Politik
politiker -n – 5(K-b)	Politiker/in
politisk -t -a 20(9a)	politisch
popkonsert -en -er 15(10)	Popkonzert
populär -t -a 7(5a)	beliebt
popularitet -en 20(7b)	Popularität
portion -en -er 11(9a)	Portion
porträtt -et – 5(9a)	Porträt
positiv -t -a 12(7a)	positiv
post -en 6(4)	Post
potatis -en -ar 6(1a)	Kartoffel
potatismos -et 6(2c)	Kartoffelbrei
poäng -en -er 15(1a)	Punkt
praktisk -t -a 12(K)	praktisch
prata -r -de -t (om) 4(5b)	sprechen, sich unterhalten über
pratsam -t -ma 12(3a)	gesprächig
precis 7(7a)	genau
premiär -en -er 15(K-a)	Premiere
presentation -en -er 1(7a)	Präsentation, Vorstellung
presentera -r -de -t 5(3a)	vorstellen, präsentieren
president -en -er 11(K-a)	Präsident/in
pressande 17(6a)	stressig, voller Druck
prick 3(K)	genau
prickfritt 20(3a)	einwandfrei
prickig -t -a 9(7c)	gepunktet
primär -t -a 16(K-a)	primär, zuerst
princip -en -er 16(K-a)	Prinzip
prioritera -r -de -t 18(K-a)	Priorität setzen
prioritet -en -er 16(K-a)	Priorität
pris -et -er 19(2a)	Preis
privat – -a 16(K-a)	privat
problem -et – 8(8a)	Problem
procent -en – 7(5a)	Prozent
produkt -en -er 5(7a)	Produkt
produktion -en -er 6(11a)	Produktion
professionell -t -a 17(K-a)	professionell
professor -n -er 15(4)	Professor/in
profil -en -er 17(5a)	Profil
program -met -men 14(6)	Programm
projekt -et – 17(4b)	Projekt
promenad -en -er 4(1a)	Spaziergang

promenera -r -de -t 4(9a)	mit dem Hund spazieren gehen
promillehalt -en 18(4)	Promillegehalt
propagand/a -an -or 20(K)	Propaganda
propagera -r -de -t 11(K-a)	propagieren
proppfull -t -a 18(6a)	proppenvoll
protestant -en -er 19(K)	Protestant/in
protestantism -en 14(K-a)	Protestantismus
protestera -r -de -t 11(K-a)	protestieren
prova -r -de -t 11(7c)	probieren
pröva -r -de -t (på) 13(1a)	ausprobieren
provning -en -ar 11(1a)	Probe
provrum -met – 9(6a)	Umkleidekabine
psykisk -t -a 19(2a)	psychisch
psykologi -n 16(4b)	Psychologie
publik -en -er 15(4)	Publikum
pump -en -ar 18(3a)	Pumpe
punkt -en -er 13(K-a)	Punkt
punktering -en -ar 18(3d)	einen Platten haben
pyttipann/a -an -or 6(2c)	schwed. Bauern-frühstück
på 1(8)	auf, bei, an, am
pålitlig -t -a 12(1a)	zuverlässig, verlässlich
påmin/na -ner -de -t (om) 14(4c)	erinnern an
påpeka -r -de -t 18(6a)	darauf hinweisen
pås/e -en -ar 6(6)	Tüte
påsk -en -ar 15(2)	Ostern
påtår (kaffe med påtår) 3(9a)	eine zweite Tasse Kaffee umsonst
påverka -r -de -t 17(K-a)	beeinflussen

R

rabatt -en -er 14(2a)	Rabatt
rad -en -er 15(7a)	Reihe
radhus -et – 10(3)	Reihenhaus
radio -n 5(10a)	Radio
radioapparat -en -er 8(7)	Radio
ragga -r -de -t 8(3a)	aufreißen, aufgabeln
rak -t -a 13(6b)	aufrecht, gerade, direkt
raka -r -de -t (sig) 7(2a)	(sich) rasieren
randig -t -a 9(7c)	gestreift
rapport -en -er 13(4)	Bericht
rasistisk -t -a 19(2a)	rassistisch
rask -t -a 16(8)	schnell
rationell -t -a 12(K)	rationell
ratt -en -ar 18(3a)	Lenkrad
reagera -r -de -t 16(8)	reagieren
realistisk -t -a 18(K-b)	realistisch
recension -en -er 15(5a)	Rezension
recept -et – 11(7c)	Rezept
redan 11(7c)	bereits, schon
redo 12(7a)	bereit
referens -en -er 17(5a)	Referenz
reg/el -eln -ler 18(5a)	Regel
regelbundet 16(2a)	regelmäßig
regera -r -de -t 14(K-a)	regieren
regering -en -ar 14(K-a)	Regierung
regim -en -er 19(2a)	Regime
region -en -er 13(1a)	Region
regissör -en -er 5(K-b)	Regisseur/in
regn -et – 13(3a)	Regen
regna -r -de -t 7(5a)	regnen
regnskur -en -ar 13(4)	Regenschauer
reklamation -en -er 17(4b)	Reklamation
rekommendera -r -de -t 9(7a)	empfehlen
relation -en -er 12(3a)	Beziehung
renässans -en 15(2)	Renaissance
rengöring -en -ar 16(5)	Reinigung, Saubermachen
renovera -r -de -t 18(7a)	renovieren
renskötsel -n 13(K-b)	Rentierhaltung
rensläd/e -en -ar 13(K-a)	Rentierschlitten
reparera -r -de -t 17(7b)	reparieren
representation -en -er 20(7b)	Repräsentation
representativ -t -a 20(7a)	repräsentativ
res/a -an -or 8(Ü)	Reise, Fahrt
res/a -er -te -t 10(5a)	reisen, fahren, aufstellen
resegrupp -en -er 8(1b)	Reisegruppe
reseledare -n – 17(1a)	Reiseleiter/in
reservera -r -de -t 15(6c)	reservieren
residens -et – 14(3a)	Residenz
respektera -r -de -t 18(5c)	respektieren
rest -en -er 11(9a)	Rest
restaurang -en -er 4(1a)	Restaurant
resultat -et – 10(K-b)	Resultat
resurs -en -er 18(K-a)	Ressource
reta -r -de -t (sig på) 17(2a)	sich ärgern über
retlig -t -a 18(6a)	ärgerlich
revision -en -er 5(3a)	Revision
revisor -n -er 5(3a)	Wirtschaftsprüfer/in
ridå -n -er 15(5a)	Vorhang
rike -t -n 14(3a)	Reich
rik -t -a 13(6b)	reich
riksdag -en -ar 14(K-a)	Reichstag
rikssal -en -ar 14(3a)	Reichssaal
riktig -t -a 6(2a)	richtig
riktlinjer 9(7a)	Richtlinien
ring/a -er -de -t 4(5b)	klingeln, anrufen
rinna rinner rann runnit (av) 11(9a)	abtropfen
rinnande 19(3a)	fließend
ris -et 6(1a)	Reis
risk -en -er 17(K-a)	Risiko
ro -n 9(9a)	Ruhe
rock -en -ar 9(2b)	Mantel
rok (= rum och kök) 10(5a)	Zimmer und Küche
rokoko -n 19(K)	Rokoko
rolig -t -a 7(7a)	lustig
roll -en -er 13(1a)	Rolle
romantisk -t -a 12(7a)	romantisch
rosa rosa rosa 9(K-a)	rosa
rostbrun -t -a 9(K-a)	rostbraun
rum -met – 8(1a)	Zimmer, Raum
runtomkring 8(1a)	rundherum
rusta r -de -t (upp) 17(7b)	aufrüsten
rut/a -an -or 18(7a)	Scheibe
rutig -t -a 9(7c)	kariert
ruttna -r -de -t 8(7)	(ver)faulen
rygg -en -ar 16(1a)	Rücken
Ryssland 1(K)	Russland
råd -et – 16(2a)	Rat

råda råder rådde rått 16(4b) — raten
rådgivning -en -ar 16(8) — Beratung
rådjur -et – 4(9a) — Reh
råvar/a -an -or 11(6) — Rohstoff, hier: Zutaten
räck/a -er -te -t (ut) 16(6b) — herausstrecken
rädd – -a 14(K-a) — ängstlich, bange
rädda -r -de -t 19(2a) — retten
räkning -en -ar 7(2a) — Rechnung
räksmörgås -en -ar 3(5) — Butterbrot mit Krabben
rätt – -a 9(9a) — richtig, gut
rätt -en 18(5a) — Recht
rätt -en -er 11(1a) — Gericht
rätta -r -de -t 19(6a) — korrigieren
rättighet -en -er 17(2a) — Recht
röd rött röda 9(1) — rot
rödvin -et -er 6(5a) — Rotwein
rök/a -er -te -t 11(5a) — rauchen
rökfri -tt -a 8(5a) — rauchfrei
rökning -en 10(7a) — Rauchen
röra rör rörde rört 11(9a) — rühren (auch bildl.)
röra sig på sig 13(4) — (sich) bewegen
röra sig om 16(K-a) — sich handeln um, handeln von
röra vid 10(2a) — berühren, anfassen
rörelse -n -r 11(K-a) — Bewegung
rörmokare -n – 17(7a) — Klempner/in
röst -en -er 10(K-a) — Stimme
rösta -r -de -t 20(5b) — stimmen, wählen
rösträtt -en -er 20(5b) — Stimmrecht

S

safari -n -er (-s) 13(K-a) — Safari
saft -en -er 16(6d) — Saft
sag/a -an -or 13(K-a) — Sage
sak -en -er 9(3a) — Sache, Ding
sakna -r -de -t 20(7a) — vermissen
sakta 13(4) — sachte
sal -en -ar 11(4a) — Saal
sallad -en -er 6(1a) — Salat
salt -et 3(1c) — Salz
salv/a -an -or 16(3a) — Salbe
samarbeta -r -de -t 17(5b) — zusammenarbeiten
samarbete -t -n 17(2b) — Zusammenarbeit
sambo -n 7(K-c) — Lebenspartner
same -n -r 13(K-a) — Same, Samin
samförstånd -et – 20(K) — Einverständnis
samhälle -t -n 17(K-b) — Gesellschaft
samisk -t -a 13(K-a) — samisch
samklang -en -er 13(K-a) — Einklang
samling -en -ar 13(K-a) — Versammlung, Gemeinde
samma 12(3a) — gleich
samt 14(3a) — sowie, inklusive, samt
samtal -et – 7(9) — Gespräch
samtidig -t -a 17(K-a) — gleichzeitig
samvete -t -n 15(2) — Gewissen
sand/strand -stranden -stränder 10(7b) — Sandstrand
sann sant sanna 5(3a) — wahr, richtig
sanning -en -ar 20(4) — Wahrheit
satsa -r -de -t (på) 11(K-b) — setzen auf, investieren in
satsning -en -ar 18(K-a) — Einsatz, Bemühung, Maßnahme
sax -en -ar 16(5) — Schere
scen -en -er 14(3a) — Szene, Bühne
schablonbild -en -er 20(4) — Schablonenbild, typisches Bild
schackspel -et – 18(1b) — Schachspiel
Schweiz 1(K) — Schweiz
se fram emot 12(7a) — sich auf etwas freuen
se ser såg sett 2(9) — sehen
sed -en -er 20(2a) — Sitte, Brauch
sedan 2(5a) — seit, dann
sed/el -eln -lar 3(5) — Geldschein
seg/er -ern -rar 19(K) — Sieg
segla -r -de -t 4(2) — segeln
sekelskifte -t -n 14(3a) — Jahrhundertwende
sekund -en -er 16(9a) — Sekunde
semest/er -ern -rar 12(7a) — Ferien, Urlaub
sen 13(K-a) — spät
senaste 15(10) — letzte/r, die letzten
senvår -en -ar 13(K-a) — Spätfrühling
separat – -a 8(1a) — separat
september 5(K-a) — September
servera -r -de -t 11(2a) — servieren
servett -en -er 3(1a) — Serviette
service -n 17(1a) — Service
servitör -en -er 19(6a) — Kellner/in, Ober
sevärdhet -en -er 12(11) — Sehenswürdigkeit
sevär/t -d -da 13(1a) — sehenswert
sfärisk -t -a 14(3a) — sphärisch
shoppa -r -de -t 4(2) — einkaufen, shoppen
show -en -er 15(2) — Show
sid/a -an -or 12(4a) — Seite
siffr/a -an -or 2(4) — Ziffer
sig 7(1a) — sich
sightseeing 8(9a) — Sightseeing
sik -en -ar 11(1a) — Maräne, Felchen
sill -en -ar 6(1a) — Hering
siluett -en -er 14(3a) — Silhouette
silv/er -ret – 14(3a) — Silber
silver/grå -grått -gråa 9(K-a) — silbergrau
silverfärga/d -t -de 16(5) — silberfarben
simhall -en -ar 14(7b) — Schwimmbad
simma -r -de -t 4(1a) — schwimmen
sin, sitt, sina 16(6b) — sein, ihr
singel -n – 7(7a) — Single
sist (sista gången) 11(7c) — das letzte Mal
sitta sitter satt suttit 10(6a) — sitzen
situation -en -er 17(6a) — Situation
sjuk -t -a 7(4a) — krank
sjukdom -en -ar 16(6b) — Krankheit
sjukhus -et – 5(2) — Krankenhaus
sjukskötare -n – /sjukskötersk/a -an -or 5(1a) — Krankenpfleger/ -schwester
sjukvård -en -ar 16(4b) — Krankenpflege
sjunga sjunger sjöng sjungit 15(5b) — singen
sjunka sjunker sjönk sjunkit 13(K-a) — sinken
själv 2(2a) — selber

Själv då? 2(2a)	Und selber?
självhushåll -et – 10(7a)	Selbstversorgung
självisk -t -a 12(K)	eigennützig, egoistisch
självklart 6(10a)	selbstverständlich
självlär/d -t -da 19(6a)	autodidaktisch
självservering -en -ar 11(1a)	Selbstbedienung
självservice -n 6(K)	Selbstbedienung
självständig -t -a 12(K)	unabhängig, selbständig
självständighet -en 17(5b)	Selbständigkeit
sjö -n -ar 10(7b)	(der) See
sjörik -t -a 13(6b)	seenreich
ska ➜ skola 3(9a)	müssen, sollen, wollen
skada -n -or 18(5a)	Schaden
skada -r -de -t 15(6a)	schaden
skadlig -t -a 9(9a)	schädlich
skala/d -t -de 11(9a)	geschält
skaldjur -et – 17(4b)	Schalentier
skaldjurscocktail -en -ar 11(6)	Meeresfrüchtecocktail
skandinavisk -t -a 19(K)	skandinavisch
skarp -t -a 9(K-a)	scharf
skatt -en -er 17(2a)	Steuer
skattefinansera/d -t -de 20(K)	durch Steuern finanziert
skattelättnad -en -er 18(K-a)	Steuererleichterung
ske sker skedde skett 6(11a)	geschehen
sked -en -ar 3(1a)	Löffel
skicka -r -de -t 15(2)	schicken, senden
skid/a -an -or 14(K-a)	Ski
skidtävling -en -ar 14(K-a)	Skiwettlauf
skiftande 13(6b)	wechselnd
skil/d -t -da 7(K-c)	geschieden
skil/ja -jer -de -t (sig) 13(K-b)	(sich) unterscheiden
skildra -r -de -t 14(K-a)	schildern
skillnad -en -er 20(9a)	Unterschied
skink/a -an -or 3(1a)	Schinken
skiv/a -an -or 3(1a)	Scheibe
skjort/a -an -or 6(3a)	Hemd
skjuta skjuter sköt skjutit 19(2a)	(er)schießen
sko -n -r 9(2a)	Schuhe
skog -en -ar 4(9a)	Wald
skogig -t -a 13(6b)	bewaldet
skol/a -an -or 3(3a)	Schule
skorpion -en -er 12(K)	Skorpion
skorsten -en -ar 17(7a)	Schornstein
Skottland 1(K)	Schottland
skratta -r -de -t 15(K-a)	lachen
skrattretande 15(5b)	lustig, zum Lachen
skrift -en -er 17(5a)	Schrift, Schreiben
skrika skriker skrek skrikit 15(K-a)	schreien
skriva skriver skrev skrivit 5(11)	schreiben
skrivbord -et – 5(7a)	Schreibtisch
skrämmande 15(5b)	erschreckend, einschüchternd
skräp -et – 18(5b)	Müll
skulle ➜ skola 10(K-a)	werden, wollen
skulle vilja bo 10(K-a)	würde gerne wohnen
skulptur -en -er 15(1a)	Skulptur
sky skyr skydde skytt 19(2a)	scheuen
skydd -et – 20(3a)	Schutz
skydda -r -de -t (sig) 16(2a)	(sich) schützen
skynda -r -de -t (sig) 7(1a)	sich beeilen
skytt/e -en -ar 12(K)	Schütze
skådespelare -n – / 5(9c)	Schauspieler
skådespelersk/a -an -or 5(9c)	Schauspielerin
skådis = skådespelare -n – 15(K-a)	Schauspieler/in
skål -en -ar 3(1a)	Schale
Skål! 11(7c)	Prost!
skånska 15(1a)	schonisch (Dialekt)
skåpdörr -en -ar 8(7)	Schranktür
skäm/ma -mer -de -t (bort) 13(1a)	verwöhnen
skämta -r -de -t 12(10a)	Späße / Witze machen
skära skär skar skurit (sig) 16(3a)	(sich) schneiden
skärgård -en -ar 13(2)	Schären
Skärp dig! 14(4c)	Nimm dich zusammen!
skärp -et – 9(2a)	Gürtel
skön -t -a 19(7a)	schön
sköta sköter skötte skött 19(3a)	sich kümmern um, erledigen
slag -et – 19(K)	Schlacht
slappna -r -de -t (av) 16(8)	zur Ruhe kommen, entspannen
slarvig -t -a 12(1b)	schlampig, schludrig
slips -en -ar 9(2a)	Krawatte
slit/en -et -na 17(7b)	abgenutzt
slott -et – 11(1b)	Schloss
slottsruin -en -er 12(10a)	Schlossruine
Slovakien 1(K)	Slowakei
Slovenien 1(K)	Slowenien
slump -en -ar 13(K-a)	Zufall
sluss -en -ar 13(6a)	Schleuse
slut -t – (vara slut) 11(7a)	Ende, Abschluss (zu Ende sein)
sluta -r -de -t 12(3a)	aufhören
slå slår slog slagit 19(K)	schlagen
slå sönder 18(7a)	kaputtschlagen; einschlagen
släng/a -er -de -t 18(6a)	hin-, wegwerfen
släppa släpper släppte släppt (ner) 16(9a)	lassen, loslassen, herunterlassen
slät -t -a 13(6b)	flach, glatt
smak -en -er 13(K-a)	Geschmack
smaka -r -de -t (av) 11(3a)	(ab)schmecken
smaklig -t -a (Smaklig måltid!) 11(6)	lecker (Guten Appetit!)
smal -t -a 9(5)	schlank, schmal
smitta -r -de -t 16(6a)	anstecken
smittsam -t -ma 17(5b)	ansteckend
smutsig -t -a 18(3c)	schmutzig, verdreckt
smågrej -en -or 18(6a)	Kleinkram
smäl/ta -ter -te -t 13(K-a)	schmelzen
smärt/a -an -or 16(K-a)	Schmerz
smör -et 3(1a)	Butter
smörgås -en -ar 3(1a)	Butterbrot
snabb -t -a 11(K-a)	schnell
snabel -a (= @) 17(5a)	@ („Klammeraffe")
snart 10(2a)	bald
snickare -n – 17(7a)	Schreiner/in

snygg -t -a 9(5)	hübsch
snäll -t -a 10(7d)	nett, lieb
snälla 10(2a)	Liebe/r
snö -n 13(2)	Schnee
snöa -r -de -t 13(3a)	schneien
snöfall -et – 13(4)	Schneefall
snöskot/er -ern -rar 13(K-a)	Schneescooter
snöstorm -en -ar 19(3a)	Schneesturm
social -t -a 6(11a)	sozial
socialdemokrati -n -er 19(2a)	Sozialdemokratie
socialdemokratisk -t -a 20(K)	sozialdemokratisch
socialistisk -t -a 20(K)	sozialistisch
sock/a -an -or 9(2b)	Socken
sock/er -ret 6(1a)	Zucker
soff/a -an -or 10(1b)	Sofa
sol -en -ar 9(4c)	Sonne
solig -t -a 13(3a)	sonnig
som 5(1c)	als; der, die, das, was (Relativpron.)
som/mar -maren -rar 4(9a)	Sommer
sommarställe -t -n 17(7b)	Sommerhaus
son -en söner 7(K-a)	Sohn
sophämtning -en -ar 10(5a)	Müllabfuhr
sortiment -et – 11(1a)	Sortiment
sova sover sov sovit 7(1a)	schlafen
sovjetisk -t -a 19(2a)	sowjetisch
sovsäck -en -ar 13(K-a)	Schlafsack
spagetti -n 11(3a)	Spaghetti
Spanien 1(K)	Spanien
spansk -t -a 1(8)	spanisch
spara -r -de -t 17(2a)	speichern, aufheben, sparen
sparka -r -de -t 16(1b)	treten, Fußtritt geben
specialist -en -er 15(1a)	Spezialist
specialitet -en -er 11(1a)	Spezialität
specialpris -et -er 6(8a)	Spezialpreis
speciell -t -a 9(9b)	speziell
speg/el -eln -lar 10(1b)	Spiegel
spela -r -de -t 4(2)	spielen
spela spel 7(5a)	ein Spiel spielen
spion -en -er 19(2a)	Spion
spis -en -ar 10(1a)	Herd
spontan -t -a 13(K-b)	spontan
sport -en 13(2)	Sport
sporta -r -de -t 4(5b)	Sport treiben
sportig -t -a 9(9a)	sportlich
språk -et – 1(8)	Sprache
spricka spricker sprack spruckit 17(7a)	einen Sprung bekommen, reißen
springa springer sprang sprungit 18(8)	laufen
spritfri -tt -a 12(7a)	alkoholfrei
spän/d -t -da 16(9a)	(an)gespannt
spänd på 15(9)	gespannt auf
spännande 7(2a)	spannend
spärra -r -de -t 18(6a)	sperren
stabilitet -en -er 20(7b)	Stabilität
stackare -n – (Stackars dig!) 18(6a)	armer Mensch (Du Arme/r!)
stad -en städer 4(5b)	Stadt
stan (ugs. für staden) ➜ stad 4(5b)	Stadt
standard 10(5a)	Standard
stanna -r -de -t 15(7b)	bleiben
stark -t -a 15(5a)	stark
starköl på fat 11(6)	starkes Bier vom Fass
starta -r -de -t 11(K-a)	starten, beginnen
stat -en -er 13(6a)	Staat
statsminist/er -ern -rar 19(1a)	Premierminister/in
stava -r -de -t 1(4c)	buchstabieren
steg -et – 16(8)	Schritt
stekpann/a -an -or 10(7c)	Pfanne
stenbock -en -ar 12(K)	Steinbock
stenrik -t -a 19(2a)	steinreich
stick -et – 16(3b)	Stich
sticka -r -de -t 19(3a)	stecken, stechen, stricken
stiftelse -n -r 19(2a)	Stiftung
stiga stiger steg stigit (upp) 7(1a)	aufstehen
stillasittande 16(8)	stillsitzend
stimulerande 17(5b)	stimulierend
stjäla stjäl stal stulit 6(3a)	stehlen
stjärn/a -an -or 15(2)	Stern
stjärnteck/en -net -en 12(K)	Sternzeichen
stockholmare -n – 10(K-a)	Stockholmer
stol -en -ar 3(1a)	Stuhl
stolt – -a (vara stolt över) 10(K-a)	stolz (auf etwas sein)
stor -t -a 8(1a)	groß
Storbritannien 3(8)	Großbritannien
storlek -en -ar 9(6a)	Größe
stormakt -en -er 19(K)	Großmacht
storskalig -t -a 20(K)	umfassend
story -n -er 15(K-a)	Story, Geschichte
strand -en stränder 13(2)	Strand
strax 3(K)	gleich
stress -en 16(8)	Stress
stressa/d -t -de 12(3a)	gestresst
stressig -t -a 10(2a)	stressig
stresstålighet -en 17(5b)	Belastbarkeit bei Stress
strump/a -an -or 9(2b)	Strumpf
strunt -et(en) 14(4c)	Quatsch
strunt detsamma (ugs.) 14(4c)	egal, spielt keine Rolle
strup/e -en -ar 16(1a)	Kehle, Gurgel
strykjärn -et – 18(1a)	Bügeleisen
strålande 14(4c)	strahlend
strålkastare -n – 18(3a)	Scheinwerfer
strö strör strödde strött (över) 11(9a)	(darüber)streuen
student -en -er 4(5b)	Student/in, auch: Abitur
studera -r -de -t 16(4b)	studieren
studier 13(1a)	Studien, Studium
studievistelse -n -r 16(4b)	Studienaufenthalt
stug/a -an -or 10(7a)	Häuschen, Sommerhaus
stund -en -er 16(4b)	Moment, Augenblick
stundtals 15(K-a)	ab und zu
stycke -t -n 15(5a)	Stück
styra styr styrde styrt 19(K)	steuern, lenken
styrk/a -an -or 19(2a)	Truppen
stå står stod stått 2(1a)	stehen
städa -r -de -t 4(7a)	putzen
ställ/a -er -de -t 6(10a)	stellen

ställe -t -en 13(1a)	Stelle, Ort
stäm/ma -mer -de -t 4(5c)	stimmen
stämning -en -ar 15(4)	Stimmung
ständig -t -a 16(K-a)	ständig
stäng/a -er -de -t (av) 6(K)	schließen (abschalten)
stäng/d -t -da 6(K)	geschlossen
stärk/a -er -te -t 19(5a)	(ver)stärken
stärkt – -a 18(K-a)	gestärkt
stöd -et – 14(K-a)	Unterstützung
störa stör störde stört 18(5a)	stören
störta -r -de -t 14(K-a)	stürzen
stötfångare -n – 18(3a)	Stoßstange
succé -n -er 15(2)	Erfolg
suddgummi -t -n 5(7a)	Radiergummi
sugen på (vara sugen på) 15(6a)	Lust haben auf
sultan -en -er 15(2)	Sultan
summ/a -an -or 19(2a)	Summe, Betrag
sund -t -a 13(1a)	gesund
sur -t -a 12(1b)	sauer
surfa på internet 7(5a)	im Internet surfen
surfa -r -de -t 7(2a)	surfen
surrealistisk -t -a 13(K-a)	surrealistisch
surströmming -en -ar skål (1a)	saurer Ostseehering (Strömling)
suverän -t -a 14(4c)	souverän
svag -t -a 19(K)	schwach
svalkande 16(3b)	kühlend
svamp -en -ar 6(5a)	Pilz
svar -et – 10(5b)	Antwort
svara -r -de -t 10(6b)	antworten
svart svart svarta 9(1)	schwarz
svartsjuk -t -a 12(K)	eifersüchtig
svensk -en -ar 10(K-a)	Schwede
svensk -t -a 1(8)	schwedisch
svenska förnamn 1(11)	schwedische Vornamen
svenskspråkig -t -a 19(5a)	schwedischsprachig
Sverige 1(10)	Schweden
svull/en -et -na 16(4a)	geschwollen
svåg/er -ern -rar 7(K-d)	Schwager
svår -t -a 15(K-a)	schwer
svägersk/a -an -or 7(K-a)	Schwägerin
sväl/ta -ter -te -t 20(3a)	verhungern
sväng/a -er -de -t 8(10)	schwingen, schwenken
svänga till höger 8(10)	nach rechts abbiegen
svänga till vänster 8(10)	nach links abbiegen
svärfader (svärfar) -n svärfäder 7(K-a)	Schwiegervater
svärmoder (svärmor) -n svärmödrar 7(K-a)	Schwiegermutter
syd 13(4)	Süden
Sydafrika 19(2a)	Südafrika
sydost 13(4)	Südosten
sydvästläge 10(5a)	Südwestlage
syfta -r -de -t (till/på) 18(K-a)	zielen auf
symbol -en -er 13(6a)	Symbol
symfoni -n -er 15(2)	Symphonie
sympatisk -t -a 12(6a)	sympathisch
synd -en -er (Vad synd!) 11(7c)	Sünde (Wie schade!)
synhåll (inom synhåll) 18(5b)	in Sichtweite
syre -t 16(8)	Sauerstoff
syskon -et – 19(3a)	Geschwister

syssel/sätta -sätter -satte -satt 17(2b)	beschäftigen
syssla -r -de -t (med) 5(3a)	beschäftigt sein mit
syst/er -ern -rar 15(8)	Schwester
system -et – 16(4b)	System
systembolag -et – 6(4)	staatliches Alkohol-geschäft
så 1(4c)	so
så ... att 18(5a)	so ... dass
så där 15(4)	so einigermaßen, mäßig gut
sådan -t -a 13(6b)	solche/r/s
sångare -n – 5(K-b)	Sänger
sångersk/a -an -or 5(K-b)	Sängerin
sår -et – 16(3b)	Wunde
såra -r -de -t 15(2)	verletzen
sås -en -er 11(5c)	Soße
såväl ... som 14(3a)	sowohl ... als auch
såvitt 20(3a)	soweit
säga säger sa sagt 1(4c)	sagen
säker 13(6b)	sicher
säkerhet -en -er 14(2b)	Sicherheit
säkerhetsbälte -t -n 18(4)	Sicherheitsgurt
säkert 16(6b)	sicherlich, sicher
sälja säljer sålde sålt 9(9a)	verkaufen
sällan 15(5b)	selten
säng -en -ar 10(1b)	Bett
sänkt – -a 16(9a)	gesenkt
särskil/d -t -da 11(7c)	besonders
säsong -en -er 9(9a)	Saison
sätt -et – 17(K-a)	Weise, Art
sätta i fängelse 14(K-a)	einsperren
sätta sätter satte satt 13(1a)	setzen
söderut 13(5b)	nach Süden
södra 13(4)	südlich
sök/a -er -te -t 4(5b)	suchen
sömmersk/a -an -or 19(3a)	Näherin
söndag -en -ar 4(7a)	Sonntag

T

ta (taga) tar tog tagit 3(7a)	nehmen
tabell -en -er 20(9b)	Tabelle
tablett -en -er 16(3a)	Tablette
tack -et – 2(1a)	Dank
tacka -r -de -t (för) 10(7d)	danken, sich bedanken für
Tack! 9(6c)	Danke!
Tack för senast! 7(7a)	Etwa: Danke für neulich!
tack och lov 16(4b)	zum Glück
tacksam -t -ma 13(1a)	dankbar
tag -et – 15(6b)	Griff, Schlag, Augenblick
tak -et – 8(3a)	Decke, Dach
takpann/a -an -or 17(7b)	Dachpfanne
taktäckare -n – 17(7a)	Dachdecker/in
tal -et – 13(6a)	Zahl
tala -r -de -t 1(8)	sprechen
talesätt -et – 20(K)	Sprichwort
tallrik -en -ar 3(1a)	Teller
tand -en tänder 16(1a)	Zahn
tanka -r -de -t 18(3d)	tanken

tankkvitto -t -n 18(2d)	Tankquittung
tappa -r -de -t 9(9a)	verlieren
tavl/a -an -or 10(1a)	Gemälde
taxi -n taxibilar 16(K-a)	Taxi
T-ban/a -an -or 14(5) (tunnelbana)	U-Bahn
te -et -er 3(2a)	Tee
team -et – 17(1b)	Team
teat/er -ern -rar 14(1)	Theater
tejp -en -er 16(5)	Klebeband
teknik -en -er 18(K-a)	Technik
tekniker -n – 19(6a)	Techniker/in
teknisk -t -a 17(1a)	technisch
telefon -en -er 5(7a)	Telefon
tempen = temperaturen (ta tempen) 16(3a)	Fieber messen
temperamentfull -t -a 12(K)	temperamentvoll
temperatur -en -er 13(K-a)	Temperatur
tennis -en 4(2)	Tennis
tennisspelare -n – 5(K-b)	Tennisspieler/in
teori -n -er 19(2a)	Theorie
termin -en -er 18(8)	Semester
termomet/er -ern -rar 16(5)	Thermometer
terrass -en -er 10(7b)	Terrasse
territori/um -et -er 19(K)	Territorium
tesked -en -ar (tsk) 11(9a)	Teelöffel
testa -r -de -t 8(2c)	testen
testamentera -r -de -t 19(2a)	vermachen
tetrapak 6(6)	Tetrapak
text -en -er 15(K-a)	Text
texta -r -de -t 8(6)	schreiben, texten
textmaskin -en -er 15(7a)	Textdisplay
tid -en -er 4(6a)	Zeit
tidigare 15(2)	früher
tidning -en -ar 4(5a)	Zeitung
tidsbeställning -en -ar 16(K-a)	hier: reservierter Termin
tidskrift -en -er 10(K-a)	Zeitschrift
tidtabell -en -er 14(2a)	Zeitplan
tidvis 13(4)	zeitweise
till 1(4c)	zu, zum
till exempel (t.ex.) 1(4c)	zum Beispiel
till och med 1(4c)	sogar
till på köpet 14(2b)	obendrauf, als Zugabe
till/höra -hör -hörde -hört 20(8a)	dazugehören
tillaga -r -de -t 15(2)	zubereiten
tillbaka 3(7a)	zurück
tillbakadrag/en -et -na 20(4)	zurückgezogen, introvertiert
tillbringa -r -de -t 13(K-b)	verbringen
tillfånga/ta -tar -tog -tagit 14(K-a)	gefangennehmen
tillmötesgående 16(4b)	entgegenkommend
tillräcklig -t -a 16(2a)	ausreichend
tillsammans 3(7a)	zusammen
tillsats -en -er 9(9a)	Zusatz
tillåt/en -et -na 10(7a)	erlaubt
tillåta tillåter tillät tillåtit 13(K-a)	erlauben
timm/e -en -ar (tim) 15(2)	Stunde
tisdag -en -ar 4(6b)	Dienstag
tit/el -eln -lar 15(5a)	Titel
titta -r -de -t 7(2a)	(an)schauen
Tjeckien 1(K)	Tschechien
tjej -en -er 12(3a)	Mädchen, Frau (ugs.)
tjejsnack -et 12(3a)	Mädchengeschwätz (ugs.)
Tjena! (=Tjänare!) 15(K-a)	Hallo! Hi!
tjock -t -a 9(5)	dick
tjuv -en -ar 18(6a)	Dieb
tjuvkika -r -de -t 15(K-a)	heimlich nachschauen
tjäna -r -de -t 19(3a)	dienen, verdienen
tjänare -n – (Tjänare!) 1(1)	Diener (Hallo! Hi!)
tjänst -en -er 8(5a)	Dienst, Service
toalett -en -er 8(1a)	Toilette
tomat -en -er 6(1a)	Tomate
tomt -en -er 18(5b)	Grundstück
topp -en -ar 15(4)	Spitze, spitze, super
torg -et – 14(7a)	Marktplatz
tornspir/a -an -or 14(3a)	Turmspitze
torsdag -en -ar 4(7b)	Donnerstag
tradition -en -er 11(1a)	Tradition
traditionell -t -a 11(1a)	traditionell
trafik -en 14(2a)	Verkehr
trafikljus -et – 14(7a)	Ampel
trakt -en -er 11(K-a)	Gegend, Umgebung
trampa -r -de -t 16(4a)	treten
trapp/a -an -or 10(2a)	Treppe
trasig -t -a 17(7a)	kaputt, ausgefranst
trauma -t -n 19(2a)	Trauma
tre/a -an -or 10(2a)	Dreizimmerwohnung
tredjedel -en -ar 11(9a)	Drittel
trend -en -er 10(K-a)	Trend
trestjärnig -t -a 8(1a)	mit drei Sternen
trevlig -t -a 6(10a)	schön, nett, angenehm
trist – -a 15(4)	trist, traurig
triumfal -t -a 14(K-a)	triumphal
trivas trivs trivdes trivts 17(2b)	sich wohlfühlen
trivsam -t -ma 19(4a)	gemütlich, behaglich
tro tror trodde trott 4(1b)	glauben
trog/en -et -na 12(7a)	treu
tron -en -er 14(3a)	Thron
tronföljd -en -er 20(7a)	Thronfolge
tropikari/um -et -er 15(2)	Tropikarium
tros/a -an -or 9(2b)	Slip
trots att /det 15(K-a)	obwohl, dennoch, trotzdem
trotsig -t -a 12(K)	trotzig
tryck -et – 13(4)	Druck
tryck/a -er -te -t 17(4b)	drucken
trygg -t -a (känna sig trygg) 20(2a)	geborgen, sich sicher fühlen
tråkig -t -a 12(1b)	langweilig
trång -t -a 19(3a)	eng, klein, schmal, knapp
träd -et – 15(7c)	Baum
trädgård -en -ar 10(5a)	Garten
träffa -r -de -t 4(2)	treffen
träna -r -de -t 7(1a)	trainieren
trög -t -a 20(4)	träge
tröj/a -n -or 9(2a)	Pullover
trött – -a 14(4b)	müde

Alphabetische Wortliste

tung -t -a 9(5)	schwer
tung/a -an -or 16(6b)	Zunge
tunn -t -a 9(5)	dünn
tunnelban/a -an -or 8(1a)	U-Bahn (in Stockholm)
tunnelbanestation -en -er 8(1a)	U-Bahnhaltestelle
tur -en -er 13(6b)	Tour, Fahrt, Glück
turban -en -er 15(5a)	Turban
turist -en -er 8(1b)	Tourist
turkos -t -a 9(K-a)	türkis
turné -n -er 19(2a)	Tournee
turnera -r -de -t 15(2)	auf Tournee gehen
tusen 7(4c)	tausend
tusentals 19(2a)	tausende
TV (tv) 7(2a)	Fernseher
tv-apparat -en -er 8(7)	Fernsehapparat
tvilling -en -ar 12(8c)	Zwilling
tvinga -r -de -t 10(K-a)	zwingen
två femtedelar 11(9a)	zwei Fünftel
tvål -en -ar 8(4a)	Seife
tvång -et – 17(K-a)	Zwang
tvårummare -n – 10(3)	Zweizimmerwohnung
tvåspråkig -t -a 19(7a)	zweisprachig
tvåspråkighet -en -er 19(7b)	Zweisprachigkeit
tvätt -en -ar 9(9a)	Wäsche, Waschgang
tvätta -r -de -t 18(2d)	waschen
tyck/a -er -te -t 8(1b)	denken, meinen
tycka om 4(1a)	etwas mögen, gerne tun
tydlig -t -a 8(6)	deutlich
typ -en -er 9(K)	Typ
typisk -t -a 12(3a)	typisch
tyranni -et 14(K-a)	Tyrannei
tysk -t -a 1(8)	deutsch
Tyskland 1(10)	Deutschland
tyst – -a 12(3a)	still
tyvärr 2(8)	leider
tå -n -rna 16(1a)	Zehe
tårt/a -an -or 6(1a)	Torte
täck/a -er -te -t 13(4)	decken, bedecken
täckning -en -ar 10(7a)	Empfang, Deckung
tälta -r -de -t 18(5b)	zelten
tän/da -der -de -t 8(7)	anmachen, anzünden
tänk/a -er -te -t 7(7a)	denken / etw. bedenken
tävla -r -de -t 17(K-a)	in Wettbewerb stehen um
tävling -en -ar 14(K-a)	Wettkampf

U

ugn -en -ar 10(1a)	Ofen
ull -en 19(3a)	Wolle
undan 19(2a)	hier: vor
under 2(1a)	unter, während
underbar -t -a 10(2a)	wunderbar
underbemanna/d -t -de 17(2a)	unterbesetzt
underhållande 15(5b)	unterhaltsam
underlätta -r -de -t 17(K-a)	erleichtern
undersök/a -er -te -t 16(4b)	untersuchen
undersökning -en -ar 7(5a)	Untersuchung
underteckna/d -t -de 11(K-a)	unterzeichnet
undervisa -r -de -t 19(4a)	unterrichten
undra -r -de -t 8(5a)	wundern, sich fragen
und/vika -viker -vek -vikit 13(1a)	vermeiden
ung -t -a 12(7b)	jung
ungdom -en -ar 17(K-a)	Jugend, Jugendliche/r
ungdomlig -t -a 12(7a)	jugendlich
ungefär 7(2a)	ungefähr
Ungern 1(K)	Ungarn
ungersk -t -a 19(2a)	ungarisch
unik -t -a 11(1a)	einzigartig
union -en -er 14(K-a)	Union
universitet -et – 16(4b)	Universität
upp 7(4c)	auf, hoch
uppe 15(7b)	oben
uppenbarligen 8(2a)	offenbar
uppfattning -en -ar 9(7c)	Meinung, Auffassung
upp/finna -finner -fann -funnit 19(2a)	erfinden
uppfinnare -n – 19(1a)	Erfinder/in
uppgift -en -er 17(3a)	Aufgabe
upp/gå -går -gick -gått 18(K-a)	steigen
uppkalla/d -t -de (efter) 19(2a)	benannt nach
upplev/a -er -de -t 12(7a)	erleben
upplevelse -n -r 11(K-a)	Erlebnis
upplös/a -er -de -te 14(K-a)	auflösen
uppmärksamhet -en 17(K-a)	Aufmerksamkeit
uppmärksamma -r -de -t 19(7a)	die Aufmerksamkeit lenken auf
upp/nå -når -nådde -nått 20(10a)	erreichen
uppror -et – (göra uppror) 14(K-a)	Aufstand (machen)
uppsats -en -er 16(4b)	Aufsatz
uppseendeväckande 15(5b)	aufsehenerregend
uppskattning -en -ar 11(K-a)	Wertschätzung
upp/stå -står -stod -stått 20(3a)	entstehen
uppsättning -en -ar 15(K-a)	Inszenierung
upptag/en -et -na 8(5a)	beschäftigt, besetzt
upptäck/a -er -te -t 11(K-a)	entdecken
uppvärmning -en -ar 18(K-a)	Heizung
uppväxt -en 15(K-a)	das Aufwachsen
ur 13(K-a)	aus
Ursäkta! 2(8)	Entschuldigung!
USB-minne -t -n 17(2a)	USB-Stick, -Speicher
Usch! 10(6a)	Igitt! Hu! Brr!
ut 3(9a)	aus, heraus
utan 4(9a)	ohne
utanför 8(5a)	draußen, außerhalb, vor
utbildning -en -ar 17(3a)	Ausbildung
utbrändhet -en 17(K-a)	Ausgebranntsein, Burn-out
ute 8(9a)	draußen
utedass -en – 10(7b)	Trockentoilette draußen
utefter 19(5a)	entlang, längs
utemöb/el -eln -ler 10(7b)	Gartenmöbel
utforska -r -de -t 13(1a)	erkunden, erforschen
ut/föra -för -förde -fört 16(K-a)	aus-, durchführen
ut/göra -gör -gjorde -gjort 19(5a)	ausmachen
utifrån 14(4b)	von außen
utkant -en -er 10(K-b)	Rand(gebiet)

utkast -et – 17(4b)	Entwurf
utlandet 17(5b)	Ausland
utländsk -t -a 16(4b)	ausländisch
utlänning -en -ar 16(4b)	Ausländer
utmed 13(4)	entlang, längs
utmärkelse -n -r 11(K-a)	Auszeichnung
utmärkt 3(9a)	ausgezeichnet
utomhus 13(K-a)	draußen, außerhalb von zu Hause
utomlands 16(K-a)	ins / im Ausland
utöver 19(2a)	über … hinaus
utrikesminist/er -ern -rar 19(1a)	Außenminister/in
utrustning -en -ar 10(5a)	Ausrüstung, Ausstattung
utsikt -en 8(1a)	Aussicht
utslag -et – 16(3a)	Ausschlag
utspri/dd -tt -dda 16(K-a)	verteilt
utsträckning -en -ar 20(K)	Ausmaß
utställning -en -ar 15(2)	Ausstellung
utsökt trevlig 11(7c)	ausgesprochen nett
uttal -et – 1(4a)	Aussprache
uttryck -et – 20(K)	Ausdruck
uttryck/a -er -te -t 9(3c)	ausdrücken
utveckling -en -ar 18(K-a)	Entwicklung
utåtrikta/d -t -de 12(1c)	extrovertiert

V

vack/er -ert -ra 12(3a)	schön, hübsch
vad 1(2a)	was, wie
vagg/a -an -or 20(4)	Wiege
val -et – 19(2a)	Wahl
valdebatt -en -er 20(8a)	Wahldebatte, Wahlkampf
valuta -an -or 19(2a)	Währung
van/a -an -or 9(3c)	Gewohnheit
vandra -r -de- t 12(7a)	wandern
vandrarhem -met – 13(1a)	Jugendherberge
vandringsled -en -er 10(7b)	Wanderweg, Wanderpfad
vanlig -t -a 7(2a)	gewöhnlich
var för sig 11(8a)	jeder für sich
var 2(3a)	wo
var -t 18(7a)	jede/r/s
vara är var varit 1(3)	sein
varandra 12(3a)	gegenseitig, einander
varannan 18(7a)	jede/r/s zweite
vardag -en -ar (vard) 6(K)	Werktag, Alltag
vardagsrum -met – 10(1b)	Wohnzimmer
vardagsträning -en -ar 10(2a)	Alltagstraining
varför 2(6)	warum
varg -en -ar 20(3a)	Wolf
varierande 11(1a)	abwechselnd, variierend
varifrån 1(6)	woher, von wo
varje 7(2d)	jeden
varken … eller 18(5a)	weder … noch
varm -t -a 8(1a)	warm
vars och ens 17(K-a)	eines jeden
varsågod 3(7a)	bitte
vart 10(K-a)	wohin
varuhus -et – 5(2)	Kaufhaus
vas -en -er 10(1c)	Vase
vaska -r -de -t 13(6a)	waschen
vatt/en -net 10(5a)	Wasser
vattendrag -en – 18(5b)	Flusslauf
vattenkran -en -ar 18(2a)	Wasserhahn
vattentoalett -en -er 19(3a)	WC
vattu/man -mannen -män 12(K)	Wassermann
veck/a -an -or 2(9)	Woche
veckotidning -en -ar 18(1b)	Wochenzeitschrift
vegetarian -en -er 11(3b)	Vegetarier
vegetarisk -t -a 11(1a)	vegetarisch
vem 2(9)	wer
verand/a -an -or 10(7b)	Veranda
verk -et – 14(3a)	Werk
verk/stad -staden -städer 18(3c)	Werkstatt
verkligen 7(7a)	wirklich
veta vet visste vetat 4(9a)	wissen
vetskap -en 20(2a)	Wissen
vi 2(5a)	wir
Vi hörs! 2(5a)	Wir hören voneinander!
Vi pratas vid! 10(2d)	Wir sprechen uns!
Vi ses! 2(9)	Wir sehen uns! Bis bald!
via 8(5a)	über, via, per
vid 4(6a)	beim, bei, an
vid foten av 11(K-a)	am Fuße des
vid tretiden 7(2a)	um drei
vidare 1(4c)	weiter
vidareutbilda -r -de -t (sig) 17(5a)	(sich) weiterbilden
vikariat -et – 17(5b)	Vertretung
viking -en -ar 20(1a)	Wikinger/in
vikt -en -er 11(9c)	Gewicht
viktig -t -a 8(2a)	wichtig
vil/d -t -da 18(5b)	wild
vildmark -en -er 13(6b)	Wildnis
vilja vill ville velat 1(4c)	wollen
vilken / vilket / vilka 4(6b)	welche/r/s
vill du inte smaka 11(5a)	willst du nicht probieren
vill/a -an -or 10(3)	Einfamilienhaus
villaägare -n – 10(K-a)	Eigenheimbesitzer
villkor -et – 18(5a)	Bedingung
viltkött -et 11(K-a)	Wildfleisch
vin/röd -rött -röda 9(K-a)	weinrot
vind -en -ar 13(3a)	Wind
vindrut/a -an -or 18(3c)	Windschutzscheibe
vindrutetorkare -n – 18(3a)	Scheibenwischer
vinkart/a -an -or 11(6)	Weinkarte
vinna vinner vann vunnit 14(4f)	gewinnen
vinprovning -en -ar 11(1a)	Weinprobe
vint/er -ern -rar 4(9a)	Winter
visa -r -de -t (sig) 6(11a)	(sich) zeigen
visitkort -et – 17(4b)	Visitenkarte
viss -t -a 16(K-a)	gewisse/r/s
visserligen 13(1a)	zwar
visst 8(5a)	sicher
vistas vistas vistades vistats 18(5a)	sich aufhalten
vistelse -n -r 8(1a)	Aufenthalt, Besuch
vit vitt vita 9(1)	weiß
vittvin -et -er 11(7c)	Weißwein

vuxenkläder 9(9a)	Kleidung für Erwachsene
vykort -et – 13(2)	Postkarte
våg -en -ar 12(K)	Waage
våga -r -de -t 12(8c)	wagen, sich trauen
våld -et 20(3a)	Gewalt
våning -en -ar 10(2a)	Stock hier: Wohnung
vår -en -ar 4(9a)	Frühling
vår -t -a 5(3a)	unser
vård -en -ar 16(4a)	Pflege
vårda/d -t -de 12(1a)	gepflegt
vårdcentral -en -er 16(4a)	schwedische Gesundheitszentrale
vårdenhet -en -er 17(5b)	Pflegeeinheit
väd/er -ret – 12(4a)	Wetter
väderkvarn -en -ar 12(10a)	Windmühle
väderlek -en -ar 13(4)	Wetter, Witterung
väderprognos -en -er 13(6b)	Wettervorhersage
vädur -en -ar 12(K)	Widder
väg -en -ar 12(9)	Weg
väggmålning -en -ar 14(K-a)	Wandgemälde
vägra -r -de -t 12(10a)	sich weigern
väl 5(3a)	gut, wohl
välbekant 14(3a)	wohlbekannt
väldigt 13(6b)	sehr
välgörande 19(2a)	hier: wohltätig
välja väljer valde valt 9(3a)	wählen
välkän/d -t -da 6(11a)	wohlbekannt
välklä/dd -tt -dda 9(3a)	gut gekleidet
välkom/men -met -na 2(8)	willkommen
välstånd -et – 20(K)	Wohlstand
vän -nen -ner 4(2)	Freund
vända vänder vände vänt (sig till) 16(K-a)	sich wenden an
väninn/a -an -or 14(4a)	Freundin
vänlig -t -a 5(7a)	freundlich
vänskap -en -er 12(3a)	Freundschaft
vänster 8(10)	links
vänta -r -de -t 2(5a)	warten
vär/d -t -da 15(4)	wert
värdera -r -de -t (upp) 17(K-a)	aufwerten
värk -en -ar 16(3a)	Schmerzen
värld -en -ar 13(K-a)	Welt
världsberöm/d -t -da 19(2a)	weltberühmt
världskrig -et – 19(2a)	Weltkrieg
världssamvete -t -n 20(3a)	Weltgewissen
värme -n 10(5a)	Wärme
värna -r -de -t (om) 11(K-b)	etwas schützen
väsk/a -an -or 18(2a)	Tasche
väst 13(4)	Westen
väst/land -landet -länder 20(K)	westliches Land
väster 13(7a)	westlich, Westen
väx/a -er -te -t 16(K-a)	wachsen
växel -n 17(4c)	Telefonzentrale
växlande 13(4)	wechselnd
växt -en -er 13(6a)	Gewächs

W

webdesigner -n – 17(1a)	Webdesigner/in
wellness 13(1a)	Wellness
wienerbröd -et – 3(5)	Kopenhagener

Y

yngling -en -ar 12(7a)	Jüngling
yoghurt -en -ar 6(1a)	Joghurt
yr -t -a 16(6b)	schwindlig, taumelig
yrke -t -n 5(Ü)	Beruf
ytterdörr -en -ar 17(7b)	Außentür
yttertrapp/a -n -or 17(7b)	Außentreppe

Å

å -n -ar 13(2)	kleiner Fluss
åk/a -er -te -t 8(2c)	gehen, fahren
åka åker åkte åkt 7(1a)	fahren
åk/er -ern -rar 18(5b)	Acker
ål -en -ar *skål* (1a)	Aal
åld/er -ern -rar 9(8b)	Alter
ångbåt -en -ar 13(6a)	Dampfschiff
ångra -r -de -t (sig) 14(K-a)	bereuen, seine Meinung ändern
år -et – 3(8)	Jahr
åratal (i åratal) 16(K-a)	mehrere Jahre lang
året runt 14(1)	das ganze Jahr über
århundrade -t -n 15(1a)	Jahrhundert
årstid -en -er 4(9a)	Jahreszeit
årtusende -t -n 13(K-a)	Jahrtausend
åsikt -en -er 12(3c)	Ansicht
åsk/a -an -or 13(3a)	Gewitter
åska -r -de -t 13(3a)	gewittern, donnern
åskådare -n – 14(3a)	Zuschauer
åskväd/er -ret -er 16(6b)	Gewitter
åt 3(4)	für, auf
åter 18(3a)	erneut, wieder
återhämta -r -de -t (sig) 16(9b)	sich erholen
åtminstone 18(7a)	mindestens
åtskillig -t -a 20(4)	etliche

Ä

äcklig -t -a 16(6d)	ekelhaft
ägare -en – 10(K-a)	Besitzer
ägg -et – 3(1a)	Ei
ägna -r -de -t 17(K-a)	sich widmen
ägor 18(5a)	Besitz
äldre (människor) 16(K-a)	ältere Menschen
äldre → gammal 10(5c)	älter
äldreboende 16(K-a)	Seniorenwohnung
äldreomsorg -en -er 20(K)	Betreuung von älteren Menschen
äldsta → gammal 11(K-a)	älteste/r/s
älg -en -ar 4(9a)	Elch
älska -r -de -t 4(5b)	lieben
älv -en -ar 13(2)	Fluss
än 7(5a)	als, noch, bis, immer noch

ändamål -et – 19(2a)	Zweck
ändliga 18(K-a)	endlich
ändå 18(8)	dennoch
ändra -r -de -t 16(2a)	ändern
ändring -en -ar 15(2)	Änderung
äng -en -ar 18(5b)	Wiese
ännu 12(6b)	noch
äntligen 8(9a)	endlich
äppelträdgård -en -ar 10(7b)	Apfelgarten
äpple -t -n 6(1a)	Apfel
är → vara 1(3)	siehe *vara* (sein)
ärende -t -n 16(K-a)	Anliegen
ärlig -t -a 12(1a)	ehrlich
ärtsopp/a -an -or 6(2c)	Erbsensuppe
äsch 14(4c)	ach was
äta äter åt ätit 3(2a)	essen
även 8(1a)	sogar, auch
äventyr -et – 13(K-a)	Abenteuer

ö

ö -n -ar 12(10a)	Insel
öde -t -n 19(2a)	Schicksal
öga ögat ögon 9(K-a)	Auge
ögonblick -et – 7(9)	Augenblick
öka -r -de -t 17(K-a)	(sich) erhöhen, zunehmen
öl -et – 11(7c)	Bier
önska -r -de -t (sig) 6(K)	(sich) wünschen
önskan – önskningar 20(K)	Wunsch
önskvär/d -t -da 17(5b)	wünschenswert
öpp/en -et -na 6(K)	geöffnet, offen
öppettid -en -er 15(2)	Öffnungszeiten
öppna -r -de -t 6(K)	öffnen
öra -t öron 16(1a)	Ohr
öre -t -n (aber: fem öre) 3(5)	Öre
ösregna -r -de -t 13(6b)	gießen, schütten (stark regnen)
öster 13(7a)	östlich, Osten
Österrike 1(K)	Österreich
österut 13(7a)	nach Osten
över 3(K)	über, darüber
över/falla -faller -föll -fallit 19(2a)	überfallen
över/låta -låter -lät -låtit 19(K)	überlassen
över/sätta -sätter -satte -satt 15(K-b)	übersetzen
över/skrida -skrider -skred -skridit 18(4)	überschreiten
över/ta -tar -tog -tagit 17(7b)	übernehmen
överaktiv -t -a 12(K)	überaktiv
överhuvudtaget 15(6a)	überhaupt
överkritisk -t -a 12(K)	überkritisch
överlev/a -er -de -t 14(4c)	überleben
övernattning -en -ar 13(6b)	Übernachtung
överraska -r -de -t 16(6b)	überraschen
översättare -n – 17(1a)	Übersetzer/in
översensib/el -elt -la 12(K)	hypersensibel
övertyga -r -de -t 19(2a)	überzeugen
övervåning -en -ar 10(5a)	Obergeschoss
övning -en -ar 16(9a)	Übung
övrig -t -a 20(5b)	übrig

Niveaubeschreibungen des Referenzrahmens

	A1	A2
Verstehen Hören	Ich kann vertraute Wörter und ganz einfache Sätze verstehen, die sich auf mich selbst, meine Familie oder auf konkrete Dinge um mich herum beziehen, vorausgesetzt es wird langsam und deutlich gesprochen.	Ich kann einzelne Sätze und die gebräuchlichsten Wörter verstehen, wenn es um für mich wichtige Dinge geht (z. B. sehr einfache Informationen zur Person und zur Familie, Einkaufen, Arbeit, nähere Umgebung). Ich verstehe das Wesentliche von kurzen, klaren und einfachen Mitteilungen und Durchsagen.
Lesen	Ich kann einzelne vertraute Namen, Wörter und ganz einfache Sätze verstehen, z. B. auf Schildern, Plakaten oder in Katalogen.	Ich kann ganz kurze, einfache Texte lesen. Ich kann in einfachen Alltagstexten (z. B. Anzeigen, Prospekten, Speisekarten oder Fahrplänen) konkrete, vorhersehbare Informationen auffinden und ich kann kurze, einfache persönliche Briefe verstehen.
Sprechen An Gesprächen teilnehmen	Ich kann mich auf einfache Art verständigen, wenn mein Gesprächspartner bereit ist, etwas langsamer zu wiederholen oder anders zu sagen, und mir dabei hilft zu formulieren, was ich zu sagen versuche. Ich kann einfache Fragen stellen und beantworten, sofern es sich um unmittelbar notwendige Dinge und um sehr vertraute Themen handelt.	Ich kann mich in einfachen, routinemässigen Situationen verständigen, in denen es um einen einfachen, direkten Austausch von Informationen und um vertraute Themen und Tätigkeiten geht. Ich kann ein sehr kurzes Kontaktgespräch führen, verstehe aber normalerweise nicht genug, um selbst das Gespräch in Gang zu halten.
Zusammenhängend sprechen	Ich kann einfache Wendungen und Sätze gebrauchen, um Leute, die ich kenne, zu beschreiben und um zu beschreiben, wo ich wohne.	Ich kann mit einer Reihe von Sätzen und mit einfachen Mitteln z. B. meine Familie, andere Leute, meine Wohnsituation, meine Ausbildung und meine gegenwärtige oder letzte berufliche Tätigkeit beschreiben.
Schreiben Schreiben	Ich kann eine kurze einfache Postkarte schreiben, z. B. Feriengrüsse. Ich kann auf Formularen, z. B. in Hotels, Namen, Adresse, Nationalität usw. eintragen.	Ich kann kurze, einfache Notizen und Mitteilungen schreiben. Ich kann einen ganz einfachen persönlichen Brief schreiben, z. B. um mich für etwas zu bedanken.

Quellenverzeichnis

Titel: links: © dana press photo/Thure Wikberg; Mitte: © gettyimages/Mats Widen; rechts: © mauritius images/age fotostock
Seite 8: A: © mauritius images/Martin Hangen; B: © mauritius images/Fiona Fergusson; C: © mauritius images/Pixtal; D: © mauritius images/PowerStock
Seite 38: a: © Superjuli; b, c, e: © MEV/MHV; d: © Photodisc/MHV
Seite 41: 1, 3, 6, 10, 14, 15: MHV-Archiv; 2, 13: © MEV/MHV; 4, 11: © panthermedia.net; 5: © Arla Foods AB, Stockholm; 7: © Abba Seafood AB, Göteborg; 8: © Saltå Kvarn AB, Järna; 9: © Thomas Spiessl, München; 12: © StockFood.com/Kremer, Thomas
Seite 42: A: © Photodisc/MHV; B, E: © MEV/MHV; C, D: © Superjuli; Orangen, Süßigkeiten, Äpfel, Tomaten, Reis, Kartoffeln: MHV-Archiv; Joghurt: © Arla Foods AB, Stockholm; Wurst, Beeren: © MEV/MHV; Brötchen: © StockFood.com/Kremer, Thomas; Torte, Fleisch: © panthermedia.net
Seite 48: © irisblende.de
Seite 50: © MEV/MHV
Seite 60: © MEV/MHV
Seite 142: Text: „Är det svårt att skriva ett ansökningsbrev?" aus www.cv-guiden.se
Seite 149: Text: „Checklista" aus www.resfeber.se
Seite 150: Text: „Vinterdäck" aus www.vv.se (Vägverket)
Seite 153: Text: „Fordonsgas" aus www.pumpoil.se
Seite 222: © Conseil de l'Europe / Council of Europe, Strasbourg, France

Wir haben uns bemüht, alle Inhaber von Bild- und Textrechten ausfindig zu machen. Sollten Rechteinhaber hier nicht aufgeführt sein, so wäre der Verlag für entsprechende Hinweise dankbar.

Übersicht über die Tracknummern auf der CD

Lektion	Tracks
1	1 - 3
2	4 - 6
3	7 - 10
4	11 - 13
Wiederholung und Test	14
5	15 - 18
6	19 - 21
7	22 - 24
8	25 - 27
Wiederholung und Test	28 - 29
9	30 - 33
10	34 - 35
11	36 - 39
12	40 - 42
Repetition och test	43 - 47
13	48 - 50
14	51 - 53
15	54 - 56
16	57 - 59
Repetition och test	60 - 64
17	65 - 67
18	68 - 70
19	71 - 72
20	73 - 74
Repetition och test	75

Tonstudio: Producenterna, Stockholm

Sprecherinnen und Sprecher:
Johanna Hermann, Mikael Larsson, Alicia Lundberg, Björn Löfgren, Camilla Ringquist, Carola Wegerle